SOCIOLOGIA NO ESPELHO

Ensaístas, cientistas sociais e críticos literários
no Brasil e na Argentina (1930-1970)

Luiz Carlos Jackson
Alejandro Blanco

SOCIOLOGIA NO ESPELHO

Ensaístas, cientistas sociais e críticos literários
no Brasil e na Argentina (1930-1970)

Prefácio de Sergio Miceli

FFLCH - USP

CAPES

Universidade de São Paulo
Faculdade de Filosofia, Letras e Ciências Humanas
Programa de Pós-Graduação em Sociologia

editora■34

EDITORA 34

Editora 34 Ltda.
Rua Hungria, 592 Jardim Europa CEP 01455-000
São Paulo - SP Brasil Tel/Fax (11) 3811-6777 www.editora34.com.br

Universidade de São Paulo
Faculdade de Filosofia, Letras e Ciências Humanas
Programa de Pós-Graduação em Sociologia
Av. Prof. Luciano Gualberto, 315 Cid. Universitária CEP 05508-010
São Paulo - SP Brasil Tel. (11) 3091-3724 Fax (11) 3091-4505

Copyright © Editora 34 Ltda., 2014
Sociologia no espelho © Luiz Carlos Jackson e Alejandro Blanco, 2014

A FOTOCÓPIA DE QUALQUER FOLHA DESTE LIVRO É ILEGAL E CONFIGURA UMA
APROPRIAÇÃO INDEVIDA DOS DIREITOS INTELECTUAIS E PATRIMONIAIS DO AUTOR.

Capa, projeto gráfico e editoração eletrônica:
Bracher & Malta Produção Gráfica / Julia Mota

Revisão:
João Borogan e Alberto Martins

1ª Edição - 2014

CIP - Brasil. Catalogação-na-Fonte
(Sindicato Nacional dos Editores de Livros, RJ, Brasil)

Jackson, Luiz Carlos

J668s Sociologia no espelho: ensaístas, cientistas
sociais e críticos literários no Brasil e na Argentina
(1930-1970) / Luiz Carlos Jackson e Alejandro
Blanco; prefácio de Sergio Miceli. São Paulo:
Editora 34, 2014 (1ª Edição).
264 p.

ISBN 978-85-7326-575-0

1. História comparada - Brasil e Argentina.
2. Sociologia - Brasil e Argentina. 3. Crítica literária -
Brasil e Argentina. I. Blanco, Alejandro. II. Miceli,
Sergio. III. Título.

CDD - 300

SOCIOLOGIA NO ESPELHO
Ensaístas, cientistas sociais e críticos literários
no Brasil e na Argentina (1930-1970)

Sociólogos em peleja, *Sergio Miceli*	7
Introdução	19
1. A batalha dos gêneros	37
2. Sociologias comparadas	81
3. Terrenos da crítica	165
Considerações finais: Quatro ases	223
Agradecimentos	235
Bibliografia	239
Sobre os autores	261
Obras coeditadas pelo Programa de Pós-Graduação em Sociologia da FFLCH-USP	262

SOCIÓLOGOS EM PELEJA

Sergio Miceli

A parceria entre Alejandro Blanco e Luiz Carlos Jackson encarou os desafios com que se defronta a nova geração de cientistas sociais afeitos à sociologia da cultura. Tiveram de se haver com litígios de fronteira disciplinar no rasto daqueles com que se debatiam os pioneiros da sociologia e da crítica literária entre as décadas de 1930 e de 1960. A despeito da autonomia institucional e acadêmica hoje vigente, sociólogos e críticos literários se nutrem de tradições intelectuais conflitantes que balizam discordâncias renitentes, no recorte de objetos de perscruta, na modelagem de visadas analíticas e nos focos privilegiados de observação.

Trata-se, no entanto, convém frisar, de um campo intelectual em constituição, refém dos suportes impressos, estágio derradeiro, o qual coincidiu com o desmonte progressivo da legitimidade desfrutada pela literatura e pelas artes. Os autores perfilam as cunhas que irão solapar de dentro as hierarquias e as classificações então vigentes. A ascendência das ciências sociais, a avalanche de vulgatas supridas pelas novas mídias da indústria cultural, o recrutamento da geração intelectual emergente nos setores médios educados em famílias de origem imigrante, tais câmbios afetaram em cheio a centralidade da literatura e, por tabela, o teor de inovação e o poder de impacto da crítica literária. A agenda de preocupações prevalecente em outras disciplinas humanísticas pautou os móveis da concorrência no interior do campo intelectual.

Os autores estão mexendo em vespeiro, com feições distintas no Brasil e na Argentina, mas não se acanharam diante das dificuldades em reconstruir o mapa astral dos contenciosos e das dissensões. A briga continua rendendo partidas eletrizantes, com penalidades cobradas por craques e epígonos, mas sem prorrogação. Os confrontos entre ensaístas e escritores *criollos*, entre críticos literários e sociólogos, se movem em torno da arbitragem pela autoridade em matéria cultural. A peleja se torna tanto mais incendiária quando os trunfos mobilizados extravasam a jurisdição do campo cultural. Os episódios controversos de envolvimento ou de evasão dos intelectuais perante a arena política, ao longo dos regimes peronista e varguista, ilustram os apuros de soberania em que se movem.

O que fora apanágio de um círculo exclusivo de letrados provenientes da elite *criolla*, abrigados pela revista *Sur*, em meio à borrasca peronista, se acomodou em nichos no interior dos quais estetas se endereçam à audiência cativa de pares. Os experimentos do grupo concretista brasileiro evidenciam impasses congêneres, enfrentados por artistas de "vanguarda" sem repercussão fora da panela de entendidos.

O capítulo inicial a respeito das linhas de continuidade entre os ensaístas da década de 1930 e a primeira geração de sociólogos, sediados na universidade, arrisca uma interpretação matizada desse momento-chave de transição na história intelectual sul-americana. Embora bastante esclarecedores, não vou me deter aqui nos registros acerca dos altos e baixos da "literatura de ideias" versus a "literatura de imaginação", no andamento temático, estilístico e político da história intelectual. Basta reter desse embate a proeminência do ensaio político argentino (Sarmiento, Alberdi) e do romance (Machado de Assis) como gêneros dominantes e modelos de excelência intelectual no arranque decisivo para a fisionomia da prática literária.

A trinca do "ensaio espiritualista" argentino — Raúl Scalabrini Ortiz, Ezequiel Martínez Estrada e Eduardo Mallea — havia se engajado com brio na vanguarda literária nos anos de 1920, tendo investido, em medida díspar e conforme o arbítrio concessivo dos mentores, em gêneros convencionais (contos, poesia e novelas). O êxito mirrado e certo esgotamento do veio literário decerto lhes espicaçaram a transmutar rescaldo ficcional e sedimento autobiográfico em ensaios, em conversa com a vertente nacionalista concebida pelos baluartes da "geração do Centenário" (Leopoldo Lugones, Manuel Gálvez e Ricardo Rojas).

Prensados entre o cerceamento a que se viram relegados como epígonos e o denorteamento político advindo com a queda do radicalismo, os jovens autodidatas se lançaram à empreitada de testar o lance como intérpretes ousados da crise generalizada que tomara conta do país. Pareceu-lhes o jeito de contornar o papel de coadjuvantes da vanguarda *criolla* — de Borges e do séquito de acólitos da "arte pela arte" —, agarrando-se ao ensejo de vocalizar queixumes e ressentimentos no bojo de um campo intelectual ainda carente de ensaístas com cabedal em novas especialidades humanísticas. Mas o rechaço da visada histórica e política da formação social argentina empreendida por Sarmiento e Alberdi sequer lhes garantiu a recepção incondicional que esperavam da revista *Sur*, da qual eram colaboradores.

Alejandro Blanco e Luiz Carlos Jackson demonstram com acerto as diferenças de bagagem educacional e de repertório entre a geração de ensaístas argentinos e os confrades brasileiros — Gilberto Freyre, Sérgio Buarque de Holanda e Caio Prado Jr. Quero sublinhar dois traços que merecem realce nesse contraste. Os brasileiros pertenciam a clãs familiares prestigiosos da elite nativa, detentores de um cacife social e político invejável; os argentinos eram todos provincianos, viviam do trabalho na imprensa, de empregos públicos — nos Correios, na universidade —, distantes de quaisquer chances de protagonismo político, apartados da nata dirigente (exceto Mallea), sequiosos de uma legitimidade intelectual que lhes foi de certo modo concedida, mas diferida no tempo, a conta-gotas. Desde então e até hoje, oscilou bastante o lugar dos ensaístas argentinos na hierarquia de prestígio intelectual, enquanto o aplauso dos brasileiros se tornou unânime.

Apesar de tais diferenças de classe e de *status*, é forçoso reconhecer um fio temático na argamassa do ensaísmo praticado por uns e outros. Não obstante o tratamento conceitual e analítico radicalmente distinto, existem sinais de proximidade, senão de

Sociólogos em peleja

entente. Refiro-me, por exemplo, aos capítulos sobre cidades, peças de resistência nos ensaios coetâneos dos pequenos profetas argentinos e dos precursores brasileiros de cientista social.

El hombre que está solo y espera (2005), de Scalabrini Ortiz, configura um espelho em que todos podem se reconhecer, o equivalente para Buenos Aires do que *Martín Fierro* fora para o pampa. O livro vinha preencher o vácuo da mitologia urbana, já reclamada por Borges em *El tamaño de mi esperanza*, seu livro de ensaios de 1926. A bíblia de enaltecimento redigida pelo escriba interiorano institui o "homem da esquina de Corrientes com Esmeralda", ponto de confluência da legenda citadina, polo magnético da sexualidade, sítio urbano de ressonâncias mágicas, como arquétipo de Buenos Aires, metonímia do ente nacional, fruto da mescla entre traços míticos e registros documentais. O tango, o futebol, a imprensa, a conversa nos cafés, as relações desiguais entre homens e mulheres compõem um cenário cosmopolita que converte a capital em sujeito a-histórico.

O capítulo "Buenos Aires" do livro *Radiografía de la pampa* (1993), de Martínez Estrada, esboça um retrato pessimista da capital artificial e enferma que, em mãos de políticos curandeiros, determinou a ruína do campo, pulso verdadeiro do país. A capital condensa os atributos nefastos da desdita nacional: entreposto do capital estrangeiro; sorvedouro das energias e das mercadorias procedentes do interior; um pampa dissimulado que suga a seiva da província; abrigo inchado dos imigrantes externos e internos que estão pondo a perder o país autêntico.

Enquanto no caso de Sérgio Buarque de Holanda, as diferenças entre as colonizações espanhola e portuguesa, no tocante às cidades no Novo Mundo, se explicam pela trama de constrições econômicas, sociais, administrativas e políticas, tal como evidenciam os arrazoados de prova no capítulo "O semeador e o ladrilhador" de *Raízes do Brasil*. Em vez de um *leitmotiv* no qual desaguam toda a sorte de registros anedóticos e de assertivas bombásticas, na toada do "martínez-estradismo", a cidade latino-americana é substrato de uma reconstrução histórica do mundo social. Em lugar de pretexto para invectivas com tônus de consolo ou de catástrofe, a cidade como risco espacial de uma causalidade multifacetada à maneira weberiana.

O capítulo de Alejandro e Luiz consagrado à emergência da sociologia se aferra com brilho ao impacto da política sobre as condições de vida e de trabalho dos cientistas sociais. As passagens sobre "escolhas" temáticas esposadas por Gino Germani e Florestan Fernandes em reação às vicissitudes da conjuntura — as intervenções decretadas pelo peronismo, as arbitrariedades do regime militar brasileiro pós 64 — sinalizam o enfoque distinto de politização, no trabalho de interpretação sociológica, e como que prenunciam as tomadas de posição doutrinárias no aceso do entrevero de facções.

Ao que tudo leva a crer, o livro de Germani, *Política y sociedad en una época de transición* (1962), logra um diagnóstico inovador sobre a imigração massiva na modelagem da Argentina moderna, ao desvendar a gênese e o significado sócio-político do peronismo. Convicto do acerto em empalmar a "desperonização", palavra de ordem imperativa no entender da inteligência anti-peronista, Germani concebeu a obra em resposta à encomenda do presidente Aramburu, meses após a queda de Perón. Leitura obrigatória na bibliografia ao alcance de minha geração de cientistas sociais, o texto de Germani soava tanto mais novidadeiro pela dicção olímpica, transatlântica, capaz de apelar ao raciocínio apaziguado e conservador da sociologia sistemática. Pelo subentendido nas entrelinhas, o autor pretendia apartar o discurso "neutro" do juízo passional sobre o peronismo. Nem uma coisa, nem outra, na medida em que o "científico" agasalha o *parti-pris*. Talvez hoje a obra decepcione por conta da sumária equação interpretativa e da linguagem conceitual, álgida e rarefeita, com que o autor busca dar conta do enigma sociológico suscitado, no jargão da época, pelo surto populista. No saldo, sobra pouco de história social e de prática política no arranjo de variáveis esclarecedoras.

Anterior ao trabalho de Murmis e Portantiero sobre as origens do peronismo, Germani formula com justeza alguns elementos cruciais do diagnóstico e, ao mesmo tempo, "dedetiza", por assim dizer, o nexo entre a classe operária e o novo regime: primei-

Sociólogos em peleja

ro, ao minimizar o papel exercido pelas lideranças sindicais; segundo, ao retratar Perón em chaves que o desqualificam em termos éticos e políticos. Tudo se passa como se o peronismo fosse engrenagem perversa, azeitada por excesso de povo e pela desfaçatez do líder usurpador. Não obstante, a derrapagem normativa não desconsiderou as transformações morfológicas, perceptíveis desde meados da década de 1920 até o estertor dos *arreglos* elitistas conducentes ao golpe militar de 1943. Tais mudanças foram habilitando os protagonistas da nova cena política: os militares, os dirigentes sindicais e uma fração do empresariado industrial. A sociologia de Germani foi, em alguma medida, pautada pelo desígnio revanchista da "desperonização" nos anos de "alívio" subsequentes à derrubada de Perón, em meio à retomada da universidade pública pela elite de intelectuais que daí havia sido alijada.

O itinerário intelectual de Florestan Fernandes também se orientou pela profissão de fé cientificista, imperante nas instituições em que se formou e nas quais adquiriu a titulação acadêmica. Na primeira fase, ele trabalhou com folclore e com a sociedade indígena Tupinambá, "temas frios" na designação acertada deste ensaio, distantes da agenda política brasileira no segundo pós-guerra. Deu a guinada ao se interessar pela questão racial e pela presença do negro na hierarquia social, imergindo na enrascada societária pelo flanco da desigualdade, em vez de mirar o varguismo pela ótica populista, logo convertida em cânon interpretativo. Florestan transitou desse interregno de acerto de contas com o enigma racial para a análise da expansão capitalista de uma sociedade de classes, reiterando o foco nas lutas sociais em detrimento de arrazoados de viés politicista. Os livros posteriores ao golpe de 1964 aprofundaram a virada crítica do sociólogo acadêmico, amargurado pela aposentadoria compulsória, prestes a se reconverter em parlamentar. Enquanto Germani, antevendo o pior, preferiu o segundo exílio, acolhido pela Universidade de Harvard, meses antes do golpe militar de Ongania em 1966, Florestan logrou se firmar como político militante de esquerda.

O capítulo final esclarece a respeito das raízes sociais e institucionais que moldaram o período áureo de maturação do campo literário argentino e brasileiro entre 1930 e 1960. As figuras-chaves de Antonio Candido e de Adolfo Prieto sintetizam as feições diferenciadas no exercício da crítica literária. A formação intelectual, a inserção acadêmica, os ingredientes sociológicos da fatura crítica, evidenciam as determinações decisivas de um destino social e intelectual. Beneficiários de treinamento acadêmico apurado, Candido tomou fôlego num espaço universitário indene à intempérie política, hesitante entre a sociologia e a crítica; Prieto abjurou a vertente filológica e estilística, em voga na faculdade portenha, em prol de uma história social da literatura, tendo sido relegado a universidades de província.

Candido firmou-se como crítico de rodapé em jornais, em momento de inflexão do prestígio da literatura na cena cultural. Herdeiro da tradição que remontava a Silvio Romero e a José Veríssimo, sucedendo aos luminares do pré-modernismo (Alceu Amoroso Lima, Álvaro Lins), deu continuidade à prática do ofício, em meio a uma divisão do trabalho literário na qual os escritores não tinham a pretensão de arbitragem. Por sua vez, Prieto teve de contestar a unanimidade em torno de Borges e provar mérito em revistas culturais pós-peronistas, a braços com um campo cultural comandado pela aristocracia social e literária a frente da revista *Sur*.

O embate em torno da autoridade cultural, ou melhor, a disputa pela condição de árbitro da excelência do trabalho intelectual, constitui o achado comparativo do livro. A inteligibilidade das condições sociais responsáveis pelo confinamento da atividade literária legítima ao espaço segregado de uma elite privada de escritores rentistas, tal como sucedeu, no caso argentino, em torno do projeto estético radical liderado por Borges, permite dar conta do êxito retumbante dessa cartada simbólica nos planos nacional e internacional e, ao mesmo tempo, do estiolamento desse viveiro pela escassez de combatentes na geração subsequente. A prática de gêneros como o romance policial, o hibridismo entre ficção e ensaio, o delírio perfeccionista de uma escrita literária sem máculas tangíveis do mundo social circundante, constituem feições salientes do formalismo borgeano, secundado pela evasão fingida diante da

Sociólogos em peleja

cena política doméstica. A dominação incontrastável dos sacerdotes do feitiço literário subtraiu o projeto autotélico do radar da crítica literária, ora exercida, em chave menos impressionista, por universitários procedentes de famílias imigrantes e desprovidos dos foros de grandeza dos magos letrados.

Prieto reivindicou a condição de árbitro por meio de uma análise certeira das transformações sofridas pela literatura autobiográfica, gênero tido até então como subalterno, em conexão com a genealogia das elites políticas e intelectuais. Mais tarde, a exemplo do que fez Candido sobre a formação da literatura brasileira, Prieto concebeu uma história social da literatura argentina que se tornou obra de referência. O golpe de Ongania também provocou a renúncia de Prieto da Universidade Nacional do Litoral, instado assim ao périplo no exterior, de início como docente no Uruguai e na França; mais tarde, com a ditadura de 1976, emigrou para os Estados Unidos, aí permanecendo por volta de quinze anos.

A bonança interpretativa deste trabalho tem a ver com o feixe adensado de variáveis em jogo, debulhadas em estirado ciclo histórico, que remonta aos primórdios da vida intelectual no Brasil e na Argentina. A origem social das gerações atuantes na cena cultural pós-independência, o duplo vínculo dos escritores com as letras e com a política, os graus variados de internacionalização e de dependência da inteligência, os marcadores institucionais da atividade intelectual — na imprensa, nas revistas, nas editoras, na universidade —, a formação educacional, as espécies e os volumes de capital amealhado, a morfologia dos públicos consumidores dessa produção de nicho, o poder de atração e de repulsão exercido pelas heranças doutrinárias, os padrões de carreira e de desempenho dos mentores e das lideranças, as linguagens, os paradigmas conceituais e os esquemas analíticos de interpretação das obras, eis em síntese as linhas de força em que se estriba o argumento.

Em lugar da cantilena vaporosa em torno dos méritos e limites de formalistas e contextualistas, o ensaio instigante de Alejandro Blanco e Luiz Carlos Jackson lida com as transformações que os condicionantes externos impõem ao arranjo de constrições internas à atividade intelectual. O manejo arguto desse vaivém de constrangimentos assume sem pejo o recado sociológico e põe a nu as práticas de intelectuais incontornáveis, em cuja apreciação é dispensável a reverência à mística do ofício.

para
Julia, Marçal, Noris e José (*in memoriam*);
Renata, Artur, Clarisa, Carola e Pilar

INTRODUÇÃO

"Só se explica comparando."

Émile Durkheim, *O suicídio*

Este livro tem como objetivo principal discutir os processos iniciais de institucionalização da sociologia no Brasil e na Argentina, em perspectiva comparada. O ensino dessa disciplina foi implantado precocemente em diversas universidades da América Latina. Em 1877, foi criado na cidade de Caracas, Venezuela, um Instituto de Ciências Sociais e, anos mais tarde, em 1882, a Universidade de Bogotá abriu o primeiro curso de sociologia no mundo, antecipando-se assim em dez anos ao inaugurado em Chicago em 1892. Desde então, esse processo se expandiu: 1898 em Buenos Aires; 1900 em Assunção; 1906 em Caracas, La Plata e Quito; 1907 em Córdoba, Guadalajara e Cidade do México. Até os anos de 1920, seu ensino já estava estabelecido em quase todos os países da América Latina, em várias universidades (Poviña, 1941).

Contudo, foi em torno de 1940 que a sociologia experimentou, ainda que com ritmos e intensidades desiguais, um processo mais firme de institucionalização. Apareceram os primeiros centros de ensino, as primeiras instituições especializadas, as primeiras publicações oficiais, as primeiras coleções de livros e, também, algumas organizações formais da disciplina. Ainda que no Brasil a implantação do ensino de sociologia tenha sido um fenômeno relativamente tardio, de 1930 em diante, a disciplina obteve desenvolvimento muito efetivo. Em 1933, foi criada em São Paulo a primeira escola superior de sociologia, a Escola Livre de Sociologia e Política (ELSP) e, em 1934, o curso de graduação em ciências sociais na Faculdade de Filosofia, Ciências e Letras da Universidade de São Paulo (FFCL), fundada nesse mesmo ano. No México, em 1939, Lucio Mendieta y Núñez pôs em funcionamento o Ins-

Introdução 19

tituto de Pesquisas Sociais na Universidade Nacional Autônoma do México e, no ano seguinte, na Argentina, foram criados o Instituto de Sociologia, na Faculdade de Filosofia e Letras da Universidade de Buenos Aires (FFyL), e o de Investigações Econômicas e Sociológicas, na Universidade Nacional de Tucumán, dirigidos por Ricardo Levene e Renato Treves, respectivamente.

Também nesses anos foram editadas as primeiras publicações especializadas: *Sociologia*, em São Paulo (1939), *Revista Mexicana de Sociología* (1939), *Revista Interamericana de Sociología*, de Caracas (1939) e *Boletín del Instituto de Sociología*, da Universidade de Buenos Aires (1942), entre outras. Também as primeiras coleções de livros: "Sección de Obras de Sociología", editada pela Fondo de Cultura Económica, sob a direção de José Medina Echavarría; "Biblioteca de Sociología", da editora Losada, dirigida por Francisco Ayala; "Ciencia y Sociedad" e "Biblioteca de Psicología Social y Sociología", ambas sob a direção de Gino Germani, nas editoras Abril e Paidós, respectivamente. Constituíram-se no período, ainda, algumas das organizações formais da disciplina, como a Academia Argentina de Sociologia, a Sociedade Brasileira de Sociologia e a Sociedade Mexicana de Sociologia. A criação, em 1950, da Associação Latino-Americana de Sociologia, a primeira associação regional do mundo, selou esse primeiro capítulo de institucionalização, uma vez que garantiu ao processo um forte acento regional — que logo seria amplificado pela nova geração (Blanco, 2006).

Inicialmente, o ensino da disciplina, com exceção da experiência brasileira, não pretendia formar sociólogos, mas oferecer a estudantes de outras carreiras uma espécie de complemento cultural relativo ao conhecimento dos fenômenos sociais. Nesses casos, a inserção da sociologia na universidade não era a de uma disciplina autônoma, mas subordinada às disciplinas já estabelecidas, fundamentalmente, o direito e a filosofia. Uma rápida análise morfológica revela que a maioria dos professores de sociologia era formada em direito. Além disso, o ensino era, frequentemente, apenas uma atividade secundária para os professores. Algumas trajetórias indicam, também, que a carreira intelectual não se dis-

20 Sociologia no espelho

sociava da carreira política e não se esperava deles que fossem pesquisadores. A maioria deles desconfiava da sociologia empírica, identificada com a sociologia norte-americana. A produção intelectual dessa primeira geração de sociólogos revela seu perfil intelectual; o ensaio político, a história das ideias e o manual tornaram-se os gêneros mais difundidos.

Na América Espanhola, o livro pioneiro para a renovação da disciplina foi *Sociología: teoría y método*, de José Medina Echavarría, publicado em 1941, obra que Germani saudaria décadas mais tarde como a que teria iniciado "a onda da sociologia científica na América Latina".[1] Também Florestan Fernandes reconheceu a importância precursora desse livro, ao citar uma passagem dele como epígrafe de *Fundamentos empíricos da explicação sociológica* (1953). Como exemplo bem-sucedido dessa nova situação, Medina Echavarría mencionava o caso da "sociologia norte-americana" no capítulo "A investigação social e suas técnicas". Essa referência remota à experiência dos Estados Unidos é muito significativa em um contexto em que as sociologias alemã e francesa constituíam o universo de referência quase exclusivo entre os praticantes da disciplina (Blanco, 2004). Poucos anos depois, a referência à sociologia norte-americana tornar-se-ia um argumento central de legitimação na renovação da disciplina, embora no caso brasileiro isso tenha ocorrido de forma menos pronunciada.

Na Argentina, como veremos, as primeiras manifestações dessa mudança de mentalidade tiveram lugar no Instituto de So-

---

[1] No prólogo à primeira edição, Medina Echavarría escrevia: "Uma ciência sociológica não pode existir sem teoria e sem técnica de pesquisa. Sem uma teoria, isto é, sem um quadro de categorias depurado e um esquema unificador, o que se chama sociologia não apenas não será uma ciência como carecerá de significação para a investigação concreta e a resolução dos problemas sociais do dia. Sem uma técnica de pesquisa definida, submetida a cânones rigorosos, a investigação social não apenas é infecunda, mas convida à ação sempre disposta do charlatão e do audaz. [...] A sociologia tem sido sempre castigada pela improvisação, e esta deve ser cortada pela raiz". José Medina Echavarría (1941), *Sociología: teoría y técnica*, México, Fondo de Cultura Económica.

ciologia de Buenos Aires, por meio da figura de Gino Germani. Em um trabalho redigido nesse contexto, Germani sustentava que "a sociologia não pode deixar de ser uma ciência empírica e indutiva se verdadeiramente pretende cumprir sua função orientadora em uma sociedade que se encaminha para a planificação" (Germani, 1946a, p. 32). Essa declaração adotou a forma de um argumento mais sistemático em um ensaio inédito redigido em 1946, *Teoría e investigación en la sociología empírica* (Germani, 1946b), voltado precisamente ao exame da "possibilidade de uma ciência empírica da realidade social", e cujos argumentos seriam reunidos dez anos mais tarde em *La sociologia científica: apuntes para su fundamentación*, uma espécie de manifesto do movimento de renovação. Com efeito, o texto reunia os pontos que aqui e ali haviam sido assinalados como parte dessa reforma radical da disciplina, fundamentalmente o de incorporar a pesquisa empírica aos procedimentos da sociologia, associada à fundamentação teórica rigorosa.

Esses sinais de renovação adquiriram, até a segunda metade dos anos de 1950, a forma de um movimento amplo. José Medina Echavarría, Florestan Fernandes e Gino Germani foram suas figuras mais expressivas, mas, também, o brasileiro Luiz de Aguiar Costa Pinto, o chileno Eduardo Hamuy e outros tantos — C. A. Campos Jiménez, da Costa Rica, J. R. Arboleda, da Colômbia, e J. A. Silva Michelena, da Venezuela — participaram dessa empreitada. Um pouco mais tarde, no México, Pablo González Casanova iniciaria um protesto parecido na Escola Nacional de Ciências Políticas e Sociais. Por meio dessas lideranças, e no transcurso de poucos anos, teria início a montagem de uma aliança fundada na reconhecida necessidade de uma reorganização intelectual e institucional da disciplina.

Certamente, a emergência de tais reivindicações deve ser compreendida, também, em função de um novo contexto internacional, caracterizado por uma profunda transformação das ciências sociais, assim como pelo surgimento de uma série de organizações e instituições consagradas ao seu estabelecimento no sistema de educação superior. A partir do segundo pós-guerra, houve, tanto

22   Sociologia no espelho

na Europa como nos Estados Unidos, "um declínio da reflexão especulativa e filosófica e um otimismo generalizado acerca dos resultados que seria de se esperar, dado que se logrou um firme fundamento científico e empírico" (Bernstein, 1982, p. 27). A convicção de que as ciências sociais diferiam em grau, mas não em gênero, das ciências naturais se fortaleceu entre os cientistas sociais (Wallerstein, 1996).

Essa transformação das ciências sociais acompanhou a campanha ativa e a forte pressão exercida por uma série de organismos internacionais — a Divisão de Ciências Sociais da União Panamericana, o Departamento de Ciências Sociais da UNESCO, o International Social Science Council e agências filantrópicas como Ford e Rockefeller — determinados a difundir o modelo de um sistema intelectual moderno, voltado ao desenvolvimento da pesquisa empírica, especialmente no interior das ciências sociais. Tratava-se de um programa de modernização do ensino e da pesquisa que deveria incluir, fundamentalmente, reformas curriculares, projetos de atualização bibliográfica e de unificação do vocabulário, criação de organizações profissionais das distintas disciplinas e de centros e institutos de pesquisa. A UNESCO cumpriu a esse respeito um papel de grande importância. Em 1946, com o objetivo de outorgar às ciências sociais um estatuto independente das ciências naturais, foi criado em seu interior o Departamento de Ciências Sociais. Em poucos anos, o efervescente departamento, comprometido com uma perspectiva internacional sobre as ciências sociais, promoveu a criação de associações internacionais das diversas disciplinas, de centros nacionais e internacionais de pesquisa e de um sistema de publicações de caráter internacional. A coroação de todos esses esforços de criação institucional foi a fundação do International Social Science Council, em 1954 (Lengyel, 1986; De Franz, 1969).

No caso específico da América Latina, as primeiras iniciativas provieram da União Panamericana, que, em 1948, criou a Divisão de Ciências Sociais com o intuito de promover um programa "voltado a contribuir com o desenvolvimento dessas ciências [...] principalmente na América Latina, por ser esta uma região na qual as ciências sociais têm evoluído de forma mais lenta do que outras disciplinas" (Crevenna, 1951, p. 54). A nova agência pretendia conectar os cientistas sociais da região, apoiar o desenvolvimento dos aspectos técnicos e científicos dessas disciplinas, estimular a preparação dos pesquisadores em centros de treinamento e fomentar a aplicação do conhecimento para solucionar problemas sociais da região. Dois anos mais tarde, a agência lançou o primeiro número de *Ciencias Sociales*, uma publicação bimestral dirigida por Theo Crevenna, que se constituiu num dos agentes de difusão mais importantes dos novos rumos e perfis adquiridos pelas ciências sociais a partir do pós-guerra.

Em 1947, foi criada a Comissão Econômica para a América Latina (CEPAL), um organismo das Nações Unidas com sede em Santiago do Chile, por cujo intermédio a questão do desenvolvimento se converteu, mais ou menos na metade dos anos de 1950, no grande tema das ciências sociais na América Latina. Sob a liderança intelectual e organizacional de Raúl Prebisch, que assumiu a direção da instituição em 1950, a CEPAL tornou-se o principal centro de influência teórico-doutrinária sobre a questão do desenvolvimento. O mesmo ocorreu com a sua concepção de ciência social. Sem tal influência, com efeito, sem esse conjunto de ideias, crenças e atitudes diferenciadas, é difícil pensar o extraordinário desenvolvimento e impulso que as ciências sociais conheceram na América Latina durante o período. Nesse ano (1950), Prebisch publicou *El desarrollo económico de latinoamérica y sus principales problemas*, algo como o manifesto da nova instituição, que de algum modo propiciou o "descobrimento" socioeconômico da América Latina (Hirschman, 1980). Logo que assumiu a direção da CEPAL, Prebisch reuniu um pequeno grupo de pesquisadores jovens, a maioria economistas, mas também alguns sociólogos — Víctor Urquidi, Jorge Ahumada, Aníbal Pinto, Cristóbal Lara e Celso Furtado, entre outros —, que constituiu uma espécie de "seita", com nexos pessoais muito intensos e animados por uma empenhada "missão" (Hodara, 1987). Entre os sociólogos estava José Medina Echavarría, que se vinculou ao organismo em 1952, exercendo grande magnetismo nessa geração de cientistas sociais.

24   Sociologia no espelho

Em todo caso, foi essa ênfase, tão típica da doutrina cepalina, na importância dos fatores sociais e políticos no processo de desenvolvimento, assim como sua perspectiva focada mais na experiência histórica do que nos modelos abstratos dos manuais de macroeconomia, que permitiram que se estabelecesse essa aliança entre economistas e sociólogos. De acordo com essa nova posição, os problemas do desenvolvimento econômico latino-americano só podiam ser pensados em relação às características do sistema político, da estrutura social, da composição de suas elites políticas, econômicas, sociais e intelectuais, da natureza dos sistemas educativos e das taxas de crescimento da população, entre outros fatores. Daí em diante, a exploração dos "fatores favoráveis" ou "desfavoráveis" ao desenvolvimento tornar-se-ia praticamente uma obsessão de sociólogos e economistas. A implantação da problemática do desenvolvimento econômico não apenas arrancou as ciências sociais do isolamento no qual havia permanecido até então, como propiciou uma unificação de temas e programas na sociologia, que veio a conectar-se com uma expectativa ao mesmo tempo política e intelectual: o projeto de modernização da sociedade e de edificação de uma ciência do desenvolvimento e da mudança planificada.

Nesse contexto, a situação das ciências sociais nos países da América Latina estava no centro da atenção dos principais organismos internacionais. Em 1949, uma missão do Social Sciences Research Council enviou à América do Sul o antropólogo norte-americano Ralph Beals com o objetivo de verificar o estado das ciências sociais nessa parte do continente e avaliar as possibilidades de seu desenvolvimento (Beals, 1950). No ano seguinte, o Departamento de Ciências Sociais da UNESCO encarregou o sociólogo americano John Gillin de percorrer seis países da América Latina com o mesmo fim (Gillin, 1953). Em 1952, por sua vez, o *International Social Science Bulletin*, editado pela UNESCO, consagrou um número inteiro à situação das ciências sociais na América Latina (ISSB, 1952), e durante esses anos o Departamento de Ciências Sociais da UNESCO, dirigido então pelo sociólogo britânico T. H. Marshall, planejou uma série de seminários sobre ensino e pesqui-

Introdução   25

sa em ciências sociais na América Latina. A conferência relativa aos países da América do Sul, celebrada no Rio de Janeiro em 1956, seria decisiva para o futuro das ciências sociais na região. Nessa reunião, com efeito, ficou acordada a criação de dois centros, um deles dedicado ao ensino e o outro à pesquisa (Cavalcanti, 1956). Este acordo seria coroado no ano seguinte, quando uma conferência intergovernamental, que reuniu os representantes de dezenove países latino-americanos, aprovou a criação da Faculdade Latino-Americana de Ciências Sociais (FLACSO), em Santiago do Chile, e do Centro Latino-Americano de Pesquisa em Ciências Sociais (CLAPCS), no Rio de Janeiro. Este último começou a funcionar no mesmo ano de sua criação, sob a direção do sociólogo brasileiro Luiz de Aguiar Costa Pinto. No ano seguinte, foi iniciada a publicação de *América Latina*, o primeiro boletim regional em ciências sociais (Oliveira, 1995).

A FLACSO entrou em funcionamento no ano seguinte, a partir da criação da Escola Latino-Americana de Sociologia (ELAS), inicialmente sob a direção de José Medina Echavarría e depois do especialista da UNESCO Peter Heintz. Assim teve início o primeiro curso regional de sociologia, uma criação institucional francamente inovadora, que transcendia os limites nacionais ou territoriais, com um programa nitidamente internacional, quer em relação aos estudos realizados e ao recrutamento dos professores, quer no que diz respeito à composição do corpo docente e à coordenação de suas atividades, inclusive o treinamento dos alunos. A renovação das ciências sociais e a correlativa emergência dessa nova elite de produtores culturais devem ser compreendidas, então, no cruzamento destes processos: o de uma institucionalização gradual das ciências sociais na região e o da adoção de um padrão internacional de desenvolvimento.

A criação da FLACSO e do CLAPCS articulou e proporcionou um estatuto regional a uma série de iniciativas limitadas até então aos espaços nacionais.[2] A FLACSO era essencialmente um

---

[2] O comitê diretivo conjunto de ambas instituições foi formado por Gino Germani (Argentina), Orlando Carvalho (Brasil), Eduardo Hamuy (Chi-

instituto de pós-graduação. Sua finalidade era a formação de especialistas em ciências sociais, com o propósito de complementar a formação oferecida pelas universidades da região. Com efeito, dada a escassez de fundos e a falta de recursos qualificados, as universidades nacionais não estavam, naquele momento, em condições de constituir centros nacionais de pós-graduação, com a exceção das instituições paulistas (ELSP e FFCL-USP), no caso brasileiro. A criação da FLACSO foi pensada precisamente para superar esse obstáculo, e foi concebida como uma instituição interdisciplinar (sociologia, economia, administração pública, ciência política etc.), ainda que durante o período aqui considerado, e por razões de ordem financeira, suas atividades tenham ficado limitadas ao ensino de sociologia no âmbito de sua Escola Latino-Americana de Sociologia (ELAS).[3]

Numa perspectiva histórica, portanto, esses centros emergentes, tanto de planificação e desenvolvimento, como de ensino e pesquisa, cumpriram um papel estratégico no desenvolvimento e na expansão das ciências sociais na região. Não apenas contribuíram para a legitimação das ciências sociais nos diferentes países da América do Sul, como também constituíram os espaços de formação de uma nova cultura intelectual em ciências sociais e de funcionamento das redes intelectuais e institucionais que operaram como um importante dispositivo de promoção e difusão da sociologia científica ou moderna, e de articulação dessa nova elite de

le), José Rafael Arboleda (Colômbia), Oscar Chavez Ezquivel (Costa Rica), Lucio Mendieta y Núñez (México), Isaac Ganón (Uruguai) e Salcedo Bastardo (Venezuela). Em 1959, Lucio Mendieta y Núñez foi substituído no comitê da CLAPCS por Pablo González Casanova. Gustavo Lagos Matus e Luiz de Aguiar Costa Pinto foram designados diretores da FLACSO e do CLAPCS, respectivamente.

[3] A ELAS oferecia um curso de dois anos em sociologia, para estudantes latino-americanos, organizado em três pilares: teoria sociológica, metodologia geral e técnicas de pesquisa e aspectos sociológicos do desenvolvimento econômico e social. Com ao redor de vinte de bolsistas por ano, a ELAS contou com um grupo reduzido de docentes: três professores em tempo integral e dois em tempo parcial.

Introdução

produtores culturais. Além disso, os centros também contribuíram para instituir uma nova agenda de debates sobre a situação da América Latina: a estratificação e a mobilidade sociais, o autoritarismo, o desenvolvimento econômico e a modernização.

Todas as lideranças mencionadas compartilhavam um repertório comum de preocupações intelectuais, relativo às necessidades de uma modernização radical da sociedade; unia-os, igualmente, uma visão comum da ciência social como ciência empírica (não obstante as diferenças de grau entre suas perspectivas) e um comum rechaço a todas as formas do ensaísmo e da filosofia social: o abandono de uma forma cultivada de exposição em nome da precisão das ideias foi uma bandeira que agitaram contra a geração predecessora. Escolheram o radicalismo científico como forma de proteção e autoafirmação intelectual e legitimaram a reivindicação ao monopólio próprio e autônomo do conhecimento em nome da ciência e da "solução racional" dos problemas sociais. Procuraram deliberadamente distinguir-se dos grupos intelectuais tradicionais, defendendo um novo padrão de trabalho intelectual, regido por normas, procedimentos, valores e critérios acadêmicos e científicos de validação (cf. Miceli, 1989).

* * *

No interior desse quadro geral, pretendemos reconstituir comparativamente os casos brasileiro e argentino. Inseridos em tradições intelectuais e políticas bastante diversas, os cientistas sociais se impuseram nos dois países de maneira especialmente fecunda entre as décadas de 1950 e 60. Nosso objetivo mais geral é compreender as razões do êxito desses empreendimentos acadêmicos, que seriam desigualmente afetados pelos governos militares que tomaram o poder em meados da década de 1960.[4]

---

[4] Houve um bloqueio quase total desse processo na universidade argentina, atingindo diretamente Gino Germani e sua equipe; no caso brasileiro, ocorreram perseguições pontuais que afetaram o grupo hegemônico da sociologia uspiana, liderado por Florestan Fernandes, a chamada "escola paulista de sociologia", implicando a descontinuidade do programa de pesquisa que

28   Sociologia no espelho

A escolha de Brasil e Argentina como ponto de partida para um estudo mais amplo que incorpore também outras experiências nacionais, como as que tiveram lugar no México, no Chile e em outros países da América Latina, justifica-se, em primeiro lugar, porque naqueles casos predominaram, não obstante a importância do contexto internacional reconstituído acima, iniciativas nacionais voltadas ao desenvolvimento dessa disciplina, originadas pela inserção do ensino e da pesquisa dessa matéria no interior de instituições universitárias previamente existentes ou em novas universidades.[5] Na Argentina, isso ocorreu precocemente no interior de outros cursos, primeiramente na Faculdade de Filosofia e Letras da Universidade de Buenos Aires, em 1898. No Brasil, a sociologia seria introduzida apenas na década de 1930, mas já como o núcleo do curso de ciências sociais, na Escola Livre de Sociologia e Política (ELSP, 1933) e na Faculdade de Filosofia Ciências e Letras da USP (FFCL, 1934). No primeiro país, a fase inicial de institucionalização foi mais prolongada e acidentada, em função das intervenções políticas ocorridas. No segundo, foi mais concentrada e estável.

Sob tais aspectos, os casos do Chile e do México nos oferecem contrapontos, por razões distintas. No Chile, o desenvolvimento da disciplina teve seu lastro mais importante em iniciativas transnacionais. O exemplo da Faculdade Latino Americana de Ciências Sociais (FLACSO), estabelecida na cidade de Santiago, é, a esse respeito, emblemático.[6] Não obstante o empenho do chileno Gus-

---

desenvolviam, mas, ao mesmo tempo, deu-se uma notável expansão do ensino superior e das ciências sociais durante o período militar (1964-1985), patrocinada pelo governo (Ortiz, 1990). Esses pontos serão desenvolvidos adiante.

[5] A esse respeito, seria possível diferenciar tipicamente dois vetores de institucionalização das ciências sociais latino-americanas: as iniciativas nacionais e as transnacionais. Embora nenhum caso concreto possa ser compreendido unicamente a partir de um desses dois vetores, as experiências se diferenciam entre as que se apoiaram prioritariamente em um ou outro.

[6] Sobre a FLACSO, ver Beigel, 2009.

tavo Lagos para que sua sede fosse instalada no Chile, a FLACSO era uma instituição internacional. Uma evidência disso reside no fato de que os primeiros três diretores da Escola Latino Americana de Sociologia (ELAS), primeiro programa de pós-graduação da FLACSO, terem sido estrangeiros (o espanhol José Medina Echevarría, entre 1958 e 1960; o suíço Peter Heintz, entre 1960 e 1965; e o brasileiro Gláucio Ary Dillon Soares, entre 1966 e 1968). As iniciativas nacionais de Eduardo Hamuy, diretor do Instituto de Sociologia da Universidade do Chile, envolvido com a defesa de uma sociologia moderna e empírica, não se concretizaram em um programa amplo de pesquisa, nem na institucionalização do ensino da disciplina como um curso autônomo. Talvez uma exceção tenha sido a Escola de Sociologia da Universidade Católica do Chile, dirigida por Roger Vekemans, sacerdote jesuíta de origem belga que, durante a década de 1960, cumpriu um papel central na formação e no treinamento dos sociólogos chilenos. Mas nesse caso, também, foram decisivos os apoios externos, propiciados pela rede de contatos da Igreja Católica, que favoreceu a incorporação dos primeiros professores, todos estrangeiros (Brunner, 1985).

No México, apesar do papel desempenhado por Lucio Mendieta y Núñez e Medina Echavarría desde o final dos anos de 1930 e do apoio estatal a essas iniciativas — destacando-se a importância inestimável de instituições como a editora Fondo de Cultura Económica e a *Revista Mexicana de Sociología*, que repercutiram em toda a América Latina —, isso não gerou internamente um processo de institucionalização consistente. A experiência mais ambiciosa, dirigida por Medina Echavarría, o Centro de Estudos Sociais do Colégio do México, fracassou depois de três anos de funcionamento, entre 1943 e 1946. Outra tentativa se deu com a criação de Escola Nacional de Ciências Políticas e Sociais da Universidade Nacional Autônoma do México, criada em 1951, mas esse empreendimento acabou não gerando uma organização acadêmica empenhada na formação de cientistas sociais, mas sim na preparação de profissionais para a carreira diplomática (Reyna, 1979; Castañeda, 1990). Seria apenas a partir de 1960 que um impulso mais efetivo teria lugar nesse país, destacando-se as iniciativas de Pablo Gonzalez Casanova nesse processo.

Em segundo lugar, no Brasil e na Argentina, a sociologia foi implantada no interior de universidades de feitio moderno, que permitiram uma articulação mais efetiva do ensino e da pesquisa.[7] Tais condições foram propícias ao surgimento de lideranças institucionais e intelectuais, como Raúl Orgaz, Alfredo Poviña e Gino Germani, na Argentina; Donald Pierson, Luiz de Aguiar Costa Pinto, Roger Bastide, Maria Isaura Pereira de Queiroz e Florestan Fernandes, no Brasil. Em outros termos, foi o desenvolvimento de organizações acadêmicas modernas que possibilitou aos praticantes dessa disciplina nesses países impor à mesma uma orientação predominantemente científica.

Nas duas experiências, em terceiro lugar, uma nova cultura intelectual foi gerada, caracterizada pela exigência da profissionalização, pela valorização do trabalho em equipe, pela imposição de uma linguagem científica (Arruda, 1995), pela defesa do rigor teórico e da fundamentação empírica, por grande produtividade, pela fixação de critérios comuns de avaliação e pelo desenvolvimento de projetos acadêmicos e de programas coletivos de pesquisa.[8]

Finalmente, em ambas constituíram-se empreendimentos próximos ao que se convencionou designar como "escola" (Tiryakian, 1979; Bulmer, 1984), ou seja, de um grupo intelectual formado por líder e discípulos reunidos em torno de ideias, técnicas e dispo-

---

[7] Na Europa, a partir das transformações ocorridas nos sistemas de educação superior, inicialmente na Alemanha da segunda metade do século XIX, ensino e pesquisa tornaram-se atividades integradas. Foi essa mudança, associada à profissionalização efetiva dos cientistas e intelectuais vinculados às universidades, que permitiu o desenvolvimento de uma nova configuração organizacional, que acabaria se expandindo por todo o mundo ocidental no século XX, alcançando sua máxima expressão nas universidades norte-americanas (Ben-David, 1971). Argentina e Brasil foram os países da América Latina que assimilaram mais cedo essa nova concepção de educação superior.

[8] Entendemos por "projeto acadêmico" um conjunto de estratégias voltadas à introdução de um novo padrão de trabalho científico, do qual derivariam os "programa coletivos de pesquisas".

Introdução

sições normativas que pensam sua atividade como uma missão.

Tais inovações relacionaram-se, sobretudo, aos nomes de Florestan Fernandes, no Brasil, e de Gino Germani, na Argentina, "lideranças carismáticas" que ocuparam posições intelectuais destacadas como sociólogos, quase ao mesmo tempo, nas décadas de 1950 e 1960. Entender os condicionantes envolvidos na emergência desses dois "chefes de escola",[9] pontuando semelhanças e diferenças entre tais experiências, é um dos objetivos centrais deste trabalho.

Deve-se notar ainda que a sociologia desenvolveu-se no interior de um movimento mais amplo de implantação (ou de renovação) de várias disciplinas das ciências humanas, mas que ela liderou esse processo nos dois países. A comparação entre os casos revela, contudo, que as configurações estabelecidas em cada um foram distintas em função de motivos diversos, relacionados tanto às evoluções das tradições intelectuais de cada país, quanto com a temporalidade e a especificidade dos processos de institucionalização disciplinar. Nessa direção, a sociologia no Brasil constituiu-se como a disciplina principal de um conjunto designado como "ciências sociais", formado ainda pela antropologia e pela ciência política. Na Argentina, em função de ter sido introduzida no interior dos cursos de direito, letras ou filosofia, evoluiu subordinada aos delineamentos gerais de tais cursos, para depois se constituir como disciplina independente. Entre as relações estabelecidas com outras disciplinas — na Argentina a sociologia aproximou-se mais da psicanálise e, sobretudo, da história do que no Brasil —, uma delas merece atenção especial por ter se dado de modo muito semelhan-

---

[9] Sublinhamos que apesar das tentativas dos outros líderes mencionados — Eduardo Hamuy, no Chile; Pablo Gonzalez Casanova, no México; Raúl Orgaz, Ricardo Levene e Alfredo Poviña, na Argentina; Donald Pierson, Roger Bastide, Maria Isaura Pereira de Queiroz, Luís de Aguiar Costa Pinto e Alberto Guerreiro Ramos, no Brasil — e da importância que tiveram na institucionalização da disciplina nesses países, apenas Florestan Fernandes e Gino Germani exerceram de fato o papel de "chefe de escola". Por isso mesmo, nossa comparação concentra-se nos casos de Buenos Aires e São Paulo e nessas duas figuras.

32   Sociologia no espelho

te nos dois casos: a que vinculou o desenvolvimento da sociologia à renovação da crítica literária.

Um último ponto desta introdução refere-se à justificativa teórica desta tentativa de empreender uma sociologia comparada da vida intelectual, ainda que não tenhamos a pretensão de discutir esse assunto em profundidade. Tal abordagem permite identificar problemas e questões que, de outro modo, não seriam aventadas (em estudos de casos isolados). O contraste entre experiências díspares, mas condicionadas por fatores comuns, permite iluminar seus aspectos mais significativos. A comparação pode, ainda, indicar causas possíveis para certos desenvolvimentos históricos, pela presença concomitante de certos fatores e/ou pela ausência de outros, como a análise clássica de Barrington Moore (1975) acerca dos processos de modernização na Europa e nos Estados Unidos comprova. O cotejamento de casos produz um saudável efeito de desnaturalização da observação histórica e sociológica, de tal maneira que certas características inicialmente não problematizadas por parecerem autoevidentes revelam sua contingência. Disso resulta, eventualmente, uma compreensão mais nuançada e crítica dos fenômenos estudados.

Antes de apresentarmos o esquema do livro, tendo em vista nosso objeto, Argentina/Brasil, um aspecto geral deve ser notado. À diferença do que ocorreu na Europa e especificamente em relação ao trio Inglaterra/França/Alemanha, países que constituíram suas tradições intelectuais (e disciplinares) e identidades culturais por meio de disputas e trocas diretas entre eles mesmos (Elias, 1994; Lepenies, 1996; Ringer, 2000), Argentina e Brasil seguiram caminhos predominantemente paralelos, pouco atentos um ao outro, ambos orientados pelos polos dominantes do sistema intelectual mundial, dinâmica que pode ser apreendida pelas oposições local/universal e periferia/centro (Casanova, 2002).

Em função do objetivo de comparação proposto, o livro divide-se em três capítulos. No primeiro, analisamos os esforços de diferenciação dos sociólogos em relação aos ensaístas, como estratégias fundamentais de legitimação desses novos especialistas. A esse respeito, nossa hipótese afirma que as duas experiências se

Introdução   33

diferenciaram em função das configurações específicas no interior dos quais ocorreram essas disputas. Por meio de uma reconstrução dos processos (evolução das tradições intelectuais e das organizações acadêmicas, sobretudo) relacionados à emergência e ao desenvolvimento dos diferentes padrões do gênero ensaístico no Brasil e na Argentina, pretendemos compreender o seguinte paradoxo: o combate mais explícito e duradouro dos sociólogos contra os ensaístas ocorreu no país em que existiu maior continuidade entre os gêneros. Esse foi o caso do Brasil e, mais especificamente, da sociologia paulista, na qual o embate com a tradição do ensaio foi, essencialmente, uma forma de legitimação profissional, já que no plano das obras houve incorporação de temas, problemas e perspectivas teóricas. Na Argentina, ao contrário, os sociólogos foram discretos nessa luta, apesar das diferenças profundas que os opunham aos ensaístas (em relação ao tema da imigração massiva, sobretudo, que centralizou o debate intelectual em meados do século XX nesse país) e, por isso mesmo, da maior descontinuidade entre os gêneros.

No segundo capítulo, examinamos o processo de institucionalização da sociologia nos dois contextos nacionais, avaliando a relação entre a evolução dos sistemas de educação superior e as conjunturas sociais e políticas mais amplas como condicionantes dos projetos acadêmicos e dos programas de pesquisa que vicejaram em cada caso, principalmente, nas décadas de 1950 e 60. Mais especificamente a pergunta que orienta essa parte do trabalho pode ser enunciada nos seguintes termos: como explicar, apesar das diferenças, o surgimento concomitante de empreendimentos acadêmicos coletivos (escolas) muito exitosos? Tais intentos ocorreram nas cidades de São Paulo e Buenos Aires, na Universidade de São Paulo e na Universidade de Buenos Aires, e foram liderados por Florestan Fernandes e Gino Germani, respectivamente. Nossa resposta leva em consideração três dimensões relacionadas entre si: as dinâmicas sociais e culturais das duas metrópoles em meados do século XX, a modernização de segmentos dos dois sistemas de educação superior e a consequente profissionalização da atividade intelectual, que teriam permitido a alguns agentes ascender socialmente assumindo papéis de líderes acadêmicos empenhados na defesa da sociologia como ciência e, em seguida, na formulação de diagnósticos e de programas de reformas políticas. Relacionado com este último ponto, discutimos, ainda, a relação entre a evolução de tais projetos (e dos arranjos institucionais nos quais estavam inscritos) e as conjunturas políticas mais amplas que os afetaram. Finalmente, uma vez que a sociologia formou parte de um processo mais geral de institucionalização das ciências humanas, discutimos os vínculos estabelecidos com outras disciplinas e as configurações resultantes em cada caso.

Na terceira parte, analisamos o processo de renovação da crítica literária por meio da relação estabelecida com a sociologia. Com efeito, e ainda que os processos de modernização da crítica literária no Brasil e na Argentina se inscrevessem em tradições intelectuais e organizações acadêmicas distintas, nos dois casos, e quase ao mesmo tempo, um setor da crítica se aproximou da sociologia, esforçando-se por obter um estatuto mais científico em relação ao que detinha anteriormente, até aproximadamente a metade do século XX, quando era entendida como gênero literário ou disciplina humanística.[10] Nesse sentido, duas trajetórias intelectuais, as do argentino Adolfo Prieto e do brasileiro Antonio Candido, e dois empreendimentos culturais coletivos, as revistas *Contorno* (1953-1959) e *Clima* (1941-1944) são examinados. No entanto, se nas duas experiências a renovação da crítica seguiu caminho análogo, apenas no Brasil se impôs, enquanto atividade desenvolvida no interior da universidade (ou sob sua chancela nos jornais), como instância reconhecida de arbitragem da produção literária, entre as décadas de 1950 e 60. Em outros termos, a consagração de Antonio Candido na cena cultural brasileira não teve

---

[10] Essas três acepções da crítica, como gênero literário, disciplina humanística ou disciplina científica, opuseram nos dois países críticos interessados em dimensões distintas do fato literário (ênfase nas formas expressivas ou nos condicionantes externos da atividade) e vinculados a instituições e momentos diferenciados de sua evolução, seja nos jornais e revistas literárias ou na universidade.

Introdução

equivalente na Argentina. Por quê? A resposta a essa questão envolve, como nas partes anteriores em relação ao ensaio e à sociologia, a reconstrução das carreiras desses agentes no interior dos processos mais gerais de desenvolvimento da crítica literária em cada país. Mais especificamente, analisamos as formas de inserção institucional dessa atividade — na imprensa, nas revistas, na universidade — e suas relações com a tradição intelectual vigente em cada experiência. Nossa hipótese mais geral a este respeito estabelece uma correlação entre a ascensão dos críticos literários e o declínio dos escritores. Assim, no caso argentino, em que estes últimos esteviveram no centro da cena cultural até meados da década de 1980, os primeiros permaneceram até então relativamente deslocados. No caso brasileiro, a perda da centralidade da literatura ao redor de 1950 permitiria o fortalecimento da crítica e a consagração mais contundente de seus produtores.

O esboço formulado acima sugere que, apesar de centrado numa análise dos processos iniciais de institucionalização da sociologia no Brasil e na Argentina, este livro é, também, em função de sua perspectiva, uma sociologia comparada do mundo intelectual, interessada no desenvolvimento, nas disputas e nas trocas entre três produtores intelectuais — ensaístas, sociólogos e críticos literários — que polarizaram (embora não exclusivamente) a vida acadêmica nas humanidades durante o período considerado.

1.
A BATALHA DOS GÊNEROS[1]

> "En los años heroicos, la pluma se utilizó para combatir, parar golpes o incitar la pelea. Llegó a ser tan mortífera como la mohara del lancero. Los Varela, Echeverría, Alberdi, Sarmiento, no daban tregua ni la pedían: brulote, sátira, acusación, apóstrofe, diatriba lisa y llana, todo lo prodigaron y todo lo aguantaron. En esa esgrima portentosa se fue estructurando la literatura argentina, escrita sobre el tambor, en la madrugada subrepticia o entre el relampagueo de dos cañonazos."
>
> Lafleur, Provenzano e Alonso, 2006

> "A nossa literatura é galho secundário da portuguesa, por sua vez arbusto de segunda ordem no jardim das musas. [...] Comparada às grandes, a nossa literatura é pobre e fraca. Mas é ela, não outra, que nos exprime. [...] Ninguém, além de nós, poderá dar vida a essas tentativas muitas vezes débeis, outras vezes fortes, sempre tocantes, em que os homens do passado, no fundo de uma terra inculta, em meio a uma aclimatação penosa da cultura europeia, procuravam estilizar para nós, seus descendentes, os sentimentos que experimentavam, as observações que faziam, dos quais se formaram os nossos."
>
> Antonio Candido, 1959

I

"Em conjunto, pode-se dizer que as modificações introduzidas enriquecem a obra, tanto do ponto de vista literário, quanto do ponto de vista da documentação coligida e de sua elaboração. Mas isso significa também

---

[1] Versão anterior deste capítulo foi incluída no livro *Cultura e sociedade: Brasil e Argentina* (Miceli e Pontes, 2014).

que as principais virtudes do ensaio foram mantidas juntamente com alguns de seus defeitos. O ensaísta revelou-se de uma maestria e de uma penetração inigualáveis na sugestão de problemas. Poucos especialistas poderão atravessar as páginas do ensaio sem encontrar alguma indicação de pistas para pesquisa ou investigação, sejam historiadores, psicólogos sociais, antropólogos, sociólogos ou economistas. Na reconstrução de um processo histórico-social tão complexo, como é o desenvolvimento do Brasil, contudo, nem sempre consegue superar, com a mesma felicidade e equilíbrio, as limitações impostas pelos insuficientes conhecimentos que ainda hoje dispomos de nosso passado. Toda tentativa de síntese é empolgante e fecunda; mas os riscos são tanto maiores quanto mais inconsistente se revela a base empírica e analítica sobre a qual se constrói. [...] Observa-se, igualmente, uma ênfase excessiva nos aspectos da cultura. Isso traduz, provavelmente, a influência da abundante literatura etnológica conhecida pelo autor. Mas, tem vários inconvenientes, já que leva a subestimar os efeitos e determinações da organização social. Muitos dos problemas encarados apenas da perspectiva da cultura, como os que dizem respeito à situação de contato no Brasil colonial (século XVI, especialmente) ou os resultados da secularização da cultura e da urbanização, poderiam ser discutidos de um ponto de vista sociológico, único capaz de pôr em evidência a atuação dos processos sociais subjacentes aos ajustamentos e às mudanças culturais. A própria natureza e amplitude da obra compensam e neutralizam, no entanto, as pequenas insuficiências desta ordem, e a tornam tão indispensável ao sociólogo quanto ao historiador cultural." (Fernandes, 1949, pp. 223-4)

O trecho reproduzido é o final de uma resenha escrita por Florestan Fernandes, então um jovem sociólogo, sobre a segunda edição de um dos ensaios brasileiros mais importantes do século XX, *Raízes do Brasil*, de Sérgio Buarque de Holanda, este último, naquele momento, uma figura já consagrada entre os ensaístas projetados nos anos de 1930. Nela flagramos diretamente o embate entre sociólogos e ensaístas por meio do qual a figura do cientista social legitimou-se progressivamente no Brasil e na Argentina, diferentemente do que ocorreu na França, na Alemanha e nos Estados Unidos, onde, desde o final do século XIX, e em contextos intelectuais mais diferenciados, os sociólogos enfrentaram mais diretamente outros oponentes, como os escritores, os filósofos, os psicólogos, os historiadores (Lepenies, 1996; Heilbron, 2006; Ross, 1991). Mais especificamente, se afirmaram em oposição à tradição encarnada pelos ensaístas que nas décadas de 1930 e 40 interpretaram os processos de formação histórica e/ou de construção de identidades das duas sociedades nacionais.

Nos dois países, a década de 1930 caracterizou-se por transformações sociais e políticas profundas que desencadearam revisões das histórias nacionais; nesse contexto o "ensaio" tornou-se a forma expressiva mais utilizada como instrumento de análise da realidade nacional. Por isso mesmo, os sociólogos tiveram que enfrentá-lo para se legitimarem. Devemos ter em mente, entretanto, que o termo "ensaio" não designa modalidades idênticas nos dois casos, e que seu uso depreciativo[2] para caracterizar certo estilo de trabalho intelectual — marcado genericamente pelo sincretismo disciplinar e pela forte imantação política e literária — se generalizou apenas nos anos de 1950 (segunda metade), justamente por meio do ataque movido pelos "cientistas" que então reivindicavam práticas discursivas e profissionais fundadas na especialização.

As rupturas que originaram as novas configurações políticas se relacionaram indiretamente com a crise econômica mundial de 1929. Os significados de tais fatos — a revolução de 1930 no Brasil e o golpe militar que na Argentina derrubou o governo de Yri-

---

[2] Nesse contexto, o termo "ensaio" pode ser utilizado tanto como um qualificativo positivo como negativo, dependendo de quem o utiliza e em quais circunstâncias.

A batalha dos gêneros

goyen no mesmo ano — foram, entretanto, muito distintos. Apesar de ter resultado na ditadura de Vargas, ratificada em 1937 com o Estado Novo, a revolução de 1930, ao romper com a república oligárquica, erigida sobre um arranjo conservador que privilegiava os interesses econômicos dos cafeicultores paulistas, implicou certo grau de abertura política. Na Argentina, diferentemente, o golpe de 1930, que interrompeu a experiência de democratização iniciada com o primeiro governo radical, iniciado em 1916, foi claramente autoritário (Fausto e Devoto, 2008). No âmbito cultural, essa diferença expressou-se na participação mais efetiva do Estado brasileiro na gestão da cultura e na inserção profissional dos intelectuais e artistas nas universidades e nas numerosas instituições públicas criadas nesse período. Houve, também, um desenvolvimento notável da imprensa e do mercado editorial fortemente impulsionado por iniciativas privadas (Candido, 1987b; Pontes, 2001, Miceli, 2001; Arruda, 2001; Sorá, 2010). Na Argentina, ainda que não se deva exagerar a ausência do Estado na gestão cultural (Gramuglio, 2001), em termos comparativos, a expansão do mercado cultural originou-se fundamentalmente de iniciativas privadas. Tais condições fortaleceram no Brasil uma expectativa mais otimista dos intelectuais em relação às possibilidades de modernização da sociedade e da cultura. Na Argentina, ao contrário, as novas condições geraram um clima de forte pessimismo que seria característico da produção ensaística do período (Falcoff, 1975).[3]

Enfim, uma comparação entre os dois casos revela que o combate mais explícito e duradouro dos sociólogos contra os ensaístas ocorreu onde, como foi o caso brasileiro, existiu uma maior continuidade entre os gêneros por meio de temas, perspectivas teóricas e interpretações. Na Argentina, os sociólogos foram discretos nessa disputa, apesar da menor continuidade entre ensaio e sociologia. Como explicar essa diferença? Nossa hipótese articula

---

[3] Apesar da relação entre o pessimismo e a crise derivada da ruptura ocorrida em 1930, algo dessa atitude provinha da própria tradição intelectual argentina (Gorelik, 2005).

três dimensões: as evoluções das tradições intelectuais, das formas das organizações acadêmicas e das relações entre intelectuais e esfera política.

II

Passemos agora a um exame da evolução das tradições intelectuais que moldaram as duas experiências até desembocar na emergência do ensaio nos anos de 1930 e 40, aquele que os sociólogos enfrentariam e em relação ao qual tentariam se diferenciar. Em opúsculo esclarecedor sobre o desenvolvimento do ensaio hispano-americano, em geral, e argentino, em particular, o crítico argentino Jaime Rest oferece uma boa pista para distinguir os casos argentino e brasileiro. Embora reconheça a dificuldade de circunscrever o ensaio como gênero, o autor o define como "literatura de ideias", em oposição às formas consideradas mais estritamente literárias, a poesia e o romance, caracterizadas como "literatura de imaginação" (Rest, 1982). Ora, segundo a visão corrente da história literária argentina, sua literatura teria início depois da Independência (1810) e, magistralmente, com o *Facundo* (1845), de Sarmiento, ou seja, com um ensaio, obra que, junto às de Alberdi e Echeverría, inauguraria uma tradição intelectual que interpelou diretamente os eventos políticos que sucederam a Revolução de Maio e, especialmente, o governo de Rosas (interrompido em 1852). Determinada pelo caráter conflituoso dos processos de independência e de organização dos estados nacionais na América Hispânica, esta precedência e proeminência da "literatura de ideias" em relação à "literatura de imaginação" condicionaria o desenvolvimento ulterior da tradição intelectual argentina.[4] Segundo os termos de Jaime Rest, essa primeira expressão do en-

---

[4] Pedro Henríquez Ureña (1949) e Ángel Rama (1974) notaram a precedência do ensaio em relação ao romance nas tradições literárias da América Latina e o caráter de exceção do Brasil no desenvolvimento e na valorização anteriores do romance entre os países da região.

A batalha dos gêneros   41

saísmo argentino seria "operativa", orientada pelas possibilidades de transformação da sociedade, tendo em vista os modelos oferecidos pelos países centrais (Europa e Estados Unidos). Cabe lembrar que vários intelectuais dessa geração chegariam ao poder — destacando-se a figura de Sarmiento, que seria presidente da República —, fato indicativo de uma das principais características da vida cultural nesse momento: sua forte imantação política.

Embora se reconhecessem como representantes do Romantismo, os escritores argentinos não enveredaram prioritariamente pela poesia ou pelo romance (como ocorreu no Brasil), pela "literatura de imaginação". Percorreram, sobretudo, as diversas formas assumidas pela "literatura de ideias", como os "escritos programáticos", "trabalhos jornalísticos" e "estudos históricos e eruditos" (Rest, 1982; Prieto, 1968a). Ao redor dos anos de 1880, quando se estabilizou a política argentina, sob a presidência de Julio Roca, a vida literária começou a diferenciar-se, fenômeno relacionado com a ampliação do aparato cultural público, ocorrido com o desenvolvimento de um sistema educacional básico e superior, do jornalismo e com o aumento e a mudança da composição social do universo de leitores (Prieto, 1956d e 1988; Viñas, 1964; Tedesco, 1982; Altamirano e Sarlo, 1983). Sobre a imprensa, cabe dizer que ocorre progressivamente nesse contexto uma mudança na orientação dos jornais, da opinião política para a informação. *La Nación* (1870) e *La Prensa* (1869) tornam-se cada vez mais profissionais, ajustados ao novo público, seguindo uma tendência modernizadora que já havia transcorrido na Europa. Em tal contexto, o papel social dos intelectuais se transformaria por meio da profissionalização crescente de sua atividade e do afastamento parcial em relação à esfera política.

O avanço da "literatura de imaginação" associou-se a uma tomada de consciência artística pelos escritores que não mais se identificavam como "generais da nação, estadistas ou polígrafos" (Prieto, 1980, p. 56). Embora não profissionalizados plenamente e ainda ligados diretamente à vida política — como Eduardo Wilde, Lucio Mansilla e Miguel Cané, que exerceram cargos importantes nos poderes legislativo e executivo —, tal geração adotaria uma atitude mais cuidadosa na composição das obras, empenhada na defesa de uma função mais estritamente literária. Os autores citados dedicaram-se, sobretudo, a uma "literatura de evocação" com características narrativas (Prieto, 1968a). Quase ao mesmo tempo, o romance ganhava pela primeira vez certo destaque, sendo agora cultivado não mais de maneira acidental, como uma derivação do ensaio, mas por escritores especializados nesse gênero. Embora algo nessa direção já tivesse ocorrido no Romantismo, momento da publicação de *Amalia* (1851), de José Mármol, seria a partir da década de 1880 que o romance conseguiria ganhar espaço mais significativo no quadro da literatura argentina (Dámaso Martínez, 1980 e Delgado, 1980). Vinculadas ao movimento naturalista e ao chamado "ciclo da bolsa", as obras publicadas por Eugenio Cambaceres, e logo depois, por Julián Martel e Segundo Villafañe, constituíram um eixo para o posterior desenvolvimento do gênero no país (Avellaneda, 1980). Em comparação com o caso brasileiro, portanto, na Argentina a consolidação do romance foi um fenômeno tardio. Esquematicamente, se tivermos que esboçar a progressão de uma hierarquia de gêneros nos dois casos, entre 1850 e 1930, estaríamos diante de experiências quase opostas. Na Argentina, o ensaio seria o gênero inicialmente dominante, seguido pela poesia e pelo romance. No Brasil, como veremos adiante, desde a independência (1822), a poesia e o romance teriam precedência em relação ao ensaio, que se afirmaria a partir da crise do Império (1870), consagrando-se como gênero igualmente importante aos primeiros ao redor dos anos de 1930. Dito de outro modo, e ainda mais sinteticamente, segundo os termos de Rest, no primeiro caso a "literatura de imaginação" sucede à "literatura de ideias"; no segundo, o movimento contrário prevalece.

Na Argentina, essa tomada de consciência literária, associada à constituição incipiente de um sistema acadêmico moderno,[5] a

---

[5] Seguindo a Joseph Ben-David (1971), entendemos por "sistema acadêmico moderno" um modo de organização universitária que integra ensino e pesquisa, propiciando a formação de grupos de pesquisadores e promovendo sua profissionalização. Tal configuração teria aparecido inicialmente na

A batalha dos gêneros

partir da criação em 1896 da Faculdade de Filosofia e Letras da Universidade de Buenos Aires (FFyL-UBA), implicou a emergência, no interior do gênero ensaístico, de duas vertentes claramente diferenciadas. A primeira, encarnada no "ensaio positivista", associou--se ao surgimento de um novo tipo de intelectual, definido pela assimilação de uma cultura científica e por vínculos de ordem variada com as diversas instituições universitárias. Os autores mais importantes dessa orientação geral foram José María Ramos Mejía, Carlos Octavio Bunge, Juan Agustín García e José Ingenieros (Terán, 1987; Altamirano, 2004). A segunda vertente, do "ensaio espiritualista", reuniria a chamada "geração do centenário".[6] Escritores como Manuel Galvez e Ricardo Rojas alinharam-se com uma posição contrária ao positivismo e incorporaram uma intenção artística e idealizadora (Rest, 1982), afirmando os princípios do "nacionalismo cultural", que reagia à imigração massiva intensificada nas duas últimas décadas do século XIX, então entendida como uma ameaça à consolidação da identidade nacional. O antídoto prescrito associava-se à valorização das tradições hispânicas ou *criollas*. Na mesma direção, se inscrevem as conferências de Leopoldo Lugones, reunidas em *El payador*, que reivindicaram para a obra de José Hernandez, *Martín Fierro*, o estatuto de um poema épico nacional (Altamirano e Sarlo, 1983; Terán, 1993). Outro fato importante, relacionado a esse contexto, foi a criação da Cátedra de Literatura Argentina na FFyL da UBA em 1913 — iniciativa da elite tradicional, que pretendia reforçar no interior da universidade as tradições *criollas* —, assim como a indicação de Ricardo Rojas, membro de uma família poderosa do interior, para regê-la.

As duas vertentes do ensaísmo, entretanto, expressavam uma nova representação coletiva da atividade intelectual, entendida

---

Alemanha durante o século XIX e alcançaria sua expressão máxima no século XX nos Estados Unidos.

[6] Essa diferenciação conduziria a uma oposição entre "professores" e "escritores", envolvidos numa disputa pela autoridade intelectual (Altamirano, 2004).

44   Sociologia no espelho

cada vez mais como profissão, seja em função dos vínculos com a universidade (a cátedra), seja com o jornalismo e as diversas instâncias de sociabilidade, principalmente o café, nas quais se constitui uma nova identidade social: a do escritor quase inteiramente dedicado à sua atividade. Em relação aos vínculos estabelecidos com a esfera política, nesse momento os intelectuais não mais ocupavam cargos elevados como os que exerceram os da geração anterior, mas postos secundários na administração pública. É quase consensual na bibliografia que essa viragem teria como ponto de referência o "modernismo". Antes de avançarmos, contudo, é necessária uma distinção terminológica, já que essa palavra designa coisas distintas nas duas tradições em questão. Na Argentina (e também na América Espanhola), não se refere, como no Brasil, às vanguardas artísticas e literárias dos anos de 1920, mas a um movimento literário anterior, relacionado com a literatura espanhola do final do século XIX, que teve no nicaraguense Rubén Darío e no argentino Leopoldo Lugones suas figuras mais destacadas (Jitrik, 1980). A articulação mais consistente dos escritores (Zanetti, 2008) e a renovação da linguagem poética proposta por esse movimento vinculavam-se a uma visão nacionalista, que decorria nesse país do relativo apaziguamento da vida política e do impacto crescente da imigração. Ao mesmo tempo, refletia as condições específicas da vida cultural, já relativamente distanciada da arena política, como já foi dito. Nos anos seguintes, em torno do Centenário (1910), certo grau de autonomia e diferenciação caracterizaria aquele universo. Isso se pode verificar, também, no aparecimento da crítica literária, encarnada por figuras como Pedro Goyena, Martin Garcia Mérou, Calixto Oyuela e o francês Paul Groussac. Este último seria quem mais se aproximaria de uma atitude mais estritamente especializada, consciente do papel que a crítica desempenharia nas décadas seguintes com a constituição progressiva do campo literário argentino (Borello, 1968; Prieto, 1980; Perosio, 1981). Desde então, a imprensa, a universidade e as revistas literárias seriam os pontos de apoio das diversas tendências que reuniam artistas e intelectuais portenhos. Como espaços de sociabilidade, os cafés substituíram progressivamente os salões literários privados, sinalizando uma democratização que tinha como base alterações na composição social desses grupos.

A profissionalização do escritor teve no crescimento impressionante da imprensa nas últimas décadas do século XIX um condicionante decisivo. Para se avaliar a dimensão desse fenômeno, alguns dados devem ser mencionados. Em 1877, a Argentina detinha a quarta posição mundial no número de periódicos (diários, semanários, revistas mensais, etc.) por habitantes (1 por 15.700). Cinco anos depois, passaria para a terceira posição nesse índice (1 por 13.509). Ou seja, a imprensa crescia mais rápido do que a população (Prieto, 1988), justamente quando esta última aumentava fortemente, conforme os dados que serão apresentados a seguir. Além dos diários publicados em Buenos Aires, *La Prensa* e *La Nación*, o semanário *Caras y Caretas* alcançou tiragens notáveis, como a que comemorou o centenário da independência, com 201.150 exemplares de 400 páginas. Nas primeiras décadas do século XX, as trajetórias dos escritores Roberto Arlt e Horácio Quiroga são expressivas desse novo contexto cultural; ambos viveram dos salários recebidos da grande imprensa.

Na universidade, segundo ponto de apoio desse triângulo de instituições que estruturavam a vida intelectual, também ocorria uma transformação em direção à profissionalização e à diferenciação disciplinar. Já dissemos que a criação da FFyL da UBA em 1896 deu início a um processo de modernização do sistema universitário argentino, que teria, também, na Universidade Nacional de La Plata (criada em 1897 e nacionalizada em 1905) outro de seus centros. O significado principal dessa modernização residiu, pelo menos em termos programáticos, na passagem do ensino profissionalizante para o ensino científico (Buchbinder, 1997 e 2005). Em função de nosso argumento, cabe destacar que no bojo desse processo a sociologia foi incorporada no interior de novas carreiras (filosofia e letras) e também nas tradicionais (direito), contexto que será analisado mais detidamente na segunda parte deste trabalho.

Essas transformações relacionam-se com o processo de modernização em curso desde a segunda metade do século XIX e acelerado na década de 1880. Os crescimentos do proletariado e das camadas médias, resultantes da grande imigração, e as políticas de alfabetização massiva alteraram profundamente a estrutura social na Argentina, sobretudo na cidade de Buenos Aires. Em termos comparativos, devemos notar que a imigração europeia teve impacto extraordinário nesse país. Até 1920, o país recebeu a maior proporção de imigrantes europeus no mundo. Segundo o censo de 1914, 30% da população argentina era imigrante. No Brasil, em 1920, os estrangeiros representavam apenas (aproximadamente) 5% da população. Em Buenos Aires, no ano de 1914, do total de quase 1.500.000 habitantes, 49% eram imigrantes.[7] Em São Paulo, em 1920, a população era de 580.000 pessoas e os estrangeiros constituíam 35%.[8] Na cidade do Rio de Janeiro, também em 1920, os imigrantes eram 15% (Fausto e Devoto, 2008; Bernasconi e Truzzi, 2000).

Os dados numéricos oferecem uma ideia bastante precisa a respeito da imigração massiva nos dois países: seu impacto na Argentina foi muito mais contundente. Entretanto, comparadas as magnitudes da imigração nessas cidades vemos que São Paulo se aproxima de Buenos Aires, enquanto o Rio de Janeiro se distancia. Devemos levar em conta, também, que as experiências nacionais se diferenciam em função das implicações simbólicas geradas em

---

[7] Gino Germani avaliou nos seguintes termos o fenômeno: "Em função da concentração geográfica dos imigrantes (em Buenos Aires e na região do litoral), de seu enraizamento urbano, e de sua concentração nas idades jovens e adultas, na área metropolitana de Buenos Aires se alcançou durante quatro ou cinco décadas a extraordinária proporção de oito estrangeiros para cada dez homens de 20 anos ou mais. E esta proporção foi também muito elevada na região do litoral. Por tudo isso, durante o período da imigração massiva, até aproximadamente a década de 1930, a Argentina em sua zona mais importante do ponto de vista econômico e político foi literalmente um país de estrangeiros". Publicado em "Los italianos en la sociedad argentina", *Análisis*, n° 236, 1965, p. 2.380.

[8] Além disso, São Paulo era uma cidade ainda provinciana em relação ao cosmopolitismo de Buenos Aires. Nesse aspecto, o Rio de Janeiro aproximava-se mais de Buenos Aires, também por ser o centro político e administrativo do país.

A batalha dos gêneros

cada caso. Na Argentina, o tema da imigração esteve desde 1880 no centro do debate político e intelectual, gerando uma intensa reação xenófoba, expressada inicialmente no romance naturalista do final do século XIX e permanecendo como traço decisivo da produção cultural até meados da década de 1930 (Avellaneda, 1980, Jitrik, 1980; Onega, 1982). Essa reação deu origem ao ideário do "nacionalismo cultural", propagado pela elite *criolla*, que enformou os projetos políticos e culturais mais importantes do período. No Brasil, embora a imigração não tenha sido um fato irrelevante para a discussão pública e o debate intelectual, seu interesse esteve subordinado às controvérsias relativas à mudança no regime de trabalho e aos efeitos possíveis em termos do branqueamento de sua população, sobretudo em São Paulo.[9] A importância relativamente menor dada ao tema no Brasil se justifica, possivelmente, pela menor proporção de imigrantes (em relação ao total da população) e pelo caráter circunscrito que teve a imigração massiva no país, concentrada (mais da metade) no Estado e na cidade de São Paulo (Hall, 1969).

A esse respeito uma breve digressão se impõe. Se tais dados quantitativos devem ser levados em conta, eles não explicam por si só as reações diferentes suscitadas pela imigração massiva. Estas devem ser compreendidas em função do contexto de assimilação dos imigrantes em cada país. Na Argentina, sobretudo, as políticas educacionais inclusivas favoreceram a rápida ascensão social dos imigrantes, que em curto prazo disputavam com a elite anteriormente estabelecida posições nas mais diversas atividades, inclusive no campo intelectual, suscitando por isso mesmo reações xenófobas tão intensas, proporcionais à ameaça concreta que os imigrantes representavam. No Brasil, os imigrantes não foram favorecidos por uma política similar e sua mobilidade social foi mais lenta e custosa (Dean, 1971; Hutchinson, 1965; Hall, 2004), de modo que

---

[9] É sugestivo que os trabalhos mais importantes escritos sobre a questão da imigração até a década de 1970, aproximadamente, tenham sido escritos por estrangeiros, como Samuel Lowrie (1938), Emílio Willems (1940) e de Michael Hall (1969).

as elites não se sentiram tão atingidas. Nas atividades intelectuais, especialmente, sem a alavanca de um sistema educacional abrangente, os imigrantes só desempenharam papéis de protagonistas excepcionalmente, em círculos específicos, sem disputar o espaço privilegiado das elites.[10]

Em Buenos Aires, desse modo, alguns descendentes de imigrantes começaram a ganhar espaço em diversas instituições da vida intelectual e artística, especialmente nas revistas literárias, terceiro ponto de apoio de seu campo intelectual nesse período. A revista *Nosotros*, criada em 1907, foi dirigida por dois filhos da imigração italiana, os críticos Roberto Giusti e Alfredo Bianchi.[11] Ao lado do jornal *La Nación*, seria uma das instâncias de promoção e consagração literárias mais significativas até o final da década de 1920.[12] Relacionados com esse contexto, alguns aspectos devem ser destacados. O primeiro diz respeito à importância, em comparação ao Brasil, do mecenato privado, exercido pela elite tradicional *terrateniente* ou por novos empresários especializados na produção de jornais, revistas e livros (Miceli, 2004). O segundo vincula-se ao papel decisivo que desempenhariam as revistas literárias no campo intelectual argentino durante todo o século XX (Lafleur, Provenzano, Alonso, 2006), fato indicativo da importância crescente da "literatura de imaginação", diferentemente do que

[10] Em outros termos, a mobilidade social que permitia a sociedade argentina era muito mais significativa, o que pode ser avaliado pelo crescimento notável de sua classe média nas últimas décadas do século XIX e primeiras do XX (Germani, 1955 e 1963). Em função dessa dinâmica social, que no Brasil foi muito mais tímida, os imigrantes e seus descendentes ameaçavam diretamente as elites estabelecidas, que reagiam ideologicamente.

[11] Roberto Giusti nasceu em Lucca, na Itália, em 1887, chegou na Argentina em 1895 e faleceu em 1978. Alfredo Bianchi nasceu em Rosario em 1882 e morreu em 1942 (Ravina, 1999).

[12] Veremos no capítulo três que a crítica literária na Argentina teve como principal suporte no século XX as revistas literárias, tendo os jornais menor importância relativa nesse quadro. No Brasil, algumas revistas foram importantes, mas foi nos jornais que o debate literário teve seu centro, por meio das chamadas "críticas de rodapé".

A batalha dos gêneros

havia ocorrido no século XIX, quando a "literatura de ideias" prevalecera. O terceiro relaciona-se ao significado da participação de Giusti, Bianchi e outros imigrantes ou descendentes no mercado cultural e na vida intelectual desde a virada do século. Os dois foram alunos das primeiras turmas da FFyL, que proporcionou precocemente um canal de ascensão social aos setores médios, formados majoritariamente por imigrantes e seus descendentes.[13] Essas mudanças estariam na origem de uma polarização progressiva do mundo intelectual e literário em função da origem *criolla* ou imigrante de seus agentes, tensão que se revela diretamente nas disputas travadas ao longo do século XX entre os críticos literários, em geral filhos da imigração com formação universitária, e os literatos, mais frequentemente descendentes de famílias tradicionais.

Como editores de *Nosotros*, Giusti e Bianchi ocupavam uma posição importante no mundo literário, cuja orientação ideológica predominante, já vimos, era o "nacionalismo cultural", encampado por escritores como Rojas, Lugones e Galvez, preocupados com a dissolução iminente da nacionalidade argentina por meio da massa de imigrantes invasores. As defesas da língua, da literatura nacional e das tradições culturais enquadravam-se nessa missão patriótica urgente. Ainda que atenta a essa preocupação, a revista não se restringia a ela, como revela a polêmica que Giusti moveu nas páginas de *Nosotros* contra o programa nacionalista proposto por Ricardo Rojas em *A restauração nacionalista* (Sarlo, 1997).[14]

---

[13] Fato revelador da presença significativa dos imigrantes na cultura universitária desse contexto é que três italianos — Coriolano Alberini, Alfredo Franceschi e Emilio Ravignani — se sucederam como diretores da FFyL da UBA entre 1924 e 1943 (Devoto, 2007).

[14] O programa de Rojas seria também criticado pelo filósofo Coriolano Alberini, igualmente de origem imigrante, em resenha publicada na *Revista Argentina de Ciência Política*, em 1911 (Devoto, 2006). Poucos anos depois, essa disputa reapareceria por ocasião do confronto entre o italiano José Ingenieros e Ricardo Rojas, estabelecido com os lançamentos em 1915 das coleções "La Cultura Argentina", de José Ingenieros, e "La Biblioteca Argentina", de Ricardo Rojas (Degiovanni, 2007). A este respeito, numa carta aberta "Nacionalismo e indianismo", publicada em Paris, Ingenieros desafia-

Em outras palavras, *Nosotros* não era univocamente nacionalista ou cosmopolita, mas uma expressão típica dessa tensão (irredutível a uma oposição simples) estruturante do campo de forças no qual se movia a intelectualidade portenha, originada tanto das classes tradicionais de Buenos Aires e do interior, como dos setores médios emergentes, descendentes, em sua maioria, de imigrantes recentes.

A relativa unidade do campo literário argentino, arbitrada por *Nosotros*, seria desfeita pela irrupção das vanguardas em meados dos anos de 1920. Não por acaso, o veículo de contestação da literatura "convencional" seria o mesmo que sustentava a esta última: a revista literária. *Prismas* (1921), *Inicial* (1923), *Proa* (1924) e, sobretudo, *Martín Fierro* (1924), ligadas ao chamado "Grupo de Florida", renovaram a vida literária na Argentina, provocando verdadeira efervescência coletiva nos setores ligados à vida cultural portenha. A crítica destacou a assimilação das vanguardas europeias como um dos saldos positivos desse movimento (Viñas, 1964; Prieto, 1969; Sarlo, 1988), mas relativizou o alcance da suposta ruptura ideológica provocada por essas publicações, que teriam, na verdade, reforçado as tensões sociais já mencionadas, que opunham argentinos legítimos e descendentes de imigrantes. Sob a crítica à literatura comercial, voltada ao grande público e "contaminada" por uma linguagem popular que absorvia italianismos, *Martín Fierro* reivindicaria uma expressão literária mais sofisticada e "autenticamente nacional", endereçada a um público socialmente restrito, mas culturalmente capaz de apreender tais formas expressivas. Para o desenvolvimento de nosso argumento, entretanto, não importa tanto saber qual foi o grau de renovação

---

va a Rojas com os seguintes termos: "Acredita, por acaso, que os descendentes dos *criollos* terão o monopólio do patriotismo? Serão menos argentinos os descendentes da segunda colonização [a imigração massiva]? Não acredito. Os primeiros concebem o nacionalismo como uma conservação de seus monopólios de casta contra os segundos: defendem seus privilégios feudais, no funcionalismo político e administrativo [...] Você, poeta e pensador, não pode confundir os grupos de funcionários com a classe culta". Fernando Degiovanni, *Los textos de la patria: nacionalismo, políticas culturales y canon en Argentina*, Rosario, Beatriz Viterbo, 2007, p. 217.

A batalha dos gêneros

produzido pelas vanguardas, mas sim enfatizar que a partir delas a literatura propriamente dita (ou "literatura de imaginação") passaria ser o eixo da vida intelectual e artística do país.

A ampliação massiva do público, resultante do crescimento demográfico excepcional e das campanhas de alfabetização, implicou uma diferenciação de sua composição social (Prieto, 1969). Desse ponto de vista, podemos apreender a oposição no interior das vanguardas literárias, entre os grupos de Florida e Boedo, como uma consequência desse processo. Ao mesmo tempo, a emergência dos movimentos de vanguarda refletiu o amadurecimento do campo intelectual na Argentina (Sarlo, 1988). Se os integrantes do grupo de Florida vinculavam-se majoritariamente às famílias das elites tradicionais, o caso de Borges é emblemático (Miceli, 2012), o grupo de Boedo foi composto, sobretudo, por descendentes de imigrantes que nessa época engrossavam as camadas médias da sociedade portenha. Nucleados em torno da revista *Los Pensadores* (1922), convertida em *Claridad* no ano de 1926, visavam uma literatura realista, mais empenhada politicamente e acessível ao grande público (Prieto, 1964 e 1968b).[15]

Esses movimentos irromperam durante um período de relativa estabilidade política e prosperidade econômica, durante o governo radical (1922-28) de Marcelo T. de Alvear. Tais condições se alterariam durante o segundo governo de Yrigoyen, iniciado em 1928 e interrompido pelo golpe de 1930. A década seguinte seria marcada por forte pessimismo, expressado pelos ensaios publicados no período. Como já foi dito, as rupturas políticas ocorridas no Brasil e na Argentina em 1930 tiveram significados distintos e implicaram reações intelectuais igualmente distintas; no caso brasileiro, relativamente mais otimistas. Nesse contexto, na Argentina,

---

[15] Uma oposição desse tipo não ocorreu em São Paulo, como veremos adiante, apesar da presença maciça de imigrantes nessa cidade desde o final do século XIX, uma vez que a inexistência de um sistema educacional poderoso e inclusivo, como era o argentino, não permitiu em curto prazo a conversão dos descendentes da imigração em rivais dos intelectuais nativos, nem a formação de públicos leitores correspondentes.

ocorreu a criação da revista *Sur* (1931), capitaneada por Victoria Ocampo, principal meio em torno do qual giraria a vida literária e intelectual de então até o final da década de 1950 (Gramuglio, 1986; King, 1989).

Embora seja difícil unificar a produção ensaística argentina das décadas de 1930 e 40, sua compreensão exige levar em conta a inscrição do gênero no contexto mais amplo da evolução da tradição intelectual. De modalidade expressiva dominante no século XIX, fortemente lastreado numa visão histórica e política (Sarmiento e Alberdi) a respeito da formação social desse país[16] e mais tarde orientado pelo positivismo, o ensaio cederia, progressivamente, espaço às formas mais estritamente literárias, tornadas dominantes justamente entre o modernismo e o surgimento das vanguardas. Desse movimento, emergiu um ensaio quase desconectado de disciplinas como a história e a sociologia e fortemente espiritualista. Em comparação com a experiência brasileira, portanto, na Argentina, o ensaio da década de 1930 não representou uma transição entre a literatura e a sociologia, mas um distanciamento em relação a esta última; sobretudo, se tomamos como referência o ensaio "operativo" da metade do século XIX e o ensaio "positivista" do final desse mesmo século, que eram mais sociológicos.

Uma evidência desse movimento se encontra no fato de que a revista *Sur* não apenas acolheu os principais ensaístas do período — Eduardo Mallea, Ezequiel Martínez Estrada, Carlos Alberto Erro, Bernardo Canal Feijóo foram membros ou colaboradores regulares da revista — mas que também se converteu em uma promotora direta do gênero por meio de sua própria editora. Tal proximidade de *Sur* — a revista literária mais importante entre as décadas de 1930 e 1950 — com os ensaístas reforça o caráter literário do gênero em tal contexto.

A atenção a esses traços específicos do ensaísmo argentino é fundamental para se explicar porque nesse caso não houve maior continuidade entre ensaio e sociologia, diferentemente do que acon-

---

[16] Sobre esse contexto, ver o excelente artigo de Jorge Myers (1998).

teceu no Brasil. Há certo consenso em torno dos nomes de Raul Scalabrini Ortiz (1898-1959), Eduardo Mallea (1903-1982) e Ezequiel Martínez Estrada (1895-1964), reconhecidos como os principais ensaístas argentinos que, durante a década de 1930, interpretaram, com enorme êxito editorial,[17] a realidade transfigurada do país, resultante tanto das transformações sociais e culturais em curso desde finais do século XIX, como do golpe militar de Uriburu (1930), que interrompia ao menos cinco décadas de relativa estabilidade política e institucional.

Alguns aspectos devem ser notados para entendermos a especificidade dessa tradição. Um primeiro refere-se às origens literárias desses três autores. *El hombre que está solo y espera* (1931), de Scalabrini Ortiz, deve ser compreendido a partir do contexto intelectual da década de 1920, especificamente em relação ao *criollismo* promovido por Borges e o grupo da revista *Martín Fierro* (Prieto, 1969). Membro ativo dessa revista (Prieto, 1968c, p. 114), nessa década Scalabrini Ortiz, que já era um colaborador regular das sessões culturais dos principais jornais de Buenos Aires, incluindo o *La Nación*, publicou *La manga* (1923), um livro de contos, e cinco anos depois uma versão preliminar do ensaio citado, intitulada "El hombre de Corrientes y Esmeralda", numa an-

---

[17] Alguns dados nos ajudam a dimensionar o sucesso que alcançaram. Publicado em 1931, *El hombre que está solo y espera* teve um êxito notável de vendas: nos primeiros seis meses esgotou quatro edições e em 1933 chegou à sexta edição. Recebeu o Segundo Prêmio Municipal de Literatura. Eduardo Mallea também obteve êxito imediato. *Historia de una pasión argentina* foi publicado em 1937, sendo reeditado no ano seguinte com um prólogo do filósofo Francisco Romero. Foi publicado sucessivamente até aproximadamente 1950, quando sua reputação começou a declinar. Em relação ao caso de Martinez Estrada, há certa dúvida sobre o sucesso imediato de *Radiografía de la pampa*, mas, apesar de a segunda edição ter aparecido nove anos depois da primeira (1933), a primeira foi resenhada por Borges (para Rodolfo Borello, ironicamente) e por outros autores, como Carlos Alberto Erro e Luis Emilio Soto, e recebeu o Prêmio Nacional de Literatura (Monegal, 1956; Borello, 1993; Saíta, 2004).

tologia de contos editada em 1928,[18] dados que reforçam a interpretação daquele ensaio, sobretudo, como um empreendimento literário. O primeiro livro de Eduardo Mallea foi *Cuentos para una inglesa desesperada* (1926), porta de entrada para uma obra dividida entre o ensaio, destacando-se *Historia de una pasión argentina* (1937), e a ficção. Ademais, o escritor integrou o grupo de *Sur* e dirigiu o suplemento cultural do *La Nación*, posicionando-se dessa maneira no centro da vida literária portenha nas décadas de 1930, 40 e 50. O caso de Martinez Estrada é ainda mais emblemático. O autor de *Radiografía de la pampa* (1933) publicou seis livros de poesia na década de 1920 e, celebrado por Lugones, consagrou-se como um dos principais poetas desse período.[19]

O segundo aspecto relaciona-se com os componentes nacionalista e espiritualista que animaram tais ensaístas. Como já foi dito, desde o Centenário da Independência (1910), como meio de afirmação da nacionalidade ameaçada pela imigração, um forte espiritualimo foi incorporado por autores como Galvez e Rojas. Embora matizada na década de 1920, essa tendência não foi indiferente ao grupo de Florida, expressada, sobretudo, nos temas *criollistas* presentes nas primeiras obras de membros destacados da vanguarda martinfierrista. Mas a partir de 1930, o espiritualismo é mobilizado no interior de uma visada mais pessimista, que tende a desacreditar nas possibilidades de uma resolução favorável dos dilemas vividos pelo país. Há um relativo otimismo, ainda, em *El hombre que está solo y espera*, que reconhece no portenho típico, resultante da mescla entre criollos e imigrantes, valores e atitudes positivas. Eduardo Mallea, por sua vez, edificou uma ima-

---

[18] Em Miranda Klix, *Cuentistas argentinos de hoy (1921-1928)*, Buenos Aires, Claridad, 1928 (citada em Adolfo Prieto, *Estudios de la literatura argentina*, Buenos Aires, Galerna, 1969).

[19] Além desses ensaios, mencionamos também: *Medida del criollismo* (1929) e *Tiempo lacerado* (1936), de Carlos Alberto Erro; *Alma y estilo* (1930), de Homero Guglielmini; *Descontento creador: afirmación de una conciencia argentina* (1943), de Romualdo Bruguetti; e *Proposiciones en torno al problema de una cultura nacional argentina* (1944), de Bernardo Canal Feijóo.

A batalha dos gêneros

gem da nação dividida entre o que designava como a Argentina visível e a invisível. A primeira seria depositária dos valores autênticos, deslocados pela segunda, esta invadida pelo materialismo do dinheiro e da impessoalidade. Essa visão aristocratizante identificava nas famílias tradicionais a reserva moral que deveria ser resgatada. Uma cisão ainda mais profunda e inconciliável é diagnosticada em *Radiografía de la pampa*, por Martínez Estrada. Nesse livro, que dialoga diretamente com o *Facundo*, de Sarmiento, a superação da barbárie pela civilização é descartada numa interpretação desencantada e totalmente pessimista,[20] que recupera no passado colonial as raízes de uma configuração pautada pelo desencaixe entre conteúdo nacional e forma civilizada, resultantes das políticas de modernização, realizadas desde a segunda metade do século XIX (Sigal, 1993). Segundo a interpretação de Jaime Rest (1982), essa seria a expressão mais típica e bem resolvida esteticamente do ensaio "ontológico" argentino dos anos de 1930, fundado numa visão trágica e imodificável do "ser nacional".

O terceiro e último aspecto que queremos destacar refere-se ao fato dessa geração ser formada por autodidatas. Diferentemente dos ensaístas brasileiros que serão examinados adiante, nenhum desses três escritores concluiu um curso de graduação, o que explica, ao menos em parte, o caráter pouco sistemático das interpretações sugeridas por esses ensaístas. Scalabrini Ortiz abandonou o curso de engenharia iniciado na UBA, Eduardo Mallea não concluiu sua formação em direito na mesma universidade e Martínez Estrada sequer ingressou no ensino superior.

A evolução do ensaio argentino, que tentamos sumarizar até aqui, nos permite vislumbrar as circunstâncias enfrentadas pelos sociólogos nesse país para legitimar-se como produtores das inter-

---

[20] A esse respeito, o crítico argentino Anderson Imbert (1988, p. 144) qualificou *Radiografía de la pampa* como "o livro mais amargo já escrito na Argentina e primeiro grande testemunho literário da espantosa crise moral em que caiu esse país em 1930". *Historia de la literatura*, Cidade do México, Fondo de Cultura Económica, 1988.

pretações dominantes sobre o mundo social. Assim, os principais ensaios publicados nas décadas de 1930 e 1940 não conectaram literatura e sociologia, como no caso brasileiro.[21] Ao contrário, os ensaístas não fizeram qualquer esforço sistemático para reconstruir os processos históricos e sociais relativos à formação do país. Sob uma forma mais estritamente literária, aderiram a uma visão "espiritualista" — que provinha dos círculos letrados reunidos em torno do centenário da independência (1910) —, e predominantemente pessimista em relação ao destino do país. Na Argentina, a força do ensaio associou-se a da literatura, estando, por assim dizer, a reboque desta última. Não foi, portanto, um gênero de transição (como ocorreu no Brasil), mas um dos meios através dos quais os literatos aumentaram o seu prestígio e manifestaram à sua maneira sua decepção com os rumos que o país havia adotado.

Em função dessas características, quase não houve relação de continuidade entre interpretações e esquemas teóricos mobilizados por ensaístas e sociólogos, ainda que as mesmas questões de fundo, sobretudo, o impacto da imigração massiva na modernização do país, fossem enfrentadas por uns e outros. Gino Germani, a figura mais importante do período fundacional da sociologia argentina,[22] distanciou-se desse ensaísmo, do qual discordava frontalmente, mas não o fez mediante ataques diretos. Na verdade, o sociólogo ítalo-argentino reivindicou a herança dos ensaios românticos, sobretudo os de Alberdi e Sarmiento, e, também, a de alguns ensaios positivistas do final do século XIX e do início do século XX, qua-

[21] O gênero teve, ademais, continuidade muito significativa nas décadas seguintes (Altamirano, 2001; Saítta, 2004), diferentemente do que ocorreu no Brasil, país em que, se não deixou de existir e mesmo de revelar de tempos em tempos obras importantes, perdeu a centralidade detida no campo intelectual até meados da década de 1940.

[22] Com algumas exceções, como a de Raúl Orgaz, que manteve um diálogo persistente com a tradição do ensaio argentino, os representantes da chamada "sociologia de cátedra", capitaneada por Alfredo Poviña — contra quem Germani militou a favor da "sociologia moderna"—, não fizeram (salvo engano) menções favoráveis nem desfavoráveis à tradição ensaísta. Os discípulos de Germani assumiram a mesma atitude de seu mestre.

A batalha dos gêneros   57

lificando *La ciudad indiana*, de Juan Agustín García, como uma "notável contribuição" sociológica ao estudo da estrutura social da sociedade *criolla* tradicional, mas rechaçou o espiritualismo do centenário e o dos anos 1930. A respeito de Martínez Estrada, o principal ensaísta dessa década, o reconheceu como "um dos melhores escritores, e um dos mais eminentes 'pensadores sociais' contemporâneos..." (Germani, 1968, pp. 387 e 389), mas recusou *Radiografía de la pampa* como forma de conhecimento rigoroso sobre a história e a sociedade argentinas.

Portanto, os sociólogos distanciaram-se dos ensaístas em função das técnicas de pesquisa e das teorias sociológicas que mobilizaram, mas também o fizeram por meio das interpretações radicalmente distintas que propuseram sobre o fenômeno da imigração massiva, que, como vimos, esteve no centro do debate político e intelectual desde finais do século XIX. A propósito, Germani se apartou da interpretação negativa vigente até então, segundo a qual a imigração constituiria uma ameaça à identidade nacional. Na verdade, ele estava menos interessado na questão da identidade nacional do que nos problemas relativos à modernização e, nessa direção, inscreveu a imigração massiva não como um obstáculo, mas sim como um dos condicionantes desse processo no país.

Antes de nos dirigirmos ao caso brasileiro, resta ainda explicar por que não houve na Argentina enfrentamentos diretos entre sociólogos e ensaístas, se, como vimos, tanto suas perspectivas de análise como suas interpretações da sociedade e da cultura nacional eram tão divergentes. Pelo menos no que concerne a Germani, essa questão pode ser respondida por meio de um exame das relações entre campo intelectual e campo político naquele momento.

Desde a intervenção peronista (1946), quando muitos intelectuais foram afastados das posições que ocupavam no sistema acadêmico, o sociólogo ítalo-argentino construiu sua reputação, sobretudo, no interior do Colégio Livre de Estudos Superiores (CLES), uma instituição de caráter privado que acolheu nesse período professores universitários que haviam sido atingidos direta ou indiretamente pelo regime e também escritores (entre os quais estavam os ensaístas) alocados na oposição ao governo, erigindo-

-se como um dos mais importantes centros antiperonistas (Neiburg, 1997). Em função disso, alinhamentos políticos improváveis anteriormente se sobrepuseram às disputas sociais, intelectuais e disciplinares, atenuando as tensões entre ensaístas e sociólogos. A maioria das alianças que definiriam o contorno do campo intelectual no período pós-peronista foi gestada naquele contexto, como a que reuniu Gino Germani ao historiador José Luis Romero na aposta acadêmica liderada por ambos em torno de 1960, na FFyL da UBA.

Finalmente, outro aspecto que não pode ser negligenciado refere-se ao fato de que Germani era um estrangeiro, condição que o fragilizava nas disputas com as tradições intelectuais nacionais, determinando, possivelmente, uma atitude mais cautelosa em relação às mesmas.

III

Vejamos agora de que modo o ensaísmo inscreveu-se na tradição intelectual brasileira, em comparação com o que ocorreu na Argentina. Como já foi dito anteriormente, raramente a crítica literária argentina mencionou a experiência transcorrida no período colonial e quando o fez não lhe atribuiu importância significativa para o entendimento do desenvolvimento ulterior da literatura nesse país.[23] No Brasil, ao contrário, é impensável uma revisão histórica da literatura do país que não leve em conta a

[23] Veja-se a seguinte afirmação, feita em 1941 por Roberto Giusti, talvez o principal precursor da crítica argentina moderna e editor da revista *Nosotros*: "A literatura argentina nasce em 1810 com a nação celebrando a guerra da independência. [...] Uma literatura não exclusivamente pragmática só surge no final do século. O teatro, o romance, a lírica puramente subjetiva são apenas de ontem. Esta afirmação geral não é desmentida pelos raros precursores existentes". "La crítica y el ensayo", em Rafael Arrieta (org.), *Historia de la literatura argentina*, Buenos Aires, Peuser, vol. IV, 1968, p. 22.

A batalha dos gêneros   59

colônia.[24] Em relação à hierarquia dos gêneros, a poesia e o romance centralizaram a vida literária durante todo o século XIX.[25] Do nosso ponto de vista, interessa sublinhar que o romance ocupou na segunda metade desse século o mesmo lugar central que o ensaio na Argentina. Tal fato associou-se, primeiramente, com o modo comparativamente menos conflituoso do processo de independência brasileiro e, posteriormente, com a estabilidade política

[24] A diferença revela que estamos diante de "mitos de origem" distintos, derivados, provavelmente, das circunstâncias históricas que determinaram os processos de independência em cada caso. O caráter "revolucionário" da emancipação argentina motivou sua elite a fixar como marco zero de sua história nacional e literária o ano da independência, 1810. No caso brasileiro, em função da "continuidade" que caracterizou sua independência, conduzida pela família real portuguesa, a origem da nação e da literatura foi remetida ao período colonial. Veremos adiante que as controvérsias a respeito da origem da literatura brasileira — por exemplo, a que opôs as posições de Antonio Candido e Afrânio Coutinho — compartilham esse pressuposto.

[25] Ninguém menos que Machado de Assis, no conhecido texto "Notícia da atual literatura brasileira — Instinto de nacionalidade" (1873), notou a centralidade do romance na literatura brasileira de seu tempo com os termos seguintes: "De todas as formas várias as mais cultivadas atualmente no Brasil são o romance e a poesia lírica; a mais apreciada é o romance, como, aliás, acontece em toda a parte, creio eu. São fáceis de perceber as causas desta preferência da opinião, e por isso não me demoro em apontá-las. Não se fazem aqui (falo sempre genericamente) livros de filosofia, de linguística, de crítica histórica, de alta política, e outros assim, que em alheios países acham fácil acolhimento e boa extração; raras são aqui essas obras e escasso o mercado delas. O romance pode se dizer que domina quase exclusivamente. Não há nisto motivo de admiração nem de censura, tratando-se de um país que apenas entra na primeira mocidade, e esta ainda não nutrida de sólidos estudos. Isto não é desmerecer o romance, obra de arte como qualquer outra, e que exige da parte do escritor qualidades de boa nota". Machado de Assis, "Notícia da atual literatura brasileira — Instinto de nacionalidade", em *O jornal e o livro*, São Paulo, Companhia das Letras, 2011, p. 18. A passagem indica, também, que Machado não teria percebido o caráter contingente dessa configuração, que lhe parecia generalizável para os "países jovens". Vimos que o caso da Argentina desmente esse pressuposto, já que nesse caso o ensaio prevalece sobre o romance, em função do caráter conflituoso de sua independência.

60   Sociologia no espelho

alcançada no Império, principalmente depois de 1840. Ao mesmo tempo, o processo de urbanização e de intensificação da vida cultural no Rio de Janeiro desde a chegada da família real portuguesa em 1808, proporcionou condições favoráveis para o desenvolvimento da vida literária e das formas "imaginativas" que, como na França, prevaleceram durante todo o século XIX. Tais inovações mudaram a fisionomia da cidade, que dobrou sua população durante a permanência de Dom João VI no Brasil, chegando a aproximadamente 100.000 habitantes (Fausto, 2006).

Segundo a perspectiva de Antonio Candido (1959/2007), a missão de constituir uma literatura brasileira teria unificado o arcadismo e o romantismo, movimentos transcorridos, respectivamente, nos séculos XVIII e XIX. Esse objetivo seria reforçado no segundo movimento, relacionado ao processo de emancipação política e à consequente necessidade de fortalecer a identidade nacional. Embora o romantismo tenha sido introduzido no Brasil por meio da poesia, com a liderança exercida por Gonçalves de Magalhães, gênero que se manteve valorizado como o mais genuinamente literário até o início do século XX (Miceli, 2001, p. 159), foi o romance, segundo Candido, que canalizou com maior vigor essa tomada de consciência a respeito da realidade brasileira, estimulada pelo Império.

Se não havia vida literária plenamente autônoma no Brasil do século XIX, deve-se notar que o desenvolvimento anterior da poesia e do romance indica que a atividade literária e intelectual, em torno de 1850, estava mais diferenciada nesse país do que na Argentina. O período compreendido pelo romantismo brasileiro (1836-1870) quase coincide com as décadas de maior estabilidade política (1840-1870) no II Reinado (1840-1889). Esse dado nos permite tecer algumas considerações sobre as relações entre sociedade, literatura e política no caso em questão. Buscando uma "expressão nacional autêntica" (Candido, 1959/2007, p. 332) — tal era a direção defendida pelo primeiro grupo de escritores românticos brasileiros reunidos em torno da revista *Nitheroy* — a literatura romântica serviria, em termos gerais, à legitimação da nação e do Estado brasileiro, sendo, em muitos casos, diretamente tutelada pelo Imperador e cumprindo uma função ideológica (Schwarcz, 1998; Ricupero, 2004). Não obstante, desenvolveu-se também em outras direções, já que o culto das "formas imaginativas" propiciaria certo grau de liberdade aos escritores. Dessa maneira, o romance, principalmente, seria um "instrumento de interpretação social" (Candido, 1959/2007, p. 432) e de afirmação da própria atividade literária. Em relação a este último ponto, embora os escritores não fossem ainda profissionalizados, a incipiente constituição de um mercado de bens culturais, sobretudo no Rio de Janeiro, propiciou oportunidades de trabalho e de ascensão social.[26]

Enquanto para alguns dos representantes desse movimento, provenientes de famílias bem postas socialmente — Joaquim Manuel de Macedo, José de Alencar —, a atividade literária foi um caminho pavimentado para a carreira política; para outros — Teixeira e Souza, Manuel Antonio de Almeida —, de origem humilde, constituiu uma atividade profissional que lhes possibilitou ascender socialmente. Nestes casos, a imprensa foi a instituição principal de abertura ao mercado cultural. De qualquer modo, esses quatro escritores foram romancistas — antes que esse gênero ganhasse a reputação que teria mais tarde — e produziram um conjunto significativo de obras, cuja abrangência de temas e enfoques proporcionou uma forma de conhecimento até então inusitada a respeito da sociedade brasileira do século XIX. Talvez seja esse o traço mais distintivo da tradição literária brasileira em relação à argentina, que se desenvolveu quase na ausência do romance até pelo menos o final desse século, como vimos.

Desse modo, os escritores do romantismo brasileiro não se dedicaram ao ensaísmo político, como ocorreu na Argentina, a não ser como exceção. Um pouco antes, ao redor da independência

---

[26] No capítulo notável "A ascensão do mulato e do bacharel", de *Sobrados e mucambos*, Gilberto Freyre associa o incremento da mobilidade social durante o Império às carreiras intelectuais e literárias impulsionadas pela criação de escolas superiores no século XIX, ao processo de urbanização e às ofertas de cargos políticos e burocráticos propiciadas pelo Estado brasileiro em construção (Freyre, 1936/2004).

(1822), entretanto, esse gênero foi cultivado e ganhou alguma importância em função da radicalização política do período e do relativo declínio da poesia, ocorrido na transição do arcadismo ao romantismo (Candido, 1959/2007; Süssekind, 1993). Depois disso, o ensaio voltaria à tona com grande visibilidade apenas a partir de 1870, com a crise do II Reinado, associado aos movimentos reformistas que reuniram jovens escritores marginalizados no sistema político e que aspiravam nele ingressar.[27] Apesar dessa motivação que teria condicionado a atuação de tais intelectuais (Alonso, 2002), eles expressaram os dilemas sociais e políticos enfrentados pelo Império e informaram os movimentos abolicionista e republicano.

Isso ocorreu sem que o romance perdesse sua força. Ao contrário, no interior do Realismo e do Naturalismo brasileiros, as obras de Machado de Assis, Aluísio de Azevedo e outros aprofundaram a tendência já desenvolvida pelos românticos, tornando o gênero ainda mais empenhado e bem-sucedido no estudo "sociológico" da realidade brasileira (Schwarz, 2000). Esse avanço relacionou-se com a acumulação literária anterior (Candido, 1959/2007) e com as mudanças sociais e políticas, intensificadas a partir de 1870. A crise do escravismo, o crescimento econômico, a diferenciação crescente da sociedade (sobretudo no Rio de Janeiro e em São Paulo), o desenvolvimento da imprensa, constituíram o pano de fundo das transformações mais específicas que alcançaram o campo intelectual, propiciando cada vez mais um papel social definido para o escritor, que já estava no final do século XIX bem consciente do papel específico que desempenhava.[28]

[27] Antes de 1870, o ensaio político teve manifestações importantes, como a do debate entre o Visconde de Uruguai e Tavares Bastos em torno da questão da centralização ou descentralização do poder no Império (Nunes Ferreira, 1999). Não obstante, só posteriormente o gênero ganharia maior visibilidade e importância na cena cultural brasileira.

[28] Um indicador desse fato é a criação em 1897 da Academia Brasileira de Letras, aproximadamente trinta anos antes de sua homóloga argentina (1931), o que reforça nosso argumento relativo à acumulação e diferenciação mais remotas da literatura brasileira em relação à argentina.

A batalha dos gêneros

Entretanto, afirmar a autonomia de um suposto campo literário no Brasil da segunda metade do século XIX é problemático se levamos em conta a afinidade entre as carreiras intelectuais, burocráticas e políticas em tal contexto. Relacionado a esse quadro, devemos notar ainda, como sugere José Murilo de Carvalho (1996), que a homogeneidade política das elites brasileiras resultava do tipo de formação intelectual e ideológica obtida nos cursos superiores, tanto em Portugal como no Brasil, pelo menos até a crise do Império. Nesse momento, sob o empuxo da "geração de 1870", o vínculo com a vida política torna-se ainda mais direto, mas o antigo consenso é desfeito. As várias tendências doutrinárias — liberalismo, positivismo e republicanismo — veiculavam propostas políticas (e interesses de participação direta no poder) unificadas pelo ataque mais ou menos enfático ao escravismo. Tanto por meio de obras mais alentadas, como através de textos de ocasião, tais intelectuais, relativamente marginalizados do poder, participavam dos debates públicos em torno das reformas a serem implementadas pelo Estado brasileiro. Nessa direção, obras aparentemente distantes convergiram em função da forte imantação política e do repertório de temas e propostas que ordenavam o mundo das ideias no final do Império (Alonso, 2002).

Consolidada a República, depois de três presidências tumultuadas politicamente — período no qual o debate intelectual girou em torno da mudança na forma de governo —, após a gestão de Campos Sales (1898-1902), que logrou estabilizar o sistema político, um ensaio de orientação sociológica e histórica mais pronunciada emerge, exemplarmente, por meio de autores como Euclides da Cunha e, anos mais tarde, Oliveira Vianna. No início do século, ademais, o mundo intelectual ganhou contornos mais bem definidos, sobretudo no Rio de Janeiro e em São Paulo, que passou a disputar com a primeira a centralidade da vida cultural brasileira. As transformações estruturais resultantes, sobretudo, da mudança do regime de trabalho, ainda que não alterassem radicalmente a economia brasileira, todavia apoiada no modelo agroexportador, imprimiram um ritmo mais acelerado à diferenciação da atividade intelectual, que vai se constituindo numa estratégia de recuperação social para membros de famílias tradicionais decadentes e de ascensão para os estratos médios. O desenvolvimento sem precedentes do mercado cultural (jornais e editoras, principalmente) e a expansão da burocracia estatal nas décadas de 1930 e 1940 possibilitaram a progressiva profissionalização das atividades intelectuais (Miceli, 2001).

De maneira geral, entre 1900 e 1930, os ensaístas avaliaram a formação da sociedade brasileira e as possibilidades de transformação do país em função da superação da monarquia pela república e do trabalho escravo pelo assalariado. Um ponto decisivo nas avaliações que realizaram dizia respeito à composição étnica do povo, nesse momento entendida como um problema de difícil resolução para a maioria dos intérpretes, apoiados em teorias deterministas. Apesar dessa visão prevalecer em Euclides da Cunha e em Oliveira Vianna, ela não impediu que ambos desenvolvessem intuições sociológicas muito originais e bem fundamentadas, que seriam assimiladas, tanto pelos ensaístas das décadas de 1930 e 1940, como pelos cientistas sociais nos decênios seguintes. Esses dois autores e, ainda, Manoel Bonfim — considerado o autor mais progressista de sua época (Candido, 1988b/1995; Botelho, 2002) — e Alberto Torres, entre outros, constituíram um padrão de interpretação mais rigoroso, apesar do tom conservador das reformas sociais e políticas que defendiam. Cabe assinalar, ainda, que um dos condicionantes da produção ensaística mencionada era a situação de oposição da maioria desses autores em relação ao arranjo político oligárquico, que expressava a dominação paulista e mineira no âmbito federal.

Ao lado dessa produção ensaística, a poesia e o romance permanecem como gêneros dominantes até a irrupção do modernismo, que no Brasil designa os movimentos de vanguarda literária e artística, concentrados na Semana de Arte Moderna de 1922. Para além da renovação formal, temática e interpretativa, promovida pelos modernistas, essa ruptura estética refletiu, como na Argentina, o amadurecimento do campo intelectual e o desenvolvimento do mercado cultural (Schwartz, 2002), ainda que no Brasil este último fosse comparativamente acanhado. Aproximam-se, assim,

A batalha dos gêneros   65

os movimentos de vanguarda na Argentina e no Brasil, mas uma diferença crucial deve ser notada: no primeiro caso, a literatura tornou-se, desde então, a forma expressiva dominante numa configuração que permaneceria vigente até meados dos anos de 1980, aproximadamente. No segundo, as vanguardas refletiam já uma diferenciação mais pronunciada do mundo intelectual e artístico, constituindo um ponto de inflexão no desenvolvimento da literatura brasileira, que vai cedendo espaço progressivamente a outras formas de expressão e conhecimento. Nessa direção, a literatura perdeu sua função onívora (Candido, 1965/1987b), que até então detivera. Associa-se a esse quadro o fato de que os principais romancistas brasileiros das décadas de 1930 e 40 não se originassem mais do centro do campo intelectual — Rio de Janeiro e São Paulo —, mas sim de sua periferia — Minas Gerais, Rio Grande do Sul, Pernambuco e Paraíba (Arruda, 2011).

Diante do quadro esboçado, podemos avaliar as características principais do ensaísmo brasileiro nessas mesmas décadas. Seus representantes mais consagrados — Gilberto Freyre (1900-1987), Sérgio Buarque (1902-1982) e Caio Prado Jr. (1907-1990) —, não foram, como os argentinos Scalabrini Ortiz, Eduardo Mallea e Martínez Estrada, literatos em sentido estrito. Ao contrário destes últimos, tiveram formação universitária, não obstante retivessem muito da formação autodidata que caracterizava a vida intelectual brasileira das primeiras décadas do século XX. Gilberto Freyre concluiu o mestrado em Columbia, nos Estados Unidos, ainda na década de 1920; Sérgio Buarque e Caio Prado se graduaram em direito no Largo São Francisco. O primeiro esteve na Alemanha no final dessa década, familiarizando-se com a sociologia desenvolvida nesse país, e o segundo foi aluno da primeira turma do Curso de Geografia e História da FFCL-USP, recebendo influência direta de professores da missão francesa, como Pierre Deffontaines.

Posteriormente, estariam sempre ligados de alguma maneira à universidade. Tais itinerários indicam que, cada um a sua maneira, encarnou a transição entre a figura do intelectual não especializado, na maioria dos casos formados em direito, e o intelectual acadêmico, dedicado às novas especialidades, constituídas a partir da criação das universidades na década de 1930.[29]

Cultivando prioritariamente o ensaio, diferenciaram-se dos principais representantes do modernismo brasileiro, para os quais esse gênero foi secundário. Participando direta ou indiretamente desse movimento, entretanto, incorporaram o impulso renovador e relativamente otimista, posterior a 1922, por meio do esforço de desvendar as lógicas históricas e sociais presentes na formação da nação, assim como os entraves que dificultavam esse processo. No Brasil, portanto, os ensaístas realizaram uma transição entre a literatura e as disciplinas humanísticas introduzidas nesses anos nas instituições universitárias, o que se verifica, também, no modo como cada um deles incorporou instrumentos analíticos e dados empíricos na elaboração das obras publicadas nesse período. Assim, Gilberto Freyre em *Casa-grande & senzala* (1933), publicado no mesmo ano que *Radiografía de la pampa*, utilizou farta documentação escrita, como cartas, diários, relatos de viajantes, romances, cadernos de receitas, etc. (Bastos, 1998), para interpretar antropologicamente o conjunto das relações sociais e dos padrões culturais vigentes no nordeste açucareiro colonial. Recorreu a autores como Boas, Simmel, Sorokin, entre outros, por meio dos quais elaborou um quadro teórico original, renovando profundamente a visão que se tinha sobre a escravidão no Brasil e denunciando sua violência extremada, amalgamada aos padrões de intimidade que socializavam brancos e negros no interior da casa-grande, esta última entendida como *ethos* de uma sociedade

---

[29] Das três figuras, a de Sérgio Buarque é a que mais emblematicamente encarna a transição referida — do intelectual polígrafo ao intelectual acadêmico. Depois de publicar *Raízes do Brasil* (1936), ensinou na Universidade do Distrito Federal (UDF), fato decisivo para a reorientação de sua obra posterior, mais estritamente historiográfica. Em 1958, assumiu a cátedra de História da Civilização Brasileira na USP, desempenhando um papel análogo nessa disciplina ao de Florestan Fernandes na sociologia e de Antonio Candido na crítica literária, embora essa avaliação não seja consensual. Nos anos de 1960, ademais, criou e dirigiu o Instituto de Estudos Brasileiros (IEB) e a coleção *História geral da civilização brasileira*.

A batalha dos gêneros

rural, patriarcal e agroexportadora, movida por "antagonismos em equilíbrio" (Araújo, 1994).

Neste ponto, vale a pena recuperar a recepção de *Casa-grande & senzala* na Argentina, derivada de sua publicação na coleção "Biblioteca de autores brasileiros", dirigida por Ricardo Levene e editada pelo Ministério de Justiça e Instrução Pública em 1942 e pela Emecé em 1943 (Sorá, 2001), que permite interrogar as relações entre os gêneros tratados neste trabalho — ensaio, sociologia e crítica. Em função da ótima introdução de Ricardo Sáenz Hayes,[30] que teria direcionado sua leitura no país, o livro não foi entendido como um ensaio, mas, sobretudo, como um trabalho de sociologia. Curiosamente, essa linha de interpretação ganhou voz nos anos de 1960 por meio de três críticos envolvidos na renovação da crítica literária por meio de um diálogo cerrado com a sociologia desse momento (ver adiante): Adolfo Prieto, Juan José Sebreli e Jaime Rest. O primeiro lamentou a inexistência, na Argentina, de "um livro como o que Gilberto Freyre escreveu sobre a sociabilidade brasileira e o particular influxo do escravo negro" (Prieto, 1962, pp. 131-2). Sebreli apontou a necessidade de se "tomar como modelo os magníficos trabalhos de Gilberto Freyre [...] nos quais se analisam as transformações da sociedade patriarcal brasileira numa sociedade burguesa, principalmente por meio da evolução dos estilos de residência e dos aspectos mais íntimos da vida doméstica, procurando a verdade nos detalhes à maneira proustiana" (Sebreli, 1964, pp. 17-8). Finalmente, Jaime Rest o comparou a Martinez Estrada e Mallea, cujos trabalhos, em sua opinião, "não são científicos e definitivos, não são *radiografias* [...] são, fundamentalmente ensaios, ou seja, enfoques pessoais, provisórios, mais ricos em hipóteses do que em comprovações. Devemos admitir que nos falta uma obra comparável em transcendência, seriedade e repercussão a *Casa-grande & senzala*, o exaustivo tra-

---

[30] Nascido em 1888, Ricardo Sáenz Hayes formou-se na FFyL da UBA e tornou-se crítico profissional. Embora especializado em literatura francesa, participou da obra coletiva dirigida por Rafael Arrieta, *História de la literatura argentina* (1958-1960, seis volumes).

balho sociológico, antropológico e histórico do brasileiro Gilberto Freyre" (Rest, 1982, p. 46). Os três comentários são muito significativos para se pensar os diferentes modos de apreensão de uma mesma obra, em função dos contextos de recepção em jogo. Neste caso, um dos alvos diletos da sociologia acadêmica paulista, criticado por sua inclinação ensaística, é recuperado em outra chave por um segmento da crítica literária argentina, que enfatiza seu alcance interpretativo e científico. Além disso, as avaliações convergem com nossa hipótese de que o ensaio argentino não teria se constituído como uma transição entre a literatura e a sociologia, como ocorrido no Brasil.

Embora *Raízes do Brasil* (1936) seja, entre os três, o menos documentado empiricamente, Sérgio Buarque explorou em profundidade a metodologia weberiana dos "tipos ideais", além de outros autores da tradição intelectual alemã, alcançando uma visão abrangente sobre a formação histórica e social brasileira que articula as formas sociais de enraizamento da colonização portuguesa às atitudes mentais que orientaram o comportamento dos agentes nesse processo. Discute ainda as direções e os significados das transformações ocorridas durante o século XIX e dos impasses delas resultantes. A invasão da esfera pública pelo "personalismo", que mediava as relações sociais no mundo colonial articulado em torno da família, seria um obstáculo à democratização defendida pelo autor (Candido, 2006), favorecida pela assimilação progressiva das camadas baixas da sociedade, até então excluídas da vida política, posteriormente à abolição da escravidão.[31] Enfim, em *Formação do Brasil contemporâneo* (1942), Caio Prado Jr. desenvolve uma reconstrução histórica, informada teoricamente pelo materialismo histórico, sobre os momentos finais da colonização portuguesa no Brasil, que desvela o que entende como o "sentido" dessa experiência, a qual deveria ser compreendida a partir da expansão do capitalismo comercial, entendido como propulsor (por orientar a economia para o mercado externo) e obstáculo (por

---

[31] Sobre Sérgio Buarque, ver, entre outros: Wegner (2000), Monteiro e Eugênio (2008), Waizbort (2011), Sallum (2012).

A batalha dos gêneros

restringir o desenvolvimento do mercado interno) às possibilidades de organização social autônoma na colônia. Deriva desse argumento a conclusão de que a emancipação (restrita inicialmente ao modo de produção capitalista) da nação dependeria não apenas das mudanças políticas, mas fundamentalmente das transformações econômicas (industrialização, diferenciação econômica e desenvolvimento do mercado interno) e sociais (constituição da sociedade de classes).[32]

A relação entre essa tradição ensaística e a sociologia acadêmica no Brasil pode ser interpretada em termos de uma possível ruptura, mas, também, em função das continuidades verificadas, sobretudo, no interior dos programas de pesquisa desenvolvidos pelas primeiras gerações de cientistas sociais brasileiros (Lima, 1999; Jackson, 2002; Botelho, 2007 e 2009). Em termos gerais, a ruptura é mais anunciada do que realizada, mas devemos levar em consideração os termos mobilizados pelos próprios protagonistas, para depois os interrogar segundo nosso ponto de vista. Tomaremos como referência o grupo que mais explicitamente reagiu contra o ensaio, lembrando que, de certa maneira, todos os que se formaram nos então recém-criados cursos de ciências sociais em São Paulo encamparam essa ideia — mais do que no Rio de Janeiro, onde o desenvolvimento propriamente acadêmico das ciências sociais foi posterior, não obstante o surgimento coetâneo de novas instituições universitárias nessa cidade. Nessa direção, como ocorre frequentemente em contextos de institucionalização de novas disciplinas, a exigência de diferenciar-se das tradições intelectuais vigentes (Lepenies, 1996), neste caso do ensaio, constituiu o núcleo da "ideologia profissional" (Gouldner, 1969) dos novos produtores culturais.[33]

---

[32] Sobre Caio Prado Jr., ver, principalmente, Ricupero (2000), Maria Angela D'Incao (1989) e Paulo Henrique Martinez (2008).

[33] Em depoimento de Maria Sylvia de Carvalho e Franco, esse movimento é claramente expressado: "[prevalecia na USP naquele período] o projeto de estabelecer as ciências sociais como disciplinas científicas autônomas, desdenhando-se tudo o que as aproximasse de 'impressionismo'. Havia o

Não obstante, tais relações foram muito variáveis e complexas. No interior de uma mesma instituição ou de um mesmo grupo de pesquisadores, houve quem se aproximou e quem se afastou dessa orientação dominante. Além disso, certos agentes radicalizaram, atenuaram, ou inverteram sua posição no decorrer do tempo, em função das mais variadas circunstâncias.[34] Tais oscilações exigem muita cautela ao tratar desse tema, sendo válidas as considerações sugeridas aqui, a rigor, para as circunstâncias em que as declarações foram feitas. As mais diretas ocorreram em resenhas, as mais nuançadas, em balanços sobre o desenvolvimento da disciplina.[35] De qualquer modo, desde o final dos anos de 1940,

esforço decidido de transformá-las em saber positivo, desprezando-se seus aspectos humanísticos. Esta orientação definiu-se como crítica à 'cultura de bacharel', encarada com desconfiança, vista como retórica superficial, estranha à reflexão gerada nas condições estruturais de nossa realidade". Trecho do memorial da autora, 1988.

[34] Ver, por exemplo, a crítica de Octavio Ianni aos estudos de comunidades (empreendidos pela Escola Livre de Sociologia e Política), na qual o discípulo de Florestan Fernandes reivindicou, paradoxalmente, as vantagens do ensaísmo em relação ao "cientificismo" dos estudos referidos: "Para romper de maneira drástica com os ensaios histórico-sociais produzidos no passado, como se certos caracteres formais dessas obras devessem ser sumariamente abandonados com os métodos explicativos adotados, grande parte dos estudiosos formados pelas universidades e escolas criadas a partir de 1930 preferiu o que lhes foi apresentado como 'científico', 'positivo', 'mais refinado', em contraposição ao que se lhes afigurava 'especulativo' ou 'pré-científico'. Desta maneira ganhou-se em precisão e rigor na observação e tratamento descritivo dos eventos, perdendo-se algumas vezes a riqueza e a desenvoltura no uso criador da inteligência". Octavio Ianni, "Estudo de comunidade e conhecimento científico", *Revista de Antropologia*, 1961, p. 70. O debate entre os sociólogos da USP e os da ELSP é retomado no capítulo seguinte deste trabalho.

[35] Em "Desenvolvimento histórico-social da sociologia no Brasil", Florestan avalia favoravelmente *Os sertões*, de Euclides da Cunha, com os seguintes termos: "Com seus defeitos e limitações, e apesar da ausência de intenção sociológica, essa obra possui o valor de verdadeiro marco. Ela divide o desenvolvimento histórico-social da sociologia no Brasil. Daí em diante, o pensamento sociológico pode ser considerado como uma técnica de consciên-

A batalha dos gêneros

na Universidade de São Paulo, Florestan Fernandes e seu grupo assumiram a frente desse confronto que envolvia a defesa da sociologia científica (Garcia, 2002) contra o ensaio. Florestan escreveu em 1949, como vimos na abertura deste capítulo, sobre a segunda edição (1948) de *Raízes do Brasil*, qualificando esse livro como um ensaio, seu autor como um ensaísta e assinalando (apesar de considerar *Raízes do Brasil* como uma obra seminal) a inconsistência de sua base empírica e analítica. Anos depois (1958), Octavio Ianni resenhou o livro *Sociologia: introdução ao estudo de seus princípios*, de Gilberto Freyre, criticando a aproximação realizada pelo autor entre os domínios da ciência e da literatura.[36]

cia e de explicação do mundo, inserida no sistema cultural brasileiro". Em Florestan Fernandes, *A etnologia e a sociologia no Brasil*, São Paulo, Anhembi, 1980 [1958], p. 35.

[36] Cabe citar: "Mas, examinemos outro aspecto dessa obra. Em diversas passagens verifica-se certa confusão entre o tipo de abstração que realiza o artista e aquela efetuada pelo cientista. Não é outro o significado das afirmações entusiásticas do autor a propósito de Proust. Veja-se o que ele afirma sobre esse autor às páginas 70 e 71. Proust 'consegue nos dar melhor que todos os discípulos de Durkheim juntos, o retrato psicossociológico da aristocracia francesa no fim do século XIX e no começo do XX' [...] 'O que há em Proust é história sociológica, história psicológica'. Para Gilberto Freyre, o ficcionista francês é 'historiador, sociólogo e psicólogo a um só tempo'. E a sua superioridade sobre os discípulos de Durkheim não provém da 'fantasia literária' nem da 'graça de estilo' — tão fracas em Proust — mas da sua superioridade como 'sociólogo psicológico'. Deixando-se de lado outros comentários que poderiam suscitar essas afirmações, poderemos distinguir nelas duas ordens de confusões. Em primeiro lugar, aquela relativa ao significado de descrição e interpretação numa ciência como a sociologia, e em que medida esses procedimentos poderiam ser encontrados numa obra de ficção. Em segundo lugar, a abstração realizada pelo ficcionista distingue-se essencialmente, e não apenas em grau, daquela operada pelo cientista. Os elementos selecionados no processo de criação literária não são os mesmos, nem comparáveis às instâncias empíricas manipuladas pelo sociólogo. Portanto, aquelas considerações a propósito de Proust confundem modos de apreensão da realidade. A nosso ver, o que disse Florestan Fernandes a respeito da Filosofia, do mito e outras formas pré-científicas de consciência e explicação, pode ser aplicado ao romance. 'Tais modalidades de representação da vida social nada tem em comum com a sociologia. Elas surpreendem, às vezes com espírito

Tais manifestações, entre outras, que sinalizavam uma recusa do sincretismo caro ao ensaio, expressavam um dos aspectos constitutivos do projeto acadêmico liderado pelo sociólogo paulista, que visava a renovação dos estudos sobre a vida social brasileira por meio da "sociologia científica". Houve, também, ataques diretos dos ensaístas aos sociólogos, como o que Caio Prado Jr. dirigiu contra Emílio Willems numa resenha sobre *Cunha* (1947), que questionava o caráter pretensamente inovador e aparentemente neutro dessa obra.[37] O ensaísta associou, ainda, a aparente neutralidade científica do trabalho e o seu empirismo a uma visão conservadora do processo político.

Se efetivamente a implantação da sociologia implicou uma mudança significativa por meio da introdução de métodos, de teorias, de padrões de trabalho sistemáticos e coletivos, de certo deslocamento nos objetos de investigação, houve, entretanto, continuidade em torno dos grandes eixos temáticos e interpretativos (Arruda, 2009a) estabelecidos pela tradição ensaística. Esquematicamente, o problema da "formação" (Arantes, 1992), ou seja, dos processos históricos constitutivos da sociedade brasileira, orientou a maioria dos ensaístas brasileiros, desde, pelo menos, Euclides da Cunha, e a questão da "modernização", fortemente imbricada na anterior, inclinada para o entendimento das grandes transformações em curso, desde a abolição e a proclamação da república, centralizou os programas de pesquisas nas ciências so-

---

sistemático e profundidade crítica, facetas complexas da vida social. Também desempenharam ou desempenham, em seus contextos culturais, funções intelectuais similares às que cabem à sociologia da civilização industrial moderna: pois todas servem aos mesmos propósitos e às mesmas necessidades de explicação da posição do homem no cosmos'. Na verdade, 'elas envolvem tipos de raciocínio fundamentalmente distintos e opostos ao raciocínio científico'". Octavio Ianni, *Anhembi*, n° 92, jul. 1958, p. 356.

[37] Cabe citar: "É a impressão que se tem ao terminar a leitura do livro, pois ela não leva realmente a nada, não oferecendo outro resultado concreto que uma coleção de fatos dispersos e sem suficiente articulação num conjunto coerente e cientificamente sistematizado". Caio Prado Jr., "Métodos sociológicos", *Fundamentos*, n° 4, 1948, p. 24.

ciais brasileiras (apesar das diferenças) até, seguramente, o final dos anos de 1960. Não há, portanto, desvio de rota de um momento para o outro, mas apenas de ênfase. Em função disso, é possível reconhecer nos trabalhos desenvolvidos pela sociologia nesse período perguntas e respostas formuladas pela tradição anterior como, aliás, o fizeram os balanços realizados pelos próprios protagonistas desse processo e, depois, os intérpretes especializados em história intelectual.

Como exemplos, podemos nos referir ao modo como Florestan Fernandes se apoiou diretamente, tanto em Sérgio Buarque de Holanda (Arruda, 1995), como em Caio Prado Jr. para montar seu programa de investigação sobre a formação da sociedade de classes no Brasil, apenas parcialmente concretizado em função dos impedimentos gerados pela ditadura militar. Também os "estudos de comunidades", de certa forma, seguiram a interpretação dualista forjada por Euclides da Cunha em *Os sertões* (Lima, 1999; Jackson, 2003). Oliveira Vianna fundamentou boa parte da sociologia política que enfrentou o tema do coronelismo, desde Vitor Nunes Leal até Maria Silvia de Carvalho e Franco e Maria Isaura Pereira de Queiroz (Brandão, 2007; Botelho, 2007 e 2009). A sociologia da cultura de Roger Bastide dialogou estreitamente com Gilberto Freyre e Mário de Andrade (Peixoto, 2000), sobretudo em função das chaves inovadoras proporcionadas por *Casa-grande & senzala* e *Sobrados e mucambos* para interpretar a escravidão e a inserção posterior dos negros na sociedade brasileira. Essas e outras linhagens são indicativas do papel desempenhado pelo ensaio histórico-sociológico no Brasil como um gênero de transição entre a literatura e as ciências sociais. As direções abertas por essa tradição foram exaustivamente escrutinadas pelos cientistas sociais, sobretudo durante as décadas de implantação dessas disciplinas, mais especialmente em São Paulo e no Rio de Janeiro. Dessa forma, mesmo considerando-se as inovações derivadas desse processo, a ruptura efetivamente realizada foi exagerada por seus protagonistas, envolvidos como estavam na legitimação do novo papel social que pretendiam desempenhar.

IV

Tomando como referência o panorama apresentado nos itens anteriores, tentemos agora apontar e explicar as semelhanças e as diferenças entre os dois casos. Vimos que tanto no Brasil como na Argentina os sociólogos se afirmaram contra os ensaístas, mas também que o modo como essa relação se deu foi distinta em cada um deles. Vejamos primeiro as semelhanças.

A inserção institucional dessa nova disciplina, que representava uma inovação e um distanciamento em relação às tradições nacionais até então vigentes — promoveu um enfrentamento entre seus praticantes e os ensaístas, que haviam se convertido anteriormente em intérpretes reconhecidos dos problemas nacionais nos dois países. O prestígio alcançado pelos ensaístas nas duas tradições correspondia a estágios incipientes de diferenciação da vida intelectual e acadêmica,[38] o que explica o fato de que os sociólogos não tenham se contraposto, como nos casos europeu e norte-americano (desde finais do século XIX), aos representantes de disciplinas já relativamente estabelecidas no sistema universitário.

Passemos agora às diferenças. Para avaliar com maior precisão a relação postulada entre inserção institucional da disciplina no período de sua fundação e enfrentamento entre sociólogos e ensaístas, convém recuperar comparativamente os condicionantes do desenvolvimento da sociologia moderna nos dois centros prin-

---

[38] Ao distinguir vida intelectual e vida acadêmica pensamos, de um lado, no desenvolvimento das tradições artísticas e intelectuais a partir da matriz literária e, de outro, no processo de diferenciação institucional, que se refere ao surgimento de um sistema acadêmico e a correlata emergência de disciplinas e profissões acadêmicas. A esse respeito e tal como se desprende de nosso argumento, no Brasil a consolidação remota de um sistema literário, que não teve equivalente na Argentina, permitiu uma maior diferenciação de sua tradição intelectual, expressada, por exemplo, no desenvolvimento de um ensaio de tipo histórico-sociológico. Na Argentina, a diferenciação mais tardia de sua tradição intelectual teve, como contrapartida, uma diferenciação institucional anterior, promovida pela unificação de um sistema nacional universitário desde finais do século XIX.

A batalha dos gêneros

cipais brasileiros (São Paulo e Rio de Janeiro) e em Buenos Aires, eixo desse processo na Argentina.

Quadro 1
CONDICIONANTES DO DESENVOLVIMENTO
DA SOCIOLOGIA MODERNA

	São Paulo	Rio de Janeiro	Buenos Aires
Imigração massiva	Sim	Não	Sim
Intervenções políticas	Não	Sim	Sim
Organizações acadêmicas modernas	Sim	Não	Sim

Cabe diferenciar em primeiro lugar os casos de Buenos Aires e São Paulo em relação ao do Rio de Janeiro. Nas duas primeiras cidades, a posição dos sociólogos se fortaleceu em torno de 1950, no marco de um processo de modernização das organizações acadêmicas (que será detalhado no capítulo seguinte), transcorrido nas faculdades de Filosofia e Letras da UBA (em função da reforma universitária pós-peronista da segunda metade da década de 1950) e de Filosofia Ciências e Letras da USP (desde a década de 1930). No Rio de Janeiro, diferentemente, com o fracasso de um intento similar na Universidade do Distrito Federal (UDF), ocorrido, também, nos anos de 1930, o ensino e a pesquisa permaneceriam dissociados (o primeiro tinha lugar na universidade, o segundo em centros e institutos independentes) até o final da década de 1960, não permitindo dessa maneira o desenvolvimento de uma "vida acadêmica propriamente dita" (Miceli, 2001) nem a correlata profissionalização da atividade sociológica.

A imigração massiva ocorrida em São Paulo e em Buenos Aires, as duas cidades que receberam mais imigrantes na América Latina, foi um condicionante fundamental do êxito das experiências portenha e paulista. Com efeito, ao promover a remota constituição de classes médias diretamente interessadas nas novas carreiras universitárias, os imigrantes e seus descendentes desempenharam um papel decisivo na concretização dos projetos de modernização acadêmica.[39] Em outros termos, o crescimento populacional acelerado e a diferenciação social (associada a um processo de desenvolvimento econômico nas duas cidades) catalisada pela imigração foi um dos suportes principais à conversão de projetos educacionais inicialmente concebidos pelas elites em modernas empresas acadêmicas, afinadas com as demandas de ascensão das classes médias.

As cidades do Rio de Janeiro e de Buenos Aires se aproximavam por serem centros políticos nacionais, implicando uma tensão mais pronunciada e constante entre poderes políticos e acadêmicos (diferentemente do que ocorreu em São Paulo, onde a universidade quase não sofreu intervenção política direta). Não obstante, em Buenos Aires, a solidez de seu sistema acadêmico (estabelecido desde o final do século XIX) e a pressão social exercida pela classe média emergente constituíram contrapesos às recorrentes intervenções políticas até meados da década de 1960, a partir de quando as ditaduras militares sucessivas praticamente bloquearam as condições de existência da vida acadêmica na Argentina até a abertura democrática de 1983. No Rio de Janeiro, diferentemente, as intervenções políticas realizadas durante a era Vargas (e a presença do Estado como promotor direto da vida intelectual) não encontraram resistência equivalente numa instituição universitária recém-criada nem numa sociedade que não contava, ainda, com uma "nova classe média" comparável às de Buenos Aires e São Paulo,[40]

[39] Vale lembrar que a modernização da universidade e o notável desenvolvimento da sociologia na cidade de Chicago no começo do século XX também foi condicionado pelo crescimento demográfico e pela diferenciação social provocados pela imigração massiva (Bulmer, 1984).

[40] Em contraposição a uma "classe média tradicional", constituída desde o século XIX (como no caso do Rio de Janeiro), dependente dos setores dominantes tradicionais e proveniente, sobretudo, de seus ramos declinantes. Vinculada ocupacionalmente à burocracia estatal, identificava-se social e politicamente com aqueles mesmos setores dominantes. A "nova classe média" proveio da imigração massiva e se inseriu progressivamente nos setores mo-

A batalha dos gêneros

o que limitou o desenvolvimento da sociologia moderna no interior da universidade carioca.[41]

Levando em conta a evolução das tradições intelectuais e o grau de institucionalização da sociologia, vejamos agora quais relações entre sociologia e ensaio prevaleceram em cada caso.

A comparação dos casos de São Paulo e de Rio de Janeiro revela que onde a sociologia logrou uma institucionalização mais plena no sistema universitário, as disputas entre sociólogos e ensaístas foram mais acentuadas. A luta pela profissionalização da nova disciplina favoreceu uma atitude cientificista em São Paulo, encarnada, sobretudo, por jovens professores provenientes das camadas desfavorecidas da sociedade, como comprova o caso emblemático de Florestan Fernandes. De todo modo, desde a década de 1950, o ensaísmo foi mais valorizado pelos cientistas sociais cariocas do que pelos paulistas, diferença associada à debilidade da universidade no Rio de Janeiro e ao fato de que nessa cidade a

---

dernos da economia (Graciarena, 1967; Pinheiro, 1990). Cabe citar uma observação aguda de Roger Bastide a respeito desse processo, diferenciando as experiências paulistana e carioca: [sobre a classe média] "encontramos, sem dúvida, fenômenos análogos no Rio de Janeiro. Mas como o número de estrangeiros ou de filhos de estrangeiros não portugueses é aí menor, o choque de valores é menos dramático: tudo se passa entre brasileiros. Daí uma diferença capital entre a classe média do Rio de Janeiro e a de São Paulo. A presença do governo e de todo o maquinismo administrativo, no Rio de Janeiro, faz com que sua classe média seja principalmente uma classe média de funcionários ou de burocratas. A industrialização mais avançada de São Paulo faz de sua classe média uma classe de pequenos fabricantes e de empregados". Roger Bastide, *Arte e sociedade*, São Paulo, Companhia Editora Nacional, 1971, pp. 155-6.

[41] A esse respeito é muito sugestivo que as ciências sociais no Rio de Janeiro alcançaram um desenvolvimento mais expressivo após a transferência do centro político para Brasília. Isso não significa que não houve nesse período sociologia científica no Rio de Janeiro, mas sim que o seu desenvolvimento dependeu de centros e institutos independentes, o que, provavelmente, limitou as possibilidades de sociólogos como Guerreiro Ramos e Costa Pinto aglutinarem grupos de pesquisadores, ou seja, de se tornarem "chefes de escola", como foram Gino Germani e Florestan Fernandes.

mesma não se constituiu como fonte principal da identidade dos intelectuais a ela ligados. Acaso o exemplo mais expressivo a esse respeito seja a reivindicação de Guerreiro Ramos (1996) pela formação de uma "sociologia nacional" cujos precursores estariam entre os ensaístas. No final de 1960, Wanderley Guilherme dos Santos voltaria à carga ao valorizar a tradição dos pensadores políticos brasileiros do início do século XX (Santos, 1978). No entanto, como já foi dito, tanto em São Paulo, onde as disputas foram mais fortes, como no Rio de Janeiro, a sociologia incorporou do ensaio temas, problemas, perspectivas teóricas e interpretações. Segundo nossa hipótese, tal relação de continuidade teria sido favorecida pelo caráter mesmo do ensaísmo brasileiro nas décadas de 1930 e 1940: já diferenciado e operando uma transição da literatura às ciências sociais.

Quadro 2
RELAÇÕES ENTRE SOCIOLOGIA E ENSAIO

	São Paulo	Rio de Janeiro	Buenos Aires
Ensaio	Histórico-sociológico	Histórico-sociológico	Literário
Institucionalização	Efetiva	Parcial	Efetiva
Disputas	Mais	Menos	Menos
Continuidade	Sim	Sim	Não

Na Argentina, como vimos, os sociólogos se distanciaram dos ensaístas ao assumir uma orientação intelectual radicalmente distinta e interessada menos no tema da identidade nacional do que no problema da modernização. Nessa direção, a interpretação do fenômeno da imigração massiva conectou os dois gêneros e contrapôs as visões de uns e outros. Se os ensaístas ofereceram uma visão negativa do imigrante, na sociologia liderada por Germani (ele mesmo um imigrante), o adventício seria visto como o agente

A batalha dos gêneros

decisivo nas transformações modernizadoras do país. Apesar dessa profunda divergência e do fato de ter havido em Buenos Aires institucionalização efetiva da sociologia, entretanto, quase não houve nessa experiência disputas diretas e explícitas entre sociólogos e ensaístas. Distanciados intelectualmente, os sociólogos se alinharam politicamente com os ensaístas em oposição ao peronismo (1946-55), circunstância que terminaria amortecendo as tensões entre tais rivais.

Se no Brasil, os ataques dos sociólogos aos ensaístas esconderam filiações intelectuais; na Argentina, a timidez das críticas dos primeiros contra os segundos disfarçou as diferenças que os afastavam.

2.
SOCIOLOGIAS COMPARADAS

"Desde hace 15 años aproximadamente, el suscrito trabaja en el campo de la Sociología empírica. En contraste con la orientación filosófica y especulativa que prevaleció hasta ahora en la enseñanza universitaria, ha sostenido la necesidad de la investigación y, siempre que le ha sido posible, la ha practicado. Desde la cátedra del Colegio Libre de Estudios Superiores en Buenos Aires y en Rosario, y ahora desde la Facultad de Filosofía y Letras de la Universidad, y desde el Instituto que de ella depende, el suscrito ha orientado su enseñanza en ese sentido. En su labor de docente y de investigación el suscrito se ha inspirado sobre todo en la metodología y técnicas de investigación perfeccionadas y aplicadas en los Estados Unidos: en las presentes circunstancias, en que se abren nuevas posibilidades para impulsar en la Argentina los estudios sociológicos (ya que además, tales estudios se presentan como una imperiosa necesidad), el suscrito considera que sería de suma conveniencia para el país lograr un contacto personal con los principales centros de investigación y de enseñanza de los Estados Unidos. La información y experiencia que así pueda recogerse hallarán una aplicación inmediata en su labor aquí en la Argentina, ya sea en la Cátedra y en el Instituto Universitario, ya sea en el Colegio de Estudios Superiores que también cuenta ahora con una Sección de Sociología, cuya dirección le ha sido confiada."

Gino Germani, 1956c[1]

"Posteriormente, com os projetos que foram expandidos na cadeira de Sociologia I, surgiram novos trabalhos sobre relações raciais. Eu estimulei o Fernando Henrique Cardoso,

---

[1] Carta de Gino Germani solicitando financiamento às autoridades universitárias para viajar aos Estados Unidos, logo após assumir a direção da Cátedra e do Instituto de Sociologia (Buenos Aires, 24 de fevereiro de 1956, arquivo pessoal).

o Renato Jardim Moreira, o Octavio Ianni a trabalharem no sul. Foi feito um *survey* em Santa Catarina, Florianópolis. Eles escolheram os casos. Fernando Henrique escolheu Porto Alegre; Octavio Ianni, Curitiba. Depois nós tentamos projetos mais amplos e ambiciosos, projetos sobre a empresa industrial que, por sua vez, acabaram sendo o principal projeto do CESIT [Centro de Sociologia Industrial e do Trabalho] (o projeto está transcrito em *Sociologia numa era de revolução social*), e outro projeto, "Economia e sociedade no Brasil" (igualmente transcrito naquele livro), que nos levou a fazer do Brasil o nosso laboratório de pesquisa, naturalmente, compreendido no contexto histórico da América Latina. Combinando os resultados dessas investigações com o que eu aprendera graças à pesquisa sobre o negro, avancei no trabalho teórico e na visão da tarefa do sociólogo como investigador. Isso, é claro, me obrigou a fazer novas leituras, a aprofundar a análise da contribuição dos cientistas sociais etc. *A revolução burguesa no Brasil* situa aonde cheguei por essa via, completando o circuito que se desenha graças e por meio das descobertas proporcionadas pelo trabalho em colaboração com Bastide."

Florestan Fernandes, 1995[2]

I

A questão que orienta este capítulo poderia ser resumida nos seguintes termos: como explicar, apesar das diferenças, o surgimento concomitante (entre a metade dos anos de 1950 e o final da década seguinte) de empreendimentos acadêmicos coletivos muito bem-sucedidos (apesar de abortados pelos golpes militares nos dois países), no interior de tradições sociológicas então incipientes? Tais processos tiveram lugar nas cidades de Buenos Aires e São Paulo, na UBA e na USP, respectivamente, sob as lideranças do ítalo-argentino Gino Germani e do brasileiro Florestan Fernandes. Quais fatores podem ser aventados como condicionantes desse fenômeno,

[2] Passagem de "Florestan Fernandes: esboço de uma trajetória", *BIB*, nº 40, 1995.

além das atuações reconhecidamente destacadas de ambos? Responderemos essa questão, mobilizando três dimensões fundamentais. Estas se referem às (1) dinâmicas sociais e culturais que tiveram lugar nessas cidades, que as constituíram como palcos privilegiados para a (2) modernização do ensino e da pesquisa superior e, portanto, à (3) profissionalização mais efetiva da atividade acadêmica, que permitiu a esses agentes ascender socialmente, assumindo de corpo e alma o papel de cientistas sociais, empenhados como lideranças na renovação da sociologia, disciplina entendida como o núcleo de um programa de reformas políticas e sociais para os dois países. Além dessas três dimensões, devemos mencionar o impacto exercido pelas diversas iniciativas transnacionais que desde o final da Segunda Guerra estimularam a modernização das ciências sociais na América Latina, apesar de terem prevalecido no Brasil e na Argentina iniciativas nacionais de institucionalização dessas disciplinas.

No capítulo anterior aludimos ao crescimento demográfico que se deu nas cidades de Buenos Aires e São Paulo a partir do final do século XIX, aspecto morfológico decisivo à constituição de ambas como metrópoles em meados do século XX.[3] Os dois centros urbanos acolheram contingentes elevados de imigrantes europeus, que tornaram mais complexas e diferenciadas suas estruturas sociais — a emergência de uma nova classe média urbana foi, possivelmente, sua consequência mais significativa —, promovendo a diversificação dos empreendimentos culturais eruditos e populares e a formação mais densa de públicos nas duas cidades (Prieto, 1988; Rivera, 1980; Sarlo, 1988; Miceli, 2001; Arruda, 2001). No caso brasileiro, verifica-se certo deslocamento do eixo da produção cultural, acentuado no decorrer do século XX, do Rio de Janeiro para São Paulo, processo relacionado com o formi-

---

[3] Os dados seguintes permitem dimensionar a evolução demográfica das duas cidades: em 1886, São Paulo tinha uma população de 47.697, que subiu a 1.033.202 em 1934; em 1887, a população de Buenos Aires era de 432.661 e, em 1936, 2.415.142 (Bernasconi e Truzzi, 2000; Devoto e Fausto, 2004).

Sociologias comparadas

dável crescimento econômico ocorrido nesta última. Consolidada a proeminência carioca no âmbito político, com a Revolução de 1930, a vida cultural em São Paulo tornou-se cada vez mais autônoma e profissionalizada, favorecendo um desenvolvimento sem precedentes em âmbitos aparentemente descolados como o teatro, a literatura, as artes plásticas e as ciências sociais, mas diretamente condicionados pelas transformações mencionadas. Nessa direção, embora se possa discutir mais especificamente o desenvolvimento de disciplinas como a sociologia, sua implantação e modernização resultaram das condições mais amplas que encontrou numa cidade como São Paulo para se constituir em novos moldes (Arruda, 2001). Buenos Aires nunca teve concorrente similar, ocupando desde a independência o centro econômico, político e cultural do país. Se no Brasil, São Paulo e Rio de Janeiro dividiram o mercado cultural, oscilando a balança para um lado ou outro, de acordo com os gêneros e períodos em questão, na Argentina, Buenos Aires alcançou uma posição quase hegemônica, sobretudo, a partir do final do século XIX, quando as atividades culturais adquiriram certo grau de profissionalização.

As experiências ocorridas nos dois países são muito significativas para se pensar o jogo complexo que relaciona o mundo intelectual, sobretudo acadêmico, e o mundo político — especialmente, o conjunto de relações que envolvem as ciências sociais nessa intersecção. Como se relacionam tais instâncias? Em primeiro lugar, por meio das políticas educacionais encampadas pelo Estado (nacional ou estadual), especialmente as que se referem ao ensino superior. Desse ponto de vista, o Estado é um promotor direto da vida intelectual, envolvido na produção das condições de sua autonomização, uma vez que a universidade é um *locus* decisivo desse processo, principalmente, na dimensão mais específica que nos interessa. Na Argentina, as políticas educacionais do final do século XIX tiveram orientação democratizante, tanto na base como no topo do sistema de ensino. Não se pode negligenciar o fato de que já havia nesse país um sistema universitário público unificado desde esse momento e que no Brasil o mesmo se daria apenas durante a década de 1960 e (contraditoriamente) pelas mãos da

84 Sociologia no espelho

ditadura militar iniciada em 1964. As universidades brasileiras criadas nos anos de 1930 resultaram de iniciativas pontuais comprometidas com interesses políticos específicos (Cardoso, 1982; Schwartzman, 1979; Cunha, 2007a). Em segundo lugar, no Brasil principalmente, o Estado constituiu-se como um empregador direto dos intelectuais, incorporando-os em cargos políticos, técnicos ou burocráticos. Como se sabe, durante o Estado Novo, com a centralização do poder político, esse processo alcançou dimensões extremadas, servindo diretamente à sustentação do regime e, ao mesmo tempo, remediando a fragilidade do mercado cultural então existente (Miceli, 2001). Na Argentina, durante a República Oligárquica (1880-1916), os intelectuais ocuparam postos burocráticos e orbitaram a esfera do poder, mas a cooptação dos intelectuais pelo Estado seria interrompida na Argentina desde a democratização do sistema político, demarcada pela eleição de Yrigoyen em 1916. A partir de então, a relação dos intelectuais com o Estado estaria marcada por um maior distanciamento (e mesmo oposição), como o que se deu emblematicamente durante o peronismo. O primeiro governo de Perón, iniciado em 1946, exemplifica, ainda, um terceiro modo típico de relacionamento entre as instâncias política e intelectual, nesse caso dado pelos episódios de intervenção direta do Estado nas universidades, mais frequentes nas conjunturas políticas autoritárias. De acordo com esse parâmetro, o caso brasileiro foi menos acidentado que o argentino; este último mais profundamente marcado por fraturas decorrentes dos conflitos entre poderes políticos e acadêmicos.

As relações entre mundo intelectual e mundo político, entretanto, não se restringem ao comportamento do Estado em relação à universidade e aos intelectuais, envolvendo, também, numa outra dimensão, estes últimos como agentes polarizados entre o empenho na sua atividade específica (como produtores culturais) e a participação na vida pública. Nesse diapasão, e condicionados pela história política, os intelectuais adotaram linhas de comportamento mais ou menos politizadas segundo as circunstâncias. Segundo Daniel Pécaut (1990), a atividade intelectual brasileira entre 1920 e 1970, aproximadamente, seria direcionada por diferentes "mis-

Sociologias comparadas

sões" políticas; mas ele afirma ainda uma diferença entre essa tradição intelectual e a argentina, país em que os conflitos políticos produziram ao longo do século XX cisões mais evidentes e inconciliáveis no interior do mundo intelectual.[4]

Nesse sentido, há quase um consenso na literatura (Sigal, 1991; Terán, 1991; Neiburg, 1997; Sarlo, 2001) a respeito da impossibilidade de se dissociar na Argentina a vida intelectual e acadêmica do século XX dos dinamismos próprios à história política do país que afetaram frequentemente as condições do trabalho na universidade, alterando em diferentes graus as regras de funcionamento das instituições universitárias, modificando os corpos docentes e as hierarquias estabelecidas, as formas de recrutamento e os critérios de consagração. Não se pode esquecer que a universidade constituiu-se desde a reforma universitária de 1918 — que estabeleceu o princípio da autonomia universitária e do governo tripartido entre docentes, alunos e graduados — como um ator político muito importante da vida pública argentina, fonte tanto de sua visibilidade como de sua vulnerabilidade (sujeita a intervenções diretas dos poderes políticos). Tais condicionantes direcionaram as agendas de pesquisa no interior da sociologia (não apenas nessa disciplina), como demonstra o caso de Germani, cujo itinerário intelectual migra da análise sobre a natureza social e o significado político do peronismo (problema unificador do campo cultural argentino entre 1955 e 1966) para a temática (mais afinada com o contexto internacional) do desenvolvimento econômico e da modernização. A trajetória de Germani revela, também, o modo como tais embates se davam nesse contexto. Durante o peronismo, o intelectual italiano acumulou recursos acadêmicos nos espaços não oficiais, alinhados com a oposição ao regime. Esse posicionamento político foi determinante, ao lado do prestígio propriamente intelectual que conquistou nesses anos, à concretização de seu projeto científico entre a segunda metade da década de 1950 e a primeira da década seguinte.

---

[4] Sobre a intersecção dos planos da política e da vida intelectual e artística, em registro mais amplo, ver Ridenti (2000 e 2010).

Tais considerações sugerem que o entendimento do processo de institucionalização da sociologia na Argentina deve levar em conta a flexibilidade de seu campo de produção intelectual, constituído por iniciativas públicas e privadas.[5] Nesse sentido, a existência de espaços de atuação alternativos aos estatais, como o Colégio Livre de Estudos Superiores num primeiro momento e o Instituto Di Tella mais tarde, foram decisivos em períodos marcados por intervenções políticas. Indicam ainda a validade do argumento de Silvia Sigal (1991) de que as periodizações políticas proporcionam um marco decisivo para a história da vida intelectual e acadêmica na Argentina do século XX.

Sugerimos, assim, uma análise dos processos iniciais de institucionalização nos dois países em função das circunstâncias específicas que orientaram a incorporação da sociologia no ensino e na pesquisa, em instituições públicas e privadas. Desse modo, tomamos como pressuposto o fato de que tais processos ocorreram sempre por meio da articulação dessas duas dimensões, que envolvem universidades, centros independentes e uma série diversa de empreendimentos culturais que se multiplicaram associados às mudanças mais gerais que direcionaram o crescimento demográfico extraordinário e de curto prazo nas cidades em questão, na primeira metade do século XX.

O desenvolvimento das ciências sociais deve ser analisado, também, a partir de sua intersecção com a formação progressiva de mercados diversificados de bens culturais, diretamente vinculados aos processos de modernização econômica (industrialização e urbanização, sobretudo) dos dois países nas primeiras décadas do século XX. Em tal contexto, entraram em cena atores sociais oriundos de estratos antes excluídos do mundo intelectual, tanto na Argentina, como no Brasil, favorecidos pelas oportunidades proporcionadas por tais mercados em expansão, mas, também, e fundamentalmente, pela expansão do sistema educacional que ge-

---

[5] Embora de outra maneira, no caso brasileiro, uma instituição privada como a Escola Livre de Sociologia e Política promoveu a introdução da disciplina no ensino superior.

Sociologias comparadas

rou mobilidade social significativa nos grandes centros urbanos dos dois países, desde o começo do século, apesar das diferenças importantes entre os casos, uma vez que na Argentina esse processo foi anterior e muito mais abrangente.

Nos dois casos, o processo de institucionalização das ciências sociais dependeu ainda de circunstâncias favoráveis geradas pelo cenário político internacional. Num primeiro momento, no período compreendido pelas duas grandes guerras, muitos intelectuais europeus emigraram para a América Latina, atraídos ou não por convites oficiais das universidades, para nelas atuarem decisivamente como professores, pesquisadores e construtores de instituições. No segundo pós-guerra, tais disciplinas foram animadas por um conjunto de iniciativas institucionais, patrocinadas por organismos internacionais — como UNESCO e CEPAL, principalmente — empenhados na modernização e no desenvolvimento econômico da América Latina. Nesse contexto, entre as décadas de 1950 e 1960, a sociologia buscou constituir-se como disciplina aplicada, diretamente empenhada no planejamento racional de tais processos (Oliveira, 1995; Villas Bôas, 2006).

Outra dimensão a ser considerada diz respeito ao conjunto de disciplinas designadas como "ciências sociais". Nos dois casos, a sociologia foi quase hegemônica no período de fundação (aproximadamente entre 1900 e 1970). No Brasil, entretanto, a partir dos anos de 1970, sobretudo, uma configuração cada vez mais equilibrada constituiu-se progressivamente. De tal modo, antropologia e ciência política formaram desde então, com a sociologia, a tríade de disciplinas reconhecidas como ciências sociais, constituindo a estrutura dos cursos de graduação em todo o país. No caso argentino, a sociologia manteve, comparativamente, sua proeminência, aproximando-se muito mais do que no caso brasileiro de disciplinas como a história social, a psicanálise e a economia.[6]

---

[6] Deve-se notar que análises anteriores (Trindade e outros, 2007) não levaram em conta suficientemente, segundo nosso ponto de vista, a contin-

II

Antes de avançarmos na narrativa sobre a institucionalização da sociologia nos dois países, esbocemos um esquema geral desse processo para cada caso. Para o brasileiro, sugerimos que o desenvolvimento da disciplina pode ser dividido em três fases: fundação, expansão e especialização. Na primeira, delimitada pela Revolução de 1930 e pelo Golpe de 1964,[7] surgem as primeiras instituições acadêmicas (de ensino e pesquisa), incorpora-se a matéria no conjunto das especialidades pré-existentes, são criados órgãos especializados (editoras e periódicos) de difusão dos trabalhos realizados, inicia-se a profissionalização dos novos produtores intelectuais e reconhece-se a disciplina, claramente proeminente no conjunto das ciências sociais, como uma das formas legítimas de conhecimento sobre a sociedade. Nesta e na próxima fase a especialização é incipiente e as pesquisas são orientadas predominantemente por temas gerais (modernização na primeira, democratização na segunda), imantadas pela dinâmica política abrangente. Na segunda fase, de expansão, demarcada pelo Golpe de 1964 e pela Abertura Democrática ocorrida em 1985, a sociologia ganha maior presença no sistema de educação superior nacional, institucionalizando-se propriamente, por meio da nacionalização do sistema universitário (criação das universidades federais por decreto de Castelo Branco em 1965), da criação de numerosos cursos de graduação e da expansão da pós-graduação. A antropologia e a ciência política ganham maior presença no conjunto das ciências sociais, equiparando-se à sociologia. Iniciada pela abertura democrática (1985), na terceira fase o processo de especialização avança muito

gência dessas configurações, tomando o caso brasileiro como modelo para examinar os de Argentina, México, Chile e Uruguai. Obviamente, essa ressalva não compromete o caráter pioneiro dessa obra, nem suas contribuições importantes à história das ciências sociais na América Latina.

[7] Tomamos como marcos as rupturas do processo político, visando alcançar um esquema que abranja as diversas experiências estaduais e, ao mesmo tempo, evitar uma visão por demais descolada dessa esfera.

em relação à fase anterior, havendo maior dispersão teórica e temática no interior de cada uma das disciplinas, as pesquisas em geral se distanciam dos temas da conjuntura política (a não ser nas especialidades ligadas a tais questões) e ocorre a aceitação social mais efetiva das três disciplinas, cada vez mais profissionalizadas.

Na experiência argentina, as fases seriam de fundação, retração e recuperação. Podemos tomar como marco aproximado do início da primeira fase a data de 1880.[8] Nas décadas seguintes a sociologia é incorporada em cursos de direito e de filosofia. O curso de graduação em sociologia é criado apenas em 1957, no contexto pós-peronista. A fase de fundação caracteriza-se por seu caráter prolongado e descontínuo, mas, de forma geral, os traços apontados para o caso brasileiro se fazem presentes. A fase seguinte pode ser demarcada pelo Golpe de Onganía em 1966 e pela Abertura Democrática de 1983. Nesse período, o processo de institucionalização, acelerado desde 1957, é em grande parte bloqueado pelos sucessivos governos militares,[9] deslocando-se os grupos mais dinâmicos da sociologia argentina para instituições privadas. Com a abertura (1983), o sistema universitário recupera sua autonomia e inicia-se um período de estabilização e expansão (embora tímida se comparada ao caso brasileiro) dos cursos de graduação e pós-graduação.[10]

A análise que se segue concentra-se nos períodos de fundação da disciplina dos dois países, nos quais os modos de funcionamento da vida acadêmica variaram, principalmente, em função: (a) das formas de organização desenvolvidas (universidades, faculdades,

---

[8] Nesse momento o sistema político argentino se estabiliza (Romero, 1988), após longo período de turbulências. Como resultado das políticas educacionais adotadas desde então, é criado um sistema universitário nacional e a Universidade de Buenos Aires é renovada com a criação da Faculdade de Filosofia e Letras.

[9] Não obstante o interregno democrático do período 1973-76, muito instável politicamente.

[10] Esse esquema está apoiado parcialmente na obra coletiva *As ciências sociais na América Latina em perspectiva comparada* (Trindade [org.], 2007).

90   Sociologia no espelho

escolas, institutos); (b) do recrutamento social de professores e alunos; (c) das relações com a esfera política; (d) das fricções com as tradições intelectuais vigentes (conforme capítulo anterior) e (e) do grau de internacionalização alcançado. Nos casos de Brasil e Argentina, apesar das diferenças (que discutiremos em seguida), os períodos de fundação foram marcados, como já foi dito, pela presença de lideranças que centralizaram fortemente os esforços de legitimação desses novos empreendimentos científicos.

III

Passemos agora a uma narrativa mais detalhada de ambos os processos. Em seu período de fundação, a institucionalização das ciências sociais nos dois casos dependeu, principalmente, do "impulso alcançado pela organização universitária" (Miceli, 1989b), mas uma diferença importante, relativa aos antecedentes históricos desse processo, deve ser mencionada. Diferentemente do que ocorreu na América espanhola, onde foram criadas universidades durante a colonização, no Brasil o ensino superior foi introduzido apenas depois da independência. A mais antiga universidade argentina foi criada em 1613, em Córdoba. No Brasil, durante o Império, que adotou o modelo da reforma educacional napoleônica na França, foram criadas faculdades ou escolas superiores isoladas, não integradas em universidades, que apenas surgiriam na década de 1930 em São Paulo e no Rio de Janeiro, apesar de iniciativas frustradas anteriores (Cunha, 2007a). Na Argentina, na virada dos séculos XIX e XX, já havia cinco universidades — Córdoba, 1613; Buenos Aires, 1821; La Plata, 1897; Santa Fé, 1899; Tucumán, 1914 —, embora estas resultassem de iniciativas e concepções educacionais distintas.

O estudo superior nos dois países, durante o século XIX, restringia-se às carreiras tradicionais de direito, medicina e engenharia, orientadas por uma educação de cunho profissionalizante, mas foi no seu interior que as elites intelectuais e políticas foram formadas em ambos os casos. Em relação às disciplinas humanísticas, apesar de experiências precursoras, como a que teve lugar no Instituto Histórico Geográfico Brasileiro no Rio de Janeiro (Schwarcz, 1989), predominava o esforço autodidata para obtenção de conhecimento, associado à circulação internacional de membros das elites, inicialmente muito restritas às oligarquias rurais. De forma mais vertical e acentuada na Argentina do que no Brasil, as instituições de ensino superior alargariam progressivamente o arco social de seus recrutados, fomentando dessa maneira, embora indiretamente, o surgimento de interpretações dissonantes em relação àquelas que reproduziam mais diretamente os interesses dominantes (Freyre, 1936; Alonso, 2002; Zimmermann, 1995).

Na Argentina, a criação da FFyL da UBA, em 1896, alterou significativamente o panorama do ensino superior. Desde então, a formação universitária ganharia uma vertente menos instrumental. Esse desvio refletia uma tomada de consciência por membros da elite, relativa à necessidade de propiciar uma formação desinteressada e mais próxima do conhecimento científico, afinada com a imagem de um país moderno, cujas primeiras evidências pareciam aflorar nesse momento. Ao mesmo tempo, as disciplinas humanísticas eram pensadas como meio de integração cultural e de reflexão sobre as grandes transformações em curso. Visando concretizar tais objetivos, foi instituído o doutorado, que podia ser obtido após apresentação de tese em etapa posterior à graduação, e estimulada a pesquisa científica. Além disso, os cursos eram pensados como instâncias de formação de professores para o ensino médio, atendendo as demandas de profissionalização formuladas pelos próprios alunos. Posteriormente, no contexto do centenário (1910), a faculdade passaria a ser vista como um centro de formação das classes dirigentes e de desenvolvimento da cultura nacional, acompanhando o clima nacionalista que prevaleceria nesse momento, em função do impacto da imigração massiva e do sentimento xenófobo que a acompanhou (Buchbinder, 1997). Um fato importante, nesse sentido, foi a criação da Cátedra de Literatura Argentina em 1913, que seria regida por Ricardo Rojas, representante destacado do nacionalismo cultural e autor da primeira história da literatura argentina (Perosio e Rivarola, 1981; Estrin, 1999).

Uma diferença fundamental entre a FFyL e a Faculdade de Direito residia no fato de que na primeira a carreira acadêmica passava a ser vista não mais como um apêndice da vida profissional realizada fora da universidade, como ocorria com os professores da segunda, mas como o seu centro. De tal modo, emergiria progressivamente nessa instituição a figura do intelectual acadêmico, nela capacitado para assumir cargos no mercado cultural que demandava já uma formação intelectual mais especializada. Tal diferença se ancorava em recrutamentos sociais distintos: os membros de famílias tradicionais *criollas* prevaleciam nos cursos de direito; os filhos de imigrantes em ascensão nos de filosofia e de letras.

Enquanto no caso brasileiro, sobretudo em São Paulo e no Rio de Janeiro, o ensino e a pesquisa em ciências sociais foram instituídos oficialmente como cursos autônomos, vinculados às universidades criadas na década de 1930, na Argentina, tal processo ocorreu no interior das tradicionais universidades de Córdoba e Buenos Aires. Até o final dos anos de 1950, contudo, não haveria cursos de graduação em ciências sociais, mas cátedras de sociologia nos cursos de direito e filosofia. Se considerado como ato fundador a implantação do ensino oficial de sociologia no interior de outras carreiras universitárias, a institucionalização dessa disciplina na Argentina teve origem remota. Ocorreu em 1898, na FFyL da UBA. Se levados em conta parâmetros mais específicos — estabelecimento e legitimação progressivos do ensino, da pesquisa, da divulgação do conhecimento e, sobretudo, profissionalização da atividade do cientista social —, uma institucionalização mais plena ocorreria a partir de 1957, data da criação do primeiro curso de graduação em sociologia, na FFyL da UBA.

Tomando como referência a primeira data (1898), a sociologia converteu-se precocemente na Argentina em disciplina universitária. Em Buenos Aires, na FFyL, a cátedra foi ocupada interinamente por Antonio Dellepiane até 1905, quando Ernesto Que-

Sociologias comparadas

93

sada assumiu o cargo de professor titular. Este último defendeu o estatuto científico da sociologia, em consonância com a orientação cientificista que prevalecia na época, não apenas nessa matéria, mas também na psicologia e na história (Terán, 2008). Até meados dos anos de 1930, o ensino de sociologia estava implantado, no interior de outros cursos, em todas as universidades existentes — Faculdade de Direito e Ciências Sociais da UBA (1908); Faculdade de Ciências Jurídicas e Sociais da Universidade Nacional de La Plata (1906); Faculdade de Direito e Ciências Sociais da Universidade Nacional de Córdoba (1907); Faculdade de Ciências Jurídicas e Sociais (1914) e na Faculdade de Ciências Econômicas, Comerciais e Políticas (1940) da Universidade Nacional do Litoral; Faculdade de Filosofia e Letras da Universidade Nacional de Tucumán (1940). Nessas instituições, figuras reconhecidas da fração intelectual da elite argentina, como Ernesto Quesada, Juan Agustín García, Carlos Octavio Bunge e Raul Orgaz, lecionaram sociologia.

Um fato decisivo para o desenvolvimento ulterior de todo o sistema acadêmico argentino foi a reforma universitária de 1918, evento de ampla significação na história política do país (com ressonâncias em outros países da América Latina). Irrompeu em Córdoba, a universidade mais antiga e oligárquica da Argentina, a partir de movimentos estudantis que contestavam a estrutura do ensino superior, vigente até aquele momento. Mais especificamente, propunham a democratização dos mecanismos de governo das universidades, questionavam os critérios de seleção de professores e funcionários, além do sentido mesmo da formação superior, anteriormente voltada à reprodução social das elites dominantes, por meio das carreiras tradicionais que as habilitavam ao preenchimento dos principais postos da burocracia pública e ao exercício das profissões liberais. As consequências desse movimento, que democratizou tanto o acesso como a gestão acadêmica, não se restringiram ao âmbito educacional, porque, desde então, a universidade e os estudantes, principalmente, se constituíram em protagonistas da vida pública argentina. O ideário reformista foi o princípio de identidade que orientou a defesa da universidade em situações de intervenção política nas décadas seguintes. Não obstante, uma das implicações desse processo nos interessa mais diretamente: a mudança da estrutura e do funcionamento das organizações acadêmicas (Buchbinder, 2005). Nesse âmbito, foram reforçadas as condições para o desenvolvimento de uma carreira acadêmica propriamente dita, lastreada na progressão nos diferentes degraus de sua hierarquia, em parte motivadas pelo crescimento significativo do número de matriculados, desde o começo do século XX.[11] O plantel de professores foi renovado, nele ingressando membros das classes médias emergentes, provenientes, sobretudo, de famílias de imigrantes.[12] Ocorreram, ainda, alterações curriculares importantes, como as que foram implementadas na FFyL, na qual foi instituído para todos os cursos o ensino das letras clássicas. Foram contratados professores estrangeiros, como o linguista Amado Alonso, o matemático Julio Rei Pastor (ambos na UBA) e Manuel García Morente (em Tucumán) e enviados alguns graduados destacados ao exterior. Finalmente, visando impulsionar a atividade científica, inúmeros institutos de pesquisa foram criados na maioria das universidades. Somente na FFyL da UBA, entre 1921 e 1942, surgiram dezesseis institutos. Em outros termos, a estrutura e o funcionamento das universidades argentinas se modernizaram após a reforma, processo indiretamente condicionado pela mesma.

Desse contexto, derivou, especificamente, um impulso mais efetivo para o desenvolvimento da sociologia argentina, a partir da criação do Instituto de Sociologia da UBA, em 1940. Tal instituição reuniu, sob a direção de Ricardo Levene, um grupo de intelectuais politicamente heterogêneos, formados todos em direi-

---

[11] O número de estudantes universitários na Argentina evoluiu de 1.492 matriculados em 1906 para 7.000 em 1916 e 12.116 em 1920 (Buchbinder, 2005, p. 118).

[12] Lembramos, a esse respeito, que entre 1924 e 1943 três italianos, os filósofos Coriolano Alberini e Alfredo Franceschi e o historiador Emilio Ravignani, foram diretores da FFyL da UBA.

Sociologias comparadas

to e professores de sociologia em universidades do país.[13] Incorporou também estudantes do curso de sociologia ministrado por Levene na UBA, entre os quais estava Gino Germani. O Instituto editaria o primeiro periódico especializado, o *Boletín del Instituto de Sociología*.

Esses dados específicos podem ser localizados, como dissemos acima (Sigal, 1991), no cenário das mudanças ocorridas no sistema político nacional. Nessa direção, em 1916, inicia-se um período democrático com a eleição de Yrigoyen, em cujo governo ocorreu a reforma universitária de 1918. Essa experiência, constituída por três governos radicais — Yrigoyen, Alvear, Yrigoyen —, foi interrompida em 1930 por um golpe militar que inaugurou um longo processo de instabilidade, superado apenas com a eleição de Alfonsin em 1983. Nos anos que precederam o peronismo, a fraude eleitoral foi decisiva à manutenção de um arranjo político e institucional conduzido por uma elite conservadora cívico-militar. A interrupção dessa fase se deu com outro golpe, em 1943, do qual emerge progressivamente Perón, que seria eleito através do voto em 1946. Em 1952, seria reeleito como presidente e deposto três anos depois pela chamada Revolução Libertadora (1955). Neste novo período, interrompido por novo golpe militar em 1966, prevaleceu uma orientação desenvolvimentista, sobretudo durante a gestão de Frondizi (que não completou seu mandato). Entre 1955 e 1973, o peronismo esteve proscrito oficialmente até o retorno de Perón. Três anos depois, inicia-se a violenta ditadura militar, cujo ocaso (1983) fecha o longo período de instabilidade referido acima.

A autonomia universitária seria ameaçada a partir de 1930, quando se iniciou uma sequência de intervenções nas universidades argentinas. Nessa década, entretanto, a "administração da universidade argentina se orientou pelos postulados reformistas" (Buchbinder, 2005, p. 109), permanecendo a universidade em condições mais ou menos estáveis. Em 1943, contudo, esse processo de in-

---

[13] Eram membros do grupo Francisco Ayala, Alberto Baldrich, Jordán Bruno Genta, Raul Orgaz, Alfredo Poviña e Renato Treves.

tervenções ganhou uma dimensão mais ampla e evidente. Isso porque o novo governo impôs uma política educacional contrária à tradição laica que havia caracterizado o sistema de ensino a partir da Lei de Educação 1420 (1884). O ensino religioso adquiriu caráter obrigatório e o título de doutor em teologia foi reconhecido como habilitante para o ensino das humanidades. Durante o peronismo, a intervenção do Estado nas universidades foi sancionada pela Lei 13.031 (1947). Dessa forma, vários princípios da reforma — especialmente os que garantiam o autogoverno — foram suprimidos. Muitos professores foram afastados (423) e outros se afastaram (823) da universidade (Mangone e Warley, 1984). Por outro lado, o ingresso universitário geral foi triplicado (de 51.272, em 1947, para 143.542, em 1955), consolidando uma tendência em curso desde as primeiras décadas do século XX, que possibilitava o acesso amplo dos setores médios ao ensino superior.

Durante o peronismo, ocorreu uma profunda divisão entre intelectuais e governo. O jovem italiano Gino Germani, então vinculado ao Instituto de Sociologia, afastou-se também da universidade, depois ser acusado por professar ideias comunistas. Nesse contexto, as principais posições do campo acadêmico, especialmente na FFyL, foram ocupadas por professores simpáticos a Perón e provenientes do nacionalismo católico. Nem todas as lideranças acadêmicas do período — que contou com um circuito alternativo de legitimação, como se verá adiante —, contudo, podem ser associadas a esse perfil. Alfredo Poviña, que substituiu Levene na Cátedra e na direção do Instituto em Buenos Aires, era um liberal, assim como Miguel Figueroa Román, que não foi afastado de seu cargo em Tucumán, durante o peronismo. A ruptura no processo de institucionalização da sociologia se deu, portanto, pela substituição dos antigos professores por novos, a maioria destes últimos alinhados ao governo, confirmando o padrão de intervenções políticas na universidade argentina durante quase todo o século XX.

Na verdade, em sentido estrito, a institucionalização não foi bloqueada. Durante esse período, a sociologia logrou expandir-se nacionalmente e articulou-se com organismos internacionais, gra-

Sociologias comparadas

ças à militância exercida por Poviña. Nessa direção, cabe destacar a fundação da Associação Latino-Americana de Sociologia (ALAS). Ao mesmo tempo, constituiu-se um circuito alternativo de legitimação intelectual fora da universidade, articulado ao mercado editorial argentino, que teve a partir da década de 1930 uma notável expansão. Foi típica, nesse sentido, a atuação de Gino Germani à frente das coleções "Ciência e Sociedade" (Editora Abril) e "Biblioteca de Psicologia Social e Sociologia" (Paidós), por meio da qual o sociólogo introduziu na Argentina um conjunto de autores e obras afinados com temas e abordagens que desenvolveria posteriormente. As editoras constituíram, portanto, um espaço decisivo para os intelectuais excluídos da universidade pelo peronismo atuarem cientifica e politicamente (Blanco, 2006).

Uma característica peculiar do campo intelectual argentino no período foi, portanto, sua estrutura mista, que permitiu o trânsito entre instituições públicas e privadas. Dado que os posicionamentos dos agentes eram, em boa parte, orientados por conjunturas e convicções políticas, ocorreram em algumas circunstâncias alinhamentos entre intelectuais de estilos distintos, alguns mais próximos do polo literário, outros do acadêmico. A manifestação mais típica dessa configuração foi o Colégio Livre de Estudos Superiores. Sua criação ocorreu pouco antes do golpe de 1930, por iniciativa de um grupo de intelectuais acadêmicos (apenas um deles não concluiu a graduação), alinhados com a reforma de 1918.[14] Nos anos de 1930, constituiu um espaço aberto à educação superior, protegido do clima hostil à reforma, radicalizado na década posterior. Nesta, durante o peronismo, o Colégio agregou o núcleo da elite intelectual argentina, que convergia na oposição ao governo (Neiburg, 1997).

Até a metade da década de 1950, portanto, apesar das descontinuidades que marcaram esse processo, houve um desenvolvimento progressivo da sociologia na Argentina. Não obstante, foi

---

[14] Eram eles Alejandro Korn, Narciso Laclau, Aníbal Ponce, Roberto Giusti, Carlos Ibarguren e Luis Reissig (Neiburg, 1997).

a partir da queda do peronismo, em 1955, que essa disciplina foi introduzida de maneira mais efetiva no interior do campo acadêmico, favorecida pela reforma pós-peronista que modernizou a estrutura universitária, principalmente na UBA. Nesse contexto, que teve como epicentro as ciências exatas e as humanidades, o ensino e a pesquisa foram remodelados com a criação dos departamentos em 1958. O curso de graduação em sociologia havia sido inaugurado no ano anterior. Ao mesmo tempo, a pesquisa foi impulsionada através de política acadêmica que promoveu o regime de dedicação exclusiva (que havia sido legalizado durante o governo de Perón) para um grande número de professores.[15] Nesse contexto, um programa de bolsas de estudo foi instituído no Consejo Nacional de Investigaciones Científicas y Técnicas (CONICET), também criado em 1957.[16] Sob tais condições, o projeto acadêmico de Gino Germani se impôs, nucleado na defesa de uma "sociologia científica", diretamente empenhada em responder aos desafios políticos e econômicos herdados do peronismo. Contra a concepção que vigia até então, orientada antes para o ensino do que para a pesquisa, Germani defendia o desenvolvimento da pesquisa empírica, fundamentada teoricamente, para que a sociologia pudesse constituir--se como ciência aplicada. Tais mudanças foram acompanhadas pelo aumento constante do número de alunos inscritos no curso de graduação em sociologia.[17] A disciplina obteve, na década de

---

[15] Em 1957 a UBA contava com 10 professores em regime de trabalho integral, cinco anos depois 600 professores estavam nessa condição (Schwarzstein e Yankelevich, 1989).

[16] O CONICET instituiu, logo após a sua criação, a carreira de pesquisador remunerado, que beneficiou 297 pesquisadores entre 1957 e 1966. No mesmo período, outorgou entre 54 e 130 bolsas de estudo internas por ano e entre 44 e 80 externas (*Informes del CONICET*, Buenos Aires, citado em Sigal, 1991).

[17] A evolução dos matriculados por ano no curso de sociologia para o período compreendido entre 1958 e 1966 foi a seguinte: 67, 329, 413, 660, 797, 1.045, 1.433, 1.681, 1.750 (Noé, 2005).

Sociologias comparadas

1960, prestígio incomparável ao que tinha no decênio anterior, alcançando na UBA, entre 1957 e 1966, um desenvolvimento muito expressivo.[18] Comparável com a trajetória ascendente de Florestan Fernandes (Miceli, 2012), a de Germani também foi alavancada por sua atividade acadêmica, embora esta tenha sido muito mais conturbada. De origem social modesta, foi o filho único de um alfaiate e velho militante socialista e de uma descendente de camponeses católicos. Foi criado em um bairro de classe média baixa em Roma. No ano de 1934, quando tinha 23 anos, emigrou para a Argentina depois de ser preso por conta de sua militância antifascista (Germani, 2004). Em Roma, havia concluído estudos secundários em contabilidade numa escola técnica, complementados pela graduação na Faculdade de Ciências Econômicas de Roma. Posteriormente, já na Argentina, integrou-se em grupos da comunidade antifascista e publicou alguns ensaios sobre a questão do totalitarismo em periódicos da comunidade italiana desse país. Enquanto trabalhava no Ministério da Agricultura ingressou no curso de filosofia da FFyL da UBA (1938) e pouco antes de se graduar iniciou sua carreira como sociólogo, apoiado diretamente pelo historiador Ricardo Levene, então diretor do Instituto de Sociologia da UBA, que fora seu professor e de quem havia se aproximado. Esta relação viabilizou sua participação no Instituto de Sociologia e seus primeiros artigos no *Boletín del Instituto de Sociología* sobre "morfologia social", nos quais pode mobilizar o conhecimento então atípico em estatística adquirido na Itália, que contrastava com a tradição pouco científica que até então prevalecera entre os sociólogos argentinos e à qual os estudantes em geral se filiavam. Nessa direção, os textos publicados por Germani no *Boletín* se diferenciavam sensivelmente da maioria dos restantes, que se concentravam numa história das ideias tradicional.

[18] Isso pode ser avaliado pelo número de professores existentes no Departamento de Sociologia: cinco titulares, três associados, nove adjuntos e treze auxiliares. O Instituto de Sociologia abrigava dezenove pesquisadores e, até o final do período, 59 pesquisas em andamento.

100   Sociologia no espelho

De tal maneira, ainda nessa primeira etapa de sua carreira, transcorrida aproximadamente na primeira metade da década de 1940, o ítalo-argentino introduziu um novo estilo de trabalho, caracterizado por fundamentação empírica rigorosa e pelo instrumental estatístico mobilizado, o que motivou sua indicação por Levene para dirigir uma das linhas de pesquisa do Instituto, intitulada *Investigaciones sobre la morfología y aspectos estadísticos de la realidad argentina contemporanea*, que recolhia informações sobre as distintas dimensões da estrutura social argentina, publicadas regularmente no *Boletín*. Também por meio de Levene, Germani participou da comissão encarregada de realizar o IV Censo Nacional, que motivou, igualmente, a publicação de artigos (referidos a essa experiência). Finalmente, nesse momento dirigiu uma pesquisa empírica pioneira sobre a classe média de Buenos Aires. Cabe lembrar, ainda, que tais trabalhos foram acompanhados por reflexões de ordem teórica e metodológica, que vieram à tona em conferências e artigos.

Os trabalhos realizados no âmbito do Instituto não prosperaram imediatamente, em função dos entraves ligados à própria estrutura institucional do mesmo e de sua vinculação direta à Cátedra, que não previa nenhuma possibilidade de remuneração aos pesquisadores. De tal maneira, os primeiros passos de Germani na carreira foram dados num terreno desfavorável, se levadas em conta as possibilidades de profissionalização então existentes. Em função disso mesmo, apenas ele lograria impor-se posteriormente, enquanto a maioria de seus colegas de geração no Instituto abandonou a sociologia.

O ano de 1945 pode ser tomado como um ponto de inflexão entre esses estudos de iniciação e sua obra madura posterior. O texto que marca essa transição é "Anomia e desintegración social", que introduziu temas (modernização, industrialização) retomados futuramente e ofereceu uma síntese teórica que indicava o esboço de um novo cânone que iria guiar seus trabalhos individuais e os de seu grupo — como também fez Florestan Fernandes no Brasil, sobretudo em *Fundamentos empíricos da explicação sociológica* (1959) —, centrado na sociologia europeia e norte-americana.

Sociologias comparadas   101

No ano seguinte, Germani fez uma tentativa de ingressar oficialmente na universidade, prestando concurso para professor adjunto da Cadeira de Sociologia da Faculdade de Ciências Econômicas da UBA. A derrota ocorreu, provavelmente, em função dos entraves políticos já presentes no início do peronismo. A monografia que escreveu para esse concurso antecipava argumentos que dez anos depois reapareceriam no livro manifesto *La sociologia científica: apuntes para su fundamentación* (1956), que defendia a sociologia como "ciência empírica da realidade social" (Germani, 1946, p. 3). Do que vimos até agora, é possível inferir que Germani já tinha em mente nessa época o contorno geral de seu projeto intelectual, que ganharia a forma de um programa de pesquisa desenvolvido na universidade pós-peronista. As oportunidades concretas com as quais se deparou, entretanto, até o final do peronismo, não permitiram o desenvolvimento do projeto mencionado.

Excluído do instituto durante o peronismo, Germani participou dos círculos intelectuais de oposição ao regime, atitude que acabaria por favorecê-lo após a Revolução Libertadora. Entre 1946 e 1955, lecionou no Colégio Livre de Estudos Superiores, ganhando prestígio intelectual e tecendo alianças políticas que seriam decisivas à concretização de seu projeto científico entre a segunda metade da década de 1950 e a primeira da década seguinte. Ainda durante o peronismo, assumiu uma atitude intelectual mais agressiva, enfrentando diretamente sociólogos como Alfredo Poviña, Renato Treves, Alberto Baldrich, Francisco Ayala, Raúl Orgaz, Miguel Figueroa Román, entre outros, durante o *Primer Congreso Latinoamericano de Sociología*, que ratificou a liderança institucional dessa geração de sociólogos, ao mesmo tempo em que a viu ameaçada diante da ascensão de Germani.

Uma vez consolidadas as mudanças no sistema universitário em 1958, em função das reformas introduzidas no pós-peronismo, que propiciaram a Germani uma posição central no campo da sociologia argentina, a polarização já existente no período anterior se acentuou. O sociólogo ítalo-argentino reforçou a defesa da "so-

102   Sociologia no espelho

ciologia científica" contra a "sociologia de cátedra",[19] vigente na maioria das universidades argentinas do interior e liderada por Poviña (Blanco, 2006). Germani contava, não obstante, com o apoio de um conjunto de empreendimentos intelectuais na América Latina (ver introdução), muito afinados com o seu, dos quais tomou parte ativa. Foi o caso do movimento que deu origem nos anos de 1950 à criação do Centro Latino-Americano de Pesquisa em Ciências Sociais (CLAPCS) e da Faculdade Latino-Americana de Ciências Sociais (FLACSO). Embora lograsse impor o seu projeto acadêmico, identificado com o processo de "desperonização" (Neiburg, 1997) da sociedade argentina, as disputas foram intensas porque boa parte das instituições que estruturavam a sociologia argentina estava controlada por seus adversários no mundo acadêmico. No entanto, os embates propriamente intelectuais foram travados com oponentes que não estavam no interior da universidade. O grupo de Poviña não dispunha, entretanto, de um programa de pesquisa com o qual pudesse desafiar a Germani. Por isso, as interpretações sobre a experiência argentina desenvolvidas pelo grupo deste último rivalizaram com a tradição ensaística que recuperou sua visibilidade pública nos anos que se seguiram ao golpe que derrubou o peronismo.

A força de Germani deveu-se, não obstante, ao programa de pesquisa que liderou no interior da universidade, voltado ao entendimento do processo de modernização argentino. O primeiro passo nessa direção foi a caracterização da estrutura social do país, concretizado em seu primeiro livro *Estrutura social de la Argentina: análisis estadístico* (1955), que o consagrou como um dos principais renovadores da cena intelectual do país nesse contexto. O segundo ocorreu com suas interpretações sobre a imigração massiva na formação da Argentina moderna e sobre a gênese e o significado social e político do peronismo, reunidas no livro *Política y sociedad en una época de transición* (1962). Ironicamente, se-

---

[19] Evidentemente, a expressão foi cunhada pelo próprio Germani, com sentido pejorativo, visando desqualificar seus adversários.

Sociologias comparadas

gundo confissão tardia de Germani (1978), essa última análise teria se originado de uma encomenda do presidente Pedro Eugenio Aramburu em 1955, meses depois da derrubada de Perón, que o teria consultado sobre a "possibilidade e a forma" de uma campanha de desperonização. Disso resultou o texto "La integración de las masas a la vida política y el totalitarismo" (1956),[20] que seria incorporado ao livro posteriormente. A resposta de Germani, provavelmente, decepcionou o presidente, uma vez que seu diagnóstico constatou a incorporação irremediável da classe trabalhadora peronista à vida política do país.[21]

Germani interpretou o surgimento do peronismo como um fenômeno político e social derivado das grandes transformações em curso no país, sobretudo, desde a década de 1930, impulsionadas pela industrialização incipiente no período e pelas mudanças da estrutura social correspondentes. Quanto a este último ponto, teria sido decisiva a incorporação de um novo contingente de trabalhadores, oriundo de migrações internas, das províncias mais tradicionais para os centros urbanos, sobretudo Buenos Aires. O autor comparou o peronismo com os regimes totalitários europeus, questionou as causas possíveis da sua emergência e avaliou seu significado político. Embora todos esses regimes tivessem apoio das massas, no caso argentino a base de sustentação política não seriam as classes médias baixas, como na Alemanha e na Itália,

---

[20] O texto foi elaborado a partir de um curso que Germani ofereceu no CLES no mesmo ano e publicado na revista dessa instituição, *Cursos y Conferências*.

[21] Cabe citar: "O saldo que fica é, com efeito, a transformação de um proletariado rural e urbano pouco diferenciado numa massa trabalhadora industrial, concentrada em grandes núcleos urbanos, imbuída — por um caminho ou por outro — do sentimento de seus direitos sociais, acostumada durante vários anos a fazê-los valer, seja de maneira indireta, seja diretamente por meio da greve [...] com outras palavras, constituiu-se uma nova força social, chamada a desempenhar papéis de primeiro plano na história do país, uma força dotada de certa capacidade de autodeterminação, que muito dificilmente poderá ser reduzida a mera massa de manobra de movimentos que lhe sejam alheios por sua origem e propósitos". Germani, 1952, p. 157.

mas sim as classes trabalhadoras urbanas e rurais. Em função disso, na Europa, a ideologia de tais regimes seria contrária às classes trabalhadoras, enquanto na Argentina, favorável a elas. Como teria se dado, entretanto, a vinculação entre as classes trabalhadoras e Perón? O argumento de Germani associa esse fato ao mencionado crescimento e transformação da composição social da classe trabalhadora, em função do movimento migratório. Em tais condições, apenas uma parcela do operariado urbano (de origem imigrante) se fazia representar politicamente pelos movimentos tradicionais de esquerda, enquanto o contingente recentemente incorporado, oriundo do interior do país, seria atraído pelo peronismo. A adesão dessas massas a um líder autoritário como Perón se explicaria pela persistência de uma cultura política tradicional, paternalista, própria dos migrantes. Mas isso não teria ocorrido em função de vantagens materiais e imediatistas proporcionadas pelo regime e sim pela incorporação concreta do trabalhador como sujeito político, consciente de sua força na vida nacional e capaz de afirmar seus direitos em relação aos empregadores. Concluindo: o significado político do peronismo só poderia ser alcançado em função das condições sociais que lhe deram origem. Politicamente regressivo por seu autoritarismo, seria progressista por infundir nos trabalhadores verdadeira consciência de classe, perceptível não apenas na dimensão coletiva, mas também psíquica, por proporcionar ao migrante a possibilidade de afirmação da dignidade pessoal por meio do trabalho.

Política y sociedad en una época de transición incluía, também, uma análise sobre a imigração massiva no país e de seu impacto no processo de modernização. Em torno desta última questão havia se constituído no ano de 1958 um projeto de pesquisa coletivo que se tornaria muito importante, liderado por Gino Germani e pelo historiador José Luis Romero (1909-1977). Os dois haviam se aproximado, em função da militância antiperonista, no Colégio Livre de Estudos Superiores e seria durante a gestão de Romero como reitor interventor da UBA, depois da queda de Perón, que a disciplina se institucionalizaria mais efetivamente por

Sociologias comparadas

meio da criação do curso de graduação em sociologia (1957), no interior do qual o historiador foi professor de história social. Essa aliança os favorecia por motivos distintos. Não obstante o papel destacado que teve como reitor interino da UBA, o historiador ocupava um lugar marginal no interior de sua disciplina, cujas principais posições continuavam sendo controladas pelos historiadores ligados à "Nova Escola" histórica (Halperin Donghi, 1986; Devoto, 1993; Miguez, 1993).[22] Por conta disso, a aproximação com a sociologia lhe abria uma nova possibilidade de legitimação. Para Germani, a aproximação com a história implicava um nexo com a tradição e uma ampliação de seus recursos institucionais. Da pesquisa coletiva, resultaram livros importantes como *Argentina, sociedad de masas* (Germani, Graciarena e Halperin Donghi [orgs.], 1965), e *Los fragmentos del poder* (Halperin Donghi e Di Tella [orgs.], 1969), evidências do alcance dessa aliança de sociólogos e historiadores, que renovou as duas disciplinas (Blanco, 2013).

Mas as visões de Romero e Germani sobre a questão da imigração eram distintas e, certamente, relacionadas às biografias de ambos. Foram diferentes, sobretudo, os itinerários intelectuais que percorreram. Romero provinha de um meio cultural sofisticado, embora fosse descendente de imigrantes. Seu irmão Francisco, quinze anos mais velho do que ele, era um dos filósofos mais consagrados da América Latina e foi quem o introduziu no conhecimento da tradição filosófica e sociológica alemã. Romero também desfrutou de um convívio estreito com o dominicano Pedro Henríquez Ureña, que o indicou ao editor da Fondo de Cultura Económica, Daniel Cosío Villegas, que procurava, em torno de 1940,

---

[22] O termo se refere a um grupo de pesquisadores da história argentina reunido no Instituto de Investigações Históricas da FFyL da UBA, desde a primeira década do século XX, que impulsionou a institucionalização e a profissionalização dessa disciplina, reivindicando uma orientação mais científica à mesma. Seus membros mais destacados foram: Diego L. Molinari, Ricardo Levene, Enrique Guiñazú, Luis M. Torres, Emilio Ravignani e Rómulo Carbia.

alguém que escrevesse uma história das ideias políticas na Argentina. Dessa encomenda resultou o primeiro livro de Romero sobre a Argentina (ele havia sido até então um medievalista): *Las ideas políticas en Argentina* (1946). Também por seu estilo de trabalho e de reflexão, o historiador sentia-se, provavelmente, como um herdeiro da tradição intelectual argentina, em especial de Sarmiento e de Mitre, além de Martínez Estrada. Germani, ao contrário, era um intelectual quase sem ascendentes no interior da tradição nacional. Romero se aproximava, ainda, do movimento conhecido como "reação espiritualista", encampado na Argentina pelo filósofo espanhol Ortega y Gasset. De tal maneira, afastava-se de uma perspectiva "científica" na historiografia, encarnada na década de 1930 pela Nova Escola Histórica. Defendeu nos anos de 1950, por meio da revista *Imago Mundi*, uma história cultural, apoiada em autores da filosofia da história alemã do final do século XIX — Rickert, Windelband, Dilthey e Simmel — com os quais Germani não se identificava por distinguirem as ciências naturais das ciências do "espírito", dificultando as possibilidades de legitimação da "sociologia científica".

Com a publicação de *Las ideas políticas en Argentina*, o tema da imigração ganhou um lugar que não tinha até então na historiografia e na sociologia, apesar da importância desse fenômeno no campo intelectual argentino na primeira metade do século XX. O historiador traçou aí o inventario da maioria dos aspectos que mais tarde fariam parte do projeto coletivo de pesquisa (Romero, Germani e Halperin Donghi, 1958) e que seriam incorporados nos trabalhos individuais de Germani (1962, 1964). Como dissemos, entretanto, as interpretações que propuseram sobre o fenômeno imigratório foram bem diferentes. Havia concordância em relação aos traços gerais desse processo. A imigração estaria diretamente vinculada ao desenvolvimento econômico, ao crescimento demográfico e à urbanização. Romero, entretanto, tinha uma visão pessimista — herdada do clima intelectual iniciado com a reação nacionalista do começo do século XX, apoiada na constatação do caráter marginal dos grupos imigrantes. Da mesma caracterização

Sociologias comparadas   107

geral, Germani atribuiu um significado distinto à imigração. Ao invés de supor a marginalização política e social do imigrante, defendeu a hipótese de que teria ocorrido um processo bem-sucedido de integração social, favorecido pela composição predominantemente masculina dos afluentes (fato que restringiria a possibilidade de ocorrerem casamentos intra-étnicos), pela interrupção da imigração entre 1930 e 1947 e pelas altas taxas de mobilidade social.[23]

Antes de resumirmos a análise de Germani a respeito do processo de modernização da América Latina, retomemos o itinerário que o conduziu a esse tema e que foi mencionado acima. Vimos a importância da interpretação que realizou sobre a experiência peronista. Ela é reveladora da lógica do sistema acadêmico no qual Germani estava inserido e, também, das dificuldades enfrentadas ao longo de sua carreira, que não contou sempre com o esteio seguro da universidade. O debate público sobre o peronismo e o fato do sociólogo tê-lo constituído exitosamente como tema acadêmico, comprometendo diretamente a sociologia com uma questão política de alcance nacional, é indicativo da imbricação dos campos político e acadêmico, visível também nas etapas prévias de sua carreira que transcorreu fora da universidade, então sob intervenção peronista.[24] A defesa da sociologia científica que protagonizou,

---

[23] Para avaliarmos a inversão interpretativa realizada por Germani na análise do impacto da imigração massiva — desde o final do século XIX, os imigrantes europeus foram estigmatizados pela elite intelectual argentina tradicional — é possível compará-la à que realizou Gilberto Freyre no Brasil nos anos de 1930 (apesar do brasileiro ter como referência principal o problema da formação e da identidade nacional e o ítalo-argentino, a questão da modernização), afirmando a positividade do negro e do mestiço em oposição às avaliações anteriores, que os entendiam como entraves ao progresso do país. Esta pequena digressão se justifica pela importância que esses temas tiveram nos debates intelectuais travados nos dois países durante a primeira metade do século XX: a questão racial no Brasil e a da imigração na Argentina.

[24] O mesmo se pode presumir para a reorientação temática do historiador José Luis Romero, do medievalismo para a história argentina, que teria

108   Sociologia no espelho

não implicou, portanto, o alheamento em relação às questões políticas do momento, ao contrário, sintonizou-se com elas.

Contrastado com o itinerário percorrido por Germani, o de Florestan Fernandes cumpriu rigorosamente as etapas de uma formação acadêmica (1940/50) — diferentemente do ítalo-argentino, quer sequer realizou o doutorado —, iniciada com temas distanciados das conjunturas políticas imediatas e muito favoráveis à defesa de uma perspectiva científica estrita — folclore e etnologia —, revelando que no Brasil, mais especificamente em São Paulo, as esferas acadêmica e política estavam relativamente isoladas. Sua aproximação com os temas candentes da política nacional só ocorreria na década de 1960, depois de consolidada sua posição (e de seu grupo) na universidade. Em suma, as escolhas temáticas de Germani teriam sido condicionadas pela política, enquanto as de Florestan pelas orientações científicas que então se impunham nas duas instituições universitárias em que se formou (como veremos adiante). Sobre essa diferença, vale lembrar que o final do varguismo no Brasil não levou a uma incorporação dos temas políticos pela sociologia paulista (no Rio de Janeiro o debate sociológico se politizou), enquanto todo o debate intelectual argentino posterior ao peronismo, incluindo o da sociologia, foi diretamente pautado pelo tema da "desperonização" da sociedade.

Na década de 1960, em função tanto das conjunturas políticas nacionais, como de projetos empreendidos por instituições transnacionais (CEPAL e FLACSO), os temas do desenvolvimento econômico e da modernização se impuseram como eixos em torno dos quais a sociologia da América Latina se desenvolveu no período. Nesse contexto, se inscrevem os trabalhos de Germani que seriam reunidos no livro *Sociologia de la modernización* (1969). O conjunto de textos oferece uma análise sistemática e nuançada do processo de transformações sociais, políticas e culturais transcorridas no século XX, sobretudo na Argentina, mas atento ao que estava em curso nos outros países da América Latina. A expecta-

sido influenciada diretamente pela crise política derivada do peronismo e de sua dissolução.

Sociologias comparadas

tiva de encadeamento sincrônico das mudanças nesses diversos níveis da realidade (desenvolvimento econômico, democratização, racionalização, secularização do comportamento) é desfeita e o autor busca uma compreensão dos arranjos concretos, como o ocorrido na Argentina, onde teria havido modernização social com desenvolvimento econômico tímido e democratização acidentada. Nessa direção, sua interpretação sobre o peronismo é revista, inserida num quadro mais amplo, que tem como referência as mudanças introduzidas na Argentina desde o final do século XIX, capitaneadas pelas oligarquias dominantes, lastreadas na economia agroexportadora e, decisivamente para o argumento que o autor empreende, no processo de imigração estrangeira e de seu impacto sobre a estrutura e a dinâmica social. Vimos que sua visão a respeito da imigração era otimista e insistia na integração dos contingentes de imigrantes e no incremento da mobilidade social desde o começo do século XX. Mais ou menos entre 1880 e 1930, a Argentina viveria uma fase de notável crescimento econômico e estabilidade política.

Para Germani, a sociedade resultante da imigração, caracterizada por altas taxas de mobilidade social, formaria uma classe média numerosa (ela representava 11% da sociedade argentina em 1860 e 30% em 1914), alterando os padrões tradicionais de estratificação vigentes até então. A "fluidez" da estrutura social (dados os movimentos de ascensão e declínio) a caracterizaria, nos termos do autor, como uma "sociedade aberta". Tal "fluidez" implicaria um alto grau de heterogeneidade na composição das classes média e trabalhadora, debilitando a solidariedade de classe e exercendo uma influência moderadora sobre as orientações políticas. Por isso mesmo, para Germani, o radicalismo não expressaria demandas extremas, mas reivindicações contidas de reformas sociais. Como o grau de "fluidez" da estrutura social permaneceria alto depois de 1930 — apesar do declínio econômico que atinge o setor agroexportador nesse período —, incrementado pela migração interna, também massiva, que atendia a necessidade de mão de obra para a industrialização em curso, o peronismo seria, como o radicalismo, resultante de demandas moderadas dos setores novos da

110 Sociologia no espelho

classe trabalhadora.[25] O padrão de modernização da sociedade argentina, portanto, seria determinado pelas altas taxas de mobilidade e pela integração social e política conduzida pelo peronismo, entendido, ao mesmo tempo, como resposta à crise aberta pelas demandas de integração dos grupos emergentes. Diante de tal interpretação, em relação à crise política que sucedeu ao peronismo e que se prolongaria nas décadas seguintes, Germani defendia a consolidação do sistema democrático, entendido como a forma política correspondente a uma "sociedade aberta" como a argentina.

Resta ainda comentar a atuação institucional de Germani desde o final do peronismo, no contexto da reforma universitária que implicou a criação do curso de graduação em sociologia (1957) e do Departamento de Sociologia (1958). A composição do plantel de professores do Departamento permite entrever as estratégias de recrutamento mobilizadas por ele. De um lado, estavam Carlos Alberto Erro, Norberto Rodríguez Bustamante e Enrique Butelman, provenientes dos círculos intelectuais de oposição ao peronismo, mas que não encarnavam uma perspectiva sociológica moderna. Erro e Bustamante haviam colaborado no jornal *La Nación* e na revista *Sur*. O primeiro era autor de ensaios importantes, publicados nos anos de 1930, sendo o principal deles *Medida del criollismo* (1929); o segundo lecionou no CLES durante os anos do peronismo. Butelman fora um dos criadores da editora Paidós e era um grande amigo de Germani. Esses três professores foram importantes na legitimação inicial do empreendimento, sobretudo, porque estabeleciam uma relação de continuidade com a tradição intelectual. De outro lado, estavam Jorge Graciarena, Torcuato Di Tella, Miguel Murmis e Juan Carlos Marín, um grupo de jovens estudantes (alguns deles já graduados), os quatro ligados ao Partido Socialista. Se essa filiação era um fator importante para aco-

---

[25] Nos dois momentos referidos, antes e depois de 1930, as taxas de mobilidade social ascendente e descendente se mantiveram, somadas, ao redor de 70%.

Sociologias comparadas

modar a sociologia no interior das forças em disputa no contexto pós-peronista (o que se refletia diretamente na universidade), eles diferenciavam-se dos primeiros por aproximarem-se mais propriamente do projeto intelectual de Germani, inclinação certamente relacionada com a origem universitária recente dos quatro. Um dos membros importantes do Instituto, entretanto, destoava dos perfis indicados acima. Jose Luis de Ímaz era um intelectual proveniente dos círculos católicos e nacionalistas e sempre foi visto com certa desconfiança por seus colegas.[26]

Devemos enfatizar que a aliança estabelecida por Germani com o movimento estudantil foi um recurso decisivo para consolidar a nova disciplina, aspecto que reforça a diferença com o caso brasileiro (e paulista em especial), dada pela imbricação entre o campo acadêmico e o campo político na Argentina. Além dos citados, outros jovens que seriam incorporados ao Departamento haviam participado ativamente durante os últimos anos do peronismo nas diversas instâncias da política estudantil, especialmente como dirigentes no Centro de Estudantes de Filosofia e Letras da UBA, que editava a revista *Centro* (ver capítulo seguinte). Nesta, aliás, no ano de 1956, Germani publicou uma pesquisa sobre a situação social dos estudantes que contou com o apoio do Centro de Estudantes. Outra característica de sua gestão no Departamento e no Instituto de Sociologia foi a exclusão de todos aqueles (com exceção de Ímaz) que haviam ocupado posições acadêmicas e institucionais na sociologia da UBA durante o peronismo, diferentemente de outras áreas nas quais houve certo compromisso com as lideranças vigentes no período anterior (antropologia e histó-

---

[26] Cabe citar: "Passei dez anos ao lado de Germani [...] como um membro suspeito [...] eu era um homem do 'antigo regime' da faculdade, único sobrevivente de um instituto infeccionado por Dilthey, Freyer e Alfred Weber [...]. Mas tinha, ademais, outras marcas: um espantoso passado peronista e, pior ainda, nacionalista e católico. [...] era a ovelha negra daquele departamento de sociologia e a lição foi de tolerância, brindada por um intolerante". José Luiz de Ímaz, *Promediando los cuarenta*, Buenos Aires, Sudamericana, 1977, pp. 128-32.

ria, por exemplo) (Visacovsky, Guber e Gurevich, 1997; Devoto, 1993).

Visando a modernização da pesquisa e do ensino, Germani enviou os membros do grupo ao exterior, principalmente aos Estados Unidos — país considerado por ele como o centro da sociologia moderna —, o que entendia como um passo importante para se adquirir uma mentalidade propriamente científica;[27] convidou professores estrangeiros para lecionar no Departamento e participar de pesquisas do Instituto e estabeleceu acordos de colaboração com instituições internacionais. No plano editorial, Germani montou um sistema próprio de publicações do Departamento e do Instituto, visando suprir a precariedade da literatura especializada.

Como ocorreu em São Paulo — desde a iniciativa precursora de Emílio Willems na revista *Sociologia*, seguida por outras de Donald Pierson, Florestan Fernandes, Fernando Henrique Cardoso, Octavio Ianni (entre outros) —, vários livros de textos foram organizados e publicados para viabilizar o ensino da sociologia até o final dos anos de 1960. Além disso, foram editados os *Cuadernos*, que publicavam resultados de pesquisas do Instituto e obras estrangeiras, e as *Publicaciones Internas*, que veiculavam apenas materiais produzidos internamente.

O curso de graduação tinha uma orientação explícita para a pesquisa, verificada pela existência de dois cursos obrigatórios, um sobre estatística, outro sobre métodos e técnicas de investigação. Além disso, os alunos participavam das atividades do Instituto de Sociologia, acumulando ao menos 100 horas de trabalho (realizando *encuestas*, entrevistas, codificação de dados, elaboração de

---

[27] Também foram enviados membros do grupo à Europa e ao Chile (FLACSO). Entre os já mencionados, Murmis foi aos Estados Unidos, Graciarena à Inglaterra e Jose Luis de Ímaz à França. Outros pesquisadores e professores incorporados posteriormente, como Silvia Sigal (Inglaterra), Eliseo Verón (França) também foram enviados. Em poucos anos, mais de vinte integrantes do Instituto e do Departamento de Sociologia viajaram ao exterior. Um detalhe significativo foi a imposição do exame em inglês para ingressar na graduação em sociologia, exigência feita por Germani.

Sociologias comparadas

quadros), o que os obrigava a percorrer as etapas típicas de uma pesquisa empírica.[28] Para dar conta dessas exigências, o Instituto foi convertido num centro de treinamento de pesquisadores e numa organização complexa e fortemente burocratizada.

Aparentemente, em termos comparativos, nenhuma figura concentrou tanto poder nas ciências sociais brasileiras em seu período de fundação. Numa escala muito menor, já que estava à frente de uma instituição privada e de dimensão reduzida, Pierson exerceu função similar no interior da ELSP, entre o final dos anos de 1930 e meados da década de 1950. Na USP, em função do sistema de cátedras vigente até o final da década de 1960, os titulares tinham muita autonomia em relação às disciplinas que ministravam e às atividades que exigiam dos professores assistentes e auxiliares, mas o poder detido por eles se restringia, predominantemente, ao interior das cadeiras que regiam, embora pudessem tentar ultrapassar esse âmbito por meio de disputas diretas ou indiretas com outros catedráticos, como fez Florestan Fernandes.

Em resumo, apesar das alianças travadas no momento mais dinâmico de sua consolidação, a sociologia na Argentina se institucionalizou como disciplina independente, diferentemente do que ocorreu no Brasil, onde se associou à antropologia e à ciência política. Incorporada precocemente nos cursos de direito e filosofia, se constituiu de forma relativamente acidentada, sendo a "descontinuidade" provocada por intervenções políticas uma marca desse processo. Desde a década de 1940, entretanto, um conjunto de instituições públicas e privadas, articuladas ao mercado cultural em expansão, sobretudo o editorial, possibilitou a legitimação progressiva dessa disciplina no campo intelectual argentino. O peronismo constituiu-se ao mesmo tempo como obstáculo e alavanca para o seu desenvolvimento, concretizado, não obstante, nos anos

---

[28] O ponto fraco dessa forma organizacional talvez tenha sido a ênfase na graduação e a inexistência de um programa de pós-graduação, como os que se desenvolveram em São Paulo desde os anos de 1940 na ELSP (mestrado) e na FFCL-USP (doutorado).

114   Sociologia no espelho

que se seguiram à sua queda, quando a realização da reforma universitária pós-peronista propiciou aos defensores da "sociologia científica" as posições dominantes do sistema acadêmico, que se viu inserido num contexto de discussão acalorada sobre a experiência peronista, a imigração, o desenvolvimento econômico e o processo de modernização.

A interrupção desse processo, a ser avaliada comparativamente com a que ocorreu no Brasil durante o período militar iniciado em 1964 (caso em que houve apesar de perseguições pontuais, sobretudo na USP, expansão do sistema), iniciou-se na Argentina com o golpe de estado de 1966, que implicou novo período de intervenções nas universidades. Os departamentos de sociologia da Universidade de Buenos Aires e o da Universidade Católica Argentina[29] foram praticamente desmantelados. Dos 28 professores que integravam o Departamento de Sociologia na UBA em 1966, restaram 4 em 1967. O Instituto de Sociologia, que contava com 29 membros e desenvolvia 15 projetos de pesquisa, foi fechado. O Departamento de Sociologia da Universidade Católica também foi severamente afetado. Nesta última, uma série de conflitos com as autoridades universitárias motivou as renúncias de 33 professores de um total de 38 (García Bouza e Verón, 1967).

A "sociologia científica" de Germani, que se afastou nesse momento da Argentina, teve seu projeto abortado. A continuidade da pesquisa científica autônoma ocorreu então, por meio de sua transferência para centros privados de investigação (Murmis, 2006; Neiburg, 1997) — como ocorrera antes de certa forma no âmbito do Colégio Livre de Estudos Superiores —, preparada por Germani, através dos vínculos estabelecidos com o Instituto Di Tella. Segundo uma pesquisa realizada nessa época, em torno de

[29] Os cursos de ciências sociais oferecidos por universidades privadas também foram importantes, apesar de secundários. Em 1959, foi criada a Faculdade de Ciências Sociais e Econômicas da Universidade Católica Argentina e, em 1963, a Faculdade de Ciências Sociais da Universidade de Salvador. Boa parte dos formados em sociologia na Argentina na década de 1960 estudaram nessas e em outras instituições privadas (Kratochwill, 1969).

Sociologias comparadas

1970 a pesquisa em sociologia era realizada em 11 centros privados, três dos quais pertenciam ao Instituto Di Tella (Kratochwill, 1969). Nesse momento, assumiram a docência e os cargos diretivos na universidade aqueles que defendiam (ou diziam defender) uma "sociologia nacional", que tinha como oponentes as sociologias "marxista" e "científica". As figuras emblemáticas desse período das "cátedras nacionais" foram o sacerdote Justino O'Farrel e Gonzalo Cárdenas, que assumiram em 1969 a direção do curso e do Instituto de Sociologia, respectivamente.

IV

As mudanças decorrentes da institucionalização das ciências sociais em São Paulo definiram novas condições de possibilidade à produção intelectual inicialmente no âmbito local, movimento ampliado progressivamente no Brasil, apesar das dificuldades que marcaram experiência similar ocorrida no Rio de Janeiro a partir dos anos de 1930. Tais processos foram condicionados pela disponibilidade de recursos públicos e privados, decisivos para o sucesso ou fracasso das instituições superiores de ensino e pesquisa criadas no período. Outro aspecto importante residiu no grau de autonomia conquistada em relação aos centros de poder político, propriamente ditos, relação favorável em particular no caso paulista (Miceli, 1989b). Neste caso, o desenvolvimento bem-sucedido da universidade foi condicionado, ainda, pela imigração massiva ocorrida no Estado e na cidade de São Paulo desde finais do século XIX. Tal fato alterou significativamente a estrutura social urbana no curso das primeiras décadas do século XX, implicando a constituição de setores médios diretamente interessados na educação superior como meio de ascensão social.

No Rio de Janeiro, centro da vida política brasileira na primeira metade do século XX, as ciências sociais não lograram proteger-se das disputas políticas e ideológicas do período getulista. Ao contrário, constituíram-se como uma das arenas de tais embates. Nesse contexto, essas disciplinas se formaram em relação mais direta com a política, em comparação à experiência paulista.[30] Não houve na então capital federal vida acadêmica propriamente dita, sobretudo porque o ensino e a pesquisa desenvolveram-se quase separadamente. Apenas a primeira dessas atividades transcorreu com sucesso no interior da universidade; a segunda foi impulsionada por institutos de pesquisa desvinculados da estrutura acadêmica oficial. Prevaleceu assim uma institucionalização marcada pela "fragmentação de iniciativas" (Miceli, 1989b).

Deve-se notar, entretanto, que se a universidade paulista constituiu-se como modelo para a ampliação do ensino superior de graduação e pós-graduação, a partir de meados dos anos de 1960, os centros e institutos que canalizaram a pesquisa em ciências sociais no Rio de Janeiro entre as décadas de 1950 e 1960 — sobretudo a sequência IBESP-ISEB (Instituto Brasileiro de Economia, Sociologia e Política e Instituto Superior de Estudos Brasileiros) e o CBPE (Centro Brasileiro de Pesquisas Educacionais) — inspiraram a criação de inúmeros centros de investigação no país até os dias atuais. Em São Paulo, esse foi o caso do CESIT (Centro de Estudos de Sociologia Industrial e do Trabalho) e do CERU (Centro de Estudos Rurais e Urbanos), criados no início da década de 1960 em São Paulo, sob as lideranças de Florestan Fernandes (e Fernando Henrique Cardoso) e Maria Isaura Pereira de Queiroz, respectivamente. Também o CEBRAP (Centro Brasileiro de Análise e Planejamento), posteriormente, que teve Fernando Henrique Cardoso como principal mentor, orientou-se indiretamente por tais experiências. No Rio de Janeiro, esse padrão persistiu ainda na formatação dos programas de pós-graduação em antropologia

---

[30] Em balanços sobre o desenvolvimento da sociologia realizados nos anos de 1950, é possível apreender essa diferença. Os sociólogos paulistas Antonio Candido e Florestan Fernandes tomaram como marco inaugural desse processo a criação dos cursos de ciências sociais em São Paulo, orientados, portanto, por parâmetros institucionais. No balanço feito por Luiz de Aguiar Costa Pinto, sociólogo baiano radicado no Rio de Janeiro, um fato político, a Revolução de 1930 é selecionado como ponto de partida de sua reconstrução da história da disciplina (Brasil Jr., 2012).

Sociologias comparadas

social do Museu Nacional (1968) e em ciência política do Instituto Universitário de Pesquisa do Rio de Janeiro (IUPERJ, 1969).

O desenvolvimento insuficiente da organização universitária no Rio de Janeiro até o final dos anos de 1960 vinculou-se à extinção precoce (1939) da Universidade do Distrito Federal (UDF), que havia sido criada em 1935 por iniciativa de Anísio Teixeira. Nesta, a concepção de ensino e pesquisa aproximava-se daquela que vicejou em São Paulo, sobretudo na USP, "como lugar da atividade científica livre e da produção cultural desinteressada" (Almeida, 1989, p. 196). Contrário aos princípios da autonomia acadêmica, mas em sintonia com o Estado Novo, apoiado por lideranças católicas como Alceu Amoroso Lima, o ministro da educação Gustavo Capanema empenhou-se na montagem da Faculdade Nacional de Filosofia (FNFi) da Universidade do Brasil, inaugurada em 1939 (Vianna, 1994; Oliveira, 1995).[31]

O fim do Estado Novo (1945) não implicou uma alteração profunda desse quadro, porque a FNFi permaneceu praticamente apartada das atividades de pesquisa. A abertura política permitiu, entretanto, o engajamento de sociólogos formados nessa faculdade em projetos institucionais como os do IBESP-ISEB, do CBPE e do CLAPCS. No primeiro caso, um grupo de jovens intelectuais, formados também em economia e direito, empenhou-se num programa de pesquisa que focava o processo de desenvolvimento brasileiro. Com exceções como Guerreiro Ramos, os membros do

---

[31] Cabe citar: "O Rio de Janeiro fora, a partir de 1937, mais do que a capital do país, a capital do Estado Novo, com seus intelectuais intérpretes do moderno e da modernização localizados em posições-chave no Estado, como nos Ministérios do Trabalho e da Educação, e com seu sindicalismo, principalmente das empresas estatais, solidarizado àquela agência por meio da estrutura corporativa. Fora também sede da Universidade do Brasil [...], instituição estratégica para a reprodução cultural do regime, e colocada sob a jurisdição imediata do governo federal, que inibe sua autonomia e impõe sobre ela formas políticas de controle". Luiz Werneck Vianna, "Introdução", em Luiz Werneck Vianna, Maria Alice Rezende Carvalho e Manuel Palacios Cunha Melo, "Cientistas sociais e vida pública: o estudante de graduação em ciências sociais", *Dados*, vol. 37, n° 3, 1994.

ISEB — entre outros Hélio Jaguaribe, Ignácio Rangel e Candido Mendes — vinculavam-se às elites políticas cariocas e dividiam-se entre atividades intelectuais e empresariais (Miceli, 1989b). Além disso, o compromisso político que sempre orientou esse projeto intelectual teria prevalecido diante de sua dimensão propriamente científica (Toledo, 1997; Vianna, 1994).[32] Não se deve estranhar, assim, que uma das marcas da sociologia carioca seja, até o presente, um comprometimento político mais evidente do que o da sociologia paulista. Tais circunstâncias balizaram a disputa entre os dois centros mais importantes das ciências sociais no Brasil desde os anos de 1950, pelo menos. Principalmente o ISEB foi alvo constante da sociologia paulista, que enfatizou sempre (com ou sem razão) o viés ideológico das pesquisas realizadas nessa instituição.[33] Distanciados hoje de tal contexto, torna-se evidente a existência de um confronto entre diferentes projetos acadêmicos orientados pela convicção nas possibi-

[32] Cabe citar: "Sem escoras institucionais na sociedade civil, com uma ligação superficial com a vida universitária, com um Departamento de Ciências Sociais dedicado quase exclusivamente ao ensino, sem pesquisa e estudos pós-graduados, no Rio de Janeiro, a Sociologia não tem como credenciar um ator que, a partir de sua posição no campo da ciência institucionalizada, interpele a arena pública. Ela se torna a expressão de uma *intelligentsia* mannheimiana, que, consciente de que porta uma síntese nova para a divisão da sociedade entre o atraso e o moderno, assume a representação *em geral* dos temas da modernização e da mudança social. Sem a mediação da academia, propõe-se a intervir diretamente como estrato social na vida pública, quer em instituições extra-universitárias, como foi o caso do ISEB, provavelmente a sua melhor e mais consistente manifestação". *Idem, ibidem*. Sobre o ISEB, ver também Pécaut (1990).

[33] Na revista *Anhembi* foram publicadas as seguintes resenhas críticas ao ISEB, enfatizando sua orientação política e pouco científica: de Fernando Henrique Cardoso sobre *Perspectiva atual da América Latina*, de autoria de Candido Antonio Mendes de Almeida (mar. 1960, n° 112); de Maria Sylvia de Carvalho Franco sobre *Ideologia e desenvolvimento nacional*, de Alvaro V. Pinto (maio 1960, n° 114); e de Marialice Foracchi sobre *Formação e problema da cultura brasileira*, de Roland Corbisier (dez. 1960, n° 121). Sobre as revistas desse período, ver Jackson, 2004.

Sociologias comparadas

lidades de intervenção pela sociologia no processo de modernização brasileiro.

Houve no Rio de Janeiro, entretanto, vertente mais comprometida com o desenvolvimento científico da sociologia. Nessa direção, foi fundamental o papel exercido pela UNESCO (Oliveira, 1995) como promotora de pesquisas, entre as quais a que teve como objeto o estudo das relações raciais no Brasil. Luiz de Aguiar Costa Pinto participou diretamente da preparação desse projeto (Maio, 1997a), convidado por Arthur Ramos, então diretor do Departamento de Ciências Sociais da UNESCO, que fora seu professor na FNFi. Assistente de Jacques Lambert na Cadeira de Sociologia dessa instituição desde 1942, Costa Pinto publicou dois livros na década de 1940 e vários artigos na revista *Sociologia*, itinerário compatível com a liderança científica que exerceria na década seguinte. A carreira acadêmica do sociólogo seria, no entanto, bloqueada no interior da FNFi, como também a de Guerreiro Ramos, uma vez que nenhum dos dois conseguiu obter a Cátedra de Sociologia dessa instituição (Brasil Jr., 2012). Apesar disso, nos anos de 1950, Costa Pinto despendeu considerável esforço institucional ao lado de Anísio Teixeira; em primeiro lugar, na articulação do projeto que envolveu a Universidade de Columbia (através de Charles Wagley) e o Estado da Bahia, e que resultou na realização de um conjunto expressivo de estudos de comunidades. Em segundo lugar, na criação do CBPE (1955), no qual dirigiria a Divisão de Estudos e Pesquisas Sociais até 1957, quando seria substituído por Darcy Ribeiro. Este último preparou projeto sobre a industrialização no Brasil, que seria supervisionado por Bertram Hutchinson.[34] Realizado em parceria com a USP, a equi-

---

[34] No interior desse projeto, Bertram Hutchinson foi, também, o autor principal (participaram desse projeto Carolina Martuscelli Bori, Carlo Castaldi e Juarez Rubens Brandão Lopes) e organizador do livro *Mobilidade e trabalho: um estudo na cidade de São Paulo* (1960), pesquisa pioneira no estudo da estratificação e da mobilidade social em São Paulo, embora não tenha obtido reconhecimento equivalente aos seus resultados.

pe abrigou também pesquisadores paulistas (Oliveira, 1995). Um dos fatores envolvidos no afastamento de Costa Pinto do CBPE relaciona-se à sua participação no movimento que daria ensejo à montagem de uma estrutura internacional de ensino e pesquisa na América Latina, centralizada na FLACSO (Faculdade Latino-Americana de Ciências Sociais), com sede em Santiago do Chile, e no CLAPCS (Centro Latino-americano de Ciências Sociais), sediado no Rio de Janeiro. O sociólogo seria diretor desse centro e editor da revista *América Latina*.

Os fatos descritos são indicativos da preeminência carioca na articulação das ciências sociais brasileiras com os organismos internacionais, sobretudo a UNESCO, que patrocinaram o desenvolvimento e a integração das ciências sociais na América Latina entre as décadas de 1950 e 1960 (Blanco, 2007). Apontam ainda para a existência de padrões distintos de pesquisa sociológica no Rio de Janeiro, que articularam as dimensões científica e política diferentemente; o primeiro (IBESP-ISEB), de modo direto, envolvido na construção de um projeto político de desenvolvimento para o país; o segundo, indireto, orientado por um programa de pesquisas articulado à agenda internacional, que pretendia subsidiar cientificamente as possibilidades de modernização da América Latina.

A polêmica entre Guerreiro Ramos e Costa Pinto em torno das relações raciais (Maio, 1997b)[35] é expressiva dessa oposição, que nesse caso determina-se também pelas "trajetórias [sociais e acadêmicas] cruzadas" de ambos (*idem*). À abordagem relativamente distanciada realizada pelo segundo, em *O negro no Rio de Janeiro: relações de raça numa sociedade em mudança* (1953), livro que resultou da pesquisa da UNESCO, opõe-se a crítica do primeiro, diretamente empenhada na solução política do preconceito racial, que envolveria a participação direta duma intelectualidade negra engajada (Ramos, 1954).

---

[35] Sobre Guerreiro Ramos, ver Oliveira (1995b).

Sociologias comparadas

A forte imantação política que singularizou o desenvolvimento da sociologia carioca no período tratado favoreceu a institucionalização posterior da ciência política, processo diretamente relacionado à criação do programa de pós-graduação nessa disciplina no IUPERJ (1969), no Rio de Janeiro. Nesse caso, o "ato fundador" da disciplina foi comparativamente tardio e ocorreu fora de São Paulo, em função da relativa fragilidade da Cadeira de Política no interior da USP, até esse momento. Se a "sociologia científica" fortaleceu-se, principalmente, na capital paulista, conforme argumentação a seguir, a "ciência política" propriamente dita constituiu-se através da conjunção de movimentos mais ou menos concomitantes e articulados transcorridos no Rio de Janeiro e em Minas Gerais, na segunda metade da década de 1960. Em Minas, o fato do curso de sociologia e política ter se desenvolvido (nos anos de 1940) no interior da Faculdade de Ciências Econômicas, sofrendo ainda forte influência do Direito (Arruda, 2001b), implicou uma institucionalização mais lenta, incrementada pela organização do Departamento de Ciência Política da Universidade Federal de Minas Gerais, em 1967. Nos dois casos, carioca e mineiro, seria decisiva a atuação da Fundação Ford, tanto em função dos recursos disponibilizados, como pela imposição dos padrões da produção acadêmica norte-americana, sobretudo na disciplina mencionada (Forjaz, 1997; Keinert e Silva, 2010; Keinert, 2011).

Em São Paulo, o arranjo histórico dado pela supremacia econômica do Estado — impulsionada pelo processo de industrialização e crescimento dos centros urbanos durante a República Velha — e pelas derrotas políticas sofridas em 1930 e 1932 possibilitou o investimento político na reforma educacional que teve como pilar a criação da Universidade de São Paulo em 1934 e, nela, da FFCL. Também a criação da ELSP (1933) resultou desse contexto. Imaginavam os mentores das duas escolas que as elites nelas formadas constituiriam quadros intelectuais (na primeira) e técnicos (na segunda) envolvidos na retomada da hegemonia política do país por São Paulo. Tal vínculo concretizar-se-ia apenas em longo prazo e indiretamente. Ambos os cursos orientaram-se por objeti-

122   Sociologia no espelho

vos antes científicos do que políticos, o que implicou o desenvolvimento na metrópole paulistana de uma vida acadêmica propriamente dita, viabilizada pelas oportunidades de trabalho intelectual, geradas não apenas pela universidade, mas também por um mercado de empreendimentos culturais em franca expansão na cidade (Arruda, 2001a).

Os traços já esboçados do contorno do campo acadêmico paulista em constituição permitem algumas considerações sobre sua especificidade. Embora direcionada por autonomização crescente em relação às esferas política e cultural, a vida acadêmica paulistana constituiu-se também em interação mais ou menos intensa e frequente com tais instâncias. Em relação à política, deve-se enfatizar que tanto o projeto acadêmico liderado por Donald Pierson na ELSP em torno de 1950, que pretendia realizar um amplo panorama empírico da realidade brasileira por meio dos "estudos de comunidade", como o que foi encampado por Florestan Fernandes à frente da cadeira de Sociologia I na FFCL-USP na década de 1960, que visava uma "sociologia do desenvolvimento", explicitaram a crença nas possibilidades de utilização do conhecimento sociológico no planejamento das políticas públicas (Villas Boas, 2006).

Quanto aos meios de difusão das novas disciplinas em gestação, cabe destacar o surgimento de periódicos acadêmicos. *Sociologia* foi a primeira revista especializada, criada por Emílio Willems e Romano Barreto. Até o final dos anos de 1940, essa publicação reuniu textos de seus colaboradores principais, diretamente vinculados à Divisão de Estudos Pós-Graduados (criada em 1941) da ELSP (Limongi, 1987) — Willems, Pierson e Baldus —, com os primeiros artigos redigidos pelos então jovens alunos da FFCL-USP — como Florestan Fernandes e Antonio Candido —, que nas décadas seguintes formariam a linha de frente do campo intelectual paulista. *Sociologia* expressou a liderança exercida até meados dos anos de 1950, nas ciências sociais paulistas, por Donald Pierson e Emílio Willems, este o único professor com vínculos profissionais nas duas instituições. Os periódicos serviram, a partir de então, como lastro às lideranças acadêmicas consagradas

Sociologias comparadas

nesse momento. Isso ocorreu com o antropólogos Herbert Baldus e Egon Schaden, ao editarem, respectivamente, a *Revista do Museu Paulista* (nova série), desde 1947, e a *Revista de Antropologia*, criada em 1953. Diferenciaram-se desse padrão Florestan Fernandes e seu grupo, por não dirigirem nenhuma revista. Impuseram-se, entretanto, marcando presença em quase todos os periódicos então editados (Jackson, 2004).

Outras publicações importantes, como as revistas de cultura (também os jornais) *Anhembi* e *Brasiliense*, editadas respectivamente por Paulo Duarte e Caio Prado Jr., serviram, também, de caixa de ressonância à sociologia paulista, por legitimarem acadêmica e politicamente os grupos e os autores (Florestan e grupo foram colaboradores frequentes em ambas) que nelas escreviam. Paralelamente, Antonio Candido e seus companheiros de *Clima* editariam também o *Suplemento Literário* do jornal *O Estado de S. Paulo* (Pontes, 1998), consagrando nesse itinerário um padrão de análise cultural em torno do qual se constituiriam os estudos realizados pelos discípulos reunidos nos anos de 1960 na cadeira de Teoria Literária e Literatura Comparada do Curso de Letras da FFCL-USP (Ramassote, 2006).[36] Os exemplos são indicativos do jogo intrincado que articulava interesses políticos, acadêmicos e culturais, vinculados por um mercado em que a "conversão de moedas" era muito comum. A característica mesma desse "estado do campo" era dada por certa ambiguidade que se revela nas trajetórias e obras dos protagonistas desse processo, lastreadas na experiência comum da profissionalização da atividade acadêmica, que, não obstante, oferecia possibilidades muito restritas à carreira em função do "sistema de cátedras" vigente. Fora da universidade, alunos e professores da FFCL-USP e da ELSP eram colaboradores assíduos dos principais jornais paulistanos, sendo frequente também o convívio estreito com as elites artísticas e literárias ligadas ao modernismo (Pontes, 1998).

[36] Sobre Antonio Candido e seu grupo, ver próximo capítulo.

Não podemos esquecer que as turmas no curso de ciências sociais eram muito reduzidas (em torno de dez alunos), sobretudo na primeira década de funcionamento da universidade, e que, mesmo assim, os que lograram sucesso no interior da própria USP (o mesmo ocorreu na ELSP) foram muito poucos (um ou dois por ano).[37] O quadro é indicativo de aspectos da sociabilidade vigente, determinada por convivência estreita e competição acirrada, por meio das quais as afinidades e as diferenças sociais se expressavam na conformação de grupos intelectuais e de amizade, de relações amorosas e de rivalidades (Pontes, 1998); tudo isso em meio à rígida hierarquia determinada pela cátedra e pela introdução de novos procedimentos de legitimação intelectual e profissional (doutoramento, sobretudo). Nesse aspecto, a intervenção dos membros das missões estrangeiras de docentes, principalmente franceses na FFCL-USP e norte-americanos na ELSP, foi decisiva. De tal modo os professores estrangeiros foram responsáveis pela definição de programas de ensino e pesquisa que aos poucos constituiriam linhagens acadêmicas nas ciências sociais paulistas.[38]

---

[37] Vale citar a passagem seguinte de depoimento concedido por Florestan: "O curso de Ciências Sociais tinha 30 vagas. Havia 29 candidatos e foram aprovados 6. Eu era um deles. Depois fizeram exame de segunda época e entraram mais dois. Dois pediram transferência, de modo que o que ficou foi um grupo de seis estudantes". "Florestan Fernandes: esboço de uma trajetória", *BIB*, n° 40, 1995, pp. 3-4. Em outro depoimento, concedido por Maria Isaura Pereira de Queiroz, que ingressou na faculdade em 1945, confirma-se o tamanho reduzido das turmas: "Entre a filosofia, as ciências e as letras, que então formavam o conjunto da faculdade, minha escolha se fixou nas ciências sociais, cujo vestibular me pareceu mais acessível; eram 30 as vagas, porém só 20 estudantes se inscreveram e 11 conseguiram entrar". "Reminiscências", em Flávio Aguiar (org.), *Antonio Candido: pensamento e militância*, São Paulo, Humanitas, 1999, p. 262.

[38] Cabe citar: "Em São Paulo, a hierarquia acadêmica que se vai constituindo nas duas primeiras décadas de funcionamento foi sendo modelada por docentes estrangeiros treinados nas regras e costumes da competição acadêmica europeia (e francesa em particular), todos eles empenhados em instaurar um elenco de procedimentos, exigências e critérios acadêmicos de avaliação, titulação e promoção. O acesso às posições de comando e lideran-

Prevaleceu em primeiro plano, de início na ELSP, após a chegada do norte-americano Donald Pierson a São Paulo, em 1939, para assumir a direção da escola, depois na FFCL-USP, em especial quando Florestan Fernandes assumiu interinamente a cátedra de Sociologia I (1954), o intuito de constituir novo padrão de produção intelectual, marcado por cientificidade e profissionalismo. O contraponto desse modelo de vida propriamente acadêmica era o intelectual polígrafo, de tempo parcial, vinculado também a outras atividades, e, em geral, formado em direito e dedicado à atividade literária (conforme capítulo anterior). Dois aspectos decisivos para o sucesso dos projetos acadêmicos liderados por ambos foram a disponibilidade financeira (proporcionada na ELSP até meados dos anos de 1950 pela Smithsonian Institution) e a montagem de equipes de pesquisadores orientados por temas e abordagens em comum. Tais inovações foram introduzidas por Donald Pierson na ELSP, que reorientou os objetivos dessa instituição numa direção mais acadêmica, enfatizando o treinamento dos alunos, que participavam das pesquisas coordenadas pelos professores. Nesse empreendimento, foi fundamental a participação dos alemães Herbert Baldus e, principalmente, Emílio Willems, que haviam se doutorado na Alemanha (Limongi, 1989a). Em 1941, este último assumiu a recém-criada cadeira de Antropologia na FFCL-USP, no mesmo ano em que foi convidado por Donald Pierson para lecionar na ELSP, em sua Divisão de Estudos Pós-Graduados. Nesta, alguns alunos da USP, entre os quais Florestan Fernandes e Gioconda Mussolini, obtiveram o mestrado na década de 1940, justamente quando o antropólogo alemão esforçava-se, numa espécie de "mis-

ça esteve invariavelmente condicionado à produção e defesa do doutoramento, ao concurso para livre-docência e à conquista de cátedra, preenchendo-se esses lugares de preferência com licenciados nativos que firmaram sua reputação pela excelência de sua produção intelectual, pela herança presuntiva das posições em aberto com o retorno dos estrangeiros, ou então por uma combinação variável de ambos os fatores". Sergio Miceli, "Condicionantes do desenvolvimento das ciências sociais", em *História das ciências sociais no Brasil*, vol. 1, São Paulo, Vértice/Idesp/Finep, 1989, p. 81.

são ecumênica", para reunir as duas instituições na construção das ciências sociais em São Paulo.

O programa de pesquisa liderado por Pierson e Willems na ELSP tinha como referência os "estudos de comunidade",[39] rea-

[39] Tais pesquisas associaram-se no Brasil a dois contextos acadêmicos específicos. O primeiro, centralizado na ELSP, teve Emílio Willems e Donald Pierson como mentores. O segundo resultou do acordo firmado entre o Estado da Bahia e a Columbia University e foi coordenado por Charles Wagley e Thales de Azevedo. Em prefácio ao livro *Sociologia e folclore: a dança de São Gonçalo num povoado baiano*, de Maria Isaura Pereira de Queiroz (1958), Thales de Azevedo refere-se ao acordo Universidade de Columbia/Estado da Bahia, nos termos seguintes: "Ao ser estabelecida em janeiro de 1951, a Fundação para o Desenvolvimento da Ciência na Bahia foi encarregada do cumprimento do convênio, firmado e em execução desde meados de 1949, entre o Governo do Estado da Bahia, pelo seu Departamento de Educação, e a Columbia University, de Nova York, pelo seu Departamento de Antropologia, para uma série de pesquisas sócio-culturais em comunidades típicas das várias regiões geo-econômicas do estado em ordem à obtenção de conhecimentos que servissem de base ao planejamento da educação, da assistência médica e da administração, iniciativa do então Secretário de Educação e Saúde, Prof. Anísio Teixeira. Tornado realidade graças à alta compreensão do Governador Octavio Mangabeira, o convênio veio a corporificar-se no Programa de Pesquisas Sociais Estado da Bahia/Columbia University, sob a direção geral do autor de seu plano, Prof. Charles Wagley, com a nossa colaboração como diretor regional, encarregado do cumprimento do acordo por parte do Governo baiano, e do Prof. L. A. Costa Pinto, como consultor. Das pesquisas de campo realizadas entre 1949 e 1953 por um grupo de antropologistas norte--americanos, auxiliados por estudantes brasileiros, conforme plano e métodos expostos na publicação *Uma pesquisa sobre a vida social no Estado da Bahia*, de C. Wagley, T. de Azevedo e L. A. Costa Pinto (Edição do Museu do Estado, nº 11, 1950) e nos artigos 'Sobre métodos de campo no estudo de comunidade', de C. Wagley e T. de Azevedo (*Revista do Museu Paulista*, vol. V, 1951) e 'Pesquisas sobre a Bahia', de L. A. Costa Pinto (*Digesto Econômico*, São Paulo, set. 1950), resultaram até o momento diversos artigos, comunicações a reuniões científicas e teses de doutorado; duas das últimas publicaram-se sob a forma de livro: *Town and Country in Brazil*, de Marvin Harris, estudo de comunidades do alto sertão, na antiga zona de mineração de ouro, e *Village and Plantation Life in Northeastern Brazil*, de Harry W. Hutchinson, sobre a organização social de usinas e fazendas do Recôncavo açucareiro; Rollie E. Poppino escreveu 'Princess of the Sertão: A History of Feira de

Sociologias comparadas

lizados nos EUA. Pierson introduziu no meio acadêmico paulista as teorias e as técnicas de pesquisa desenvolvidas pela escola sociológica de Chicago, que orientaram os trabalhos levados a cabo em São Paulo, financiados por fundações norte-americanas, principalmente a Smithsonian Institution. Os textos de Charles Wagley "Estudos de comunidades no Brasil sob perspectiva nacional" (1954) e de Oracy Nogueira "Os estudos de comunidades no Brasil" (1955) permitem apreender seus objetivos e características gerais. Segundo Wagley, estariam referidos a "uma cultura local, a uma unidade espacialmente delimitada, parte integrante de uma sociedade maior e mais complexa, e [teriam] empregado em sua maioria, métodos etnográficos" (Wagley, 1954, p. 3). Como trabalho pioneiro, o antropólogo americano apontava então o de Robert Lynd e Helen Lynd sobre Middletown, publicado em 1929, ao qual devemos acrescentar como referência decisiva para as pesquisas feitas no Brasil o livro de Robert Redfield sobre Yuca-

Santana' e Anthony Leeds, 'Economic Cycles in Brazil: The Persistence of a Total-Culture Pattern', com base em investigação na zona cacaueira. Por solicitação do Departamento de Ciências Sociais da UNESCO e adotando planos estabelecidos em colaboração com o Prof. Alfred Metraux, diretor do Programa de Tensões daquela entidade, executaram-se pesquisas sobre relações raciais, vindo a ser publicados os livros *Race and Class in Rural Brazil*, edição da UNESCO organizada por C. Wagley com a colaboração de M. Harris. H. W. Hutchinson e B. Zimmerman, e *Les elites de couleur dans une ville brésilienne*, de Thales de Azevedo, igualmente editada por aquele órgão das Nações Unidas, além de publicado em vernáculo pela Cia. Editora Nacional na série 'Brasiliana'". Em Maria Isaura Pereira de Queiroz, *Sociologia e folclore: a dança de São Gonçalo num povoado baiano*, Salvador, Programa de Pesquisas Sociais da Fundação para o Desenvolvimento da Ciência, 1958, p. 6.

Seria de grande interesse uma pesquisa comparativa sobre as obras produzidas nos dois casos. Aparentemente, o "ataque" da USP aos "estudos de comunidades" foi mais duro em relação aos trabalhos produzidos na ELSP, fato que reforçaria a dimensão institucional do debate. Essa impressão baseia-se em resenhas favoráveis, de autoria de Octavio Ianni e Fernando Henrique, publicadas no *Suplemento Literário*, sobre os trabalhos de Marvin Harris, *Town and Country in Brazil* (1956), e de Harry W. Hutchinson, *Village and Plantation Life in Northeastern Brazil* (1957).

128   Sociologia no espelho

tan no México (Mussolini, 1955). Redfield fora professor de Donald Pierson em Chicago e teria influenciado a decisão da Smithsonian Institution de financiar projetos de pesquisa no Brasil. Os primeiros trabalhos aqui realizados, seguindo o texto de Wagley seriam: *Cunha: tradição e transição numa comunidade rural do Brasil* (Willems, 1947), *Evolução da estrutura social de Guaratinguetá num período de trezentos anos* (Lucila Herrmann, 1945), *Cruz das almas* (Pierson, 1951), *Buzio's Island* (Willems e Mussolini, 1952) e *Amazon Town* (Wagley, 1953).

O traço comum aos estudos seria, ainda segundo Wagley, a preocupação com os problemas de mudança social e cultural, para ele extremamente significativos para o Brasil de então. No restante do texto, o autor esboça um quadro de referências para trabalhos futuros, discriminando regiões e subculturas no Brasil, afirmando a pretensão dos estudos de comunidades de alcançar "o conhecimento empírico da cultura nacional brasileira" (Wagley, 1954). As pesquisas realizadas constituíram, para Oracy Nogueira, um "verdadeiro movimento intelectual, o mais vigoroso, até o momento, na história da pesquisa sociológica no país" (Nogueira, 1955). Essa avaliação, feita por um integrante do programa desenvolvido na ELSP, era uma resposta aos questionamentos que os "estudos de comunidade" haviam suscitado na FFCL-USP, desde a publicação de *Cunha* em 1947, livro que foi resenhado duramente por Caio Prado Jr no ano seguinte (como já foi mencionado no capítulo anterior). A resenha associava a aparente neutralidade científica do trabalho, que seria garantida pela ênfase na pesquisa empírica, a uma visão politicamente conservadora. Outro aspecto discutido relacionava-se com a conclusão de *Cunha*, que não indicava uma direção necessária para a situação de crise da cultura rural tradicional estudada (Willems enumerou fatores de permanência que se contrapunham aos de mudança, evitando indicar um sentido necessário ou ao menos provável para esse impasse).[40] O teor da crítica feita pelo ensaísta paulista seria subscrito, apesar

---

[40] Cabe citar: "O próprio tema escolhido pelo professor Willems é dialético por definição: 'Tradição e transição em uma cultura rural do Brasil' é

das variações às quais aludiremos em seguida, por algumas das principais figuras da sociologia uspiana de então.

O artigo "A análise sociológica das classes sociais", de Florestan Fernandes, foi publicado na revista *Sociologia* (vol. 10, nº 2), em 1948, como uma das contribuições ao *"Symposium* sobre classes sociais", organizado pelo próprio Willems.[41] Criticando indiretamente os estudos de comunidade, o jovem sociólogo da USP recusava a precedência da pesquisa empírica e a ênfase nas diferenças culturais, reivindicadas no textos de Willems e de Pierson publicados no mesmo número. Tal perspectiva desviaria o observador do processo decisivo ao desenvolvimento brasileiro, a formação da sociedade de classes, que deveria ser apreendida por uma abordagem sociológica, fundamentada na tradição teórica clássica da disciplina. Dessa maneira, Florestan repunha discretamente a dimensão política da crítica de Caio Prado Jr. a *Cunha* na resenha publicada em *Fundamentos* (1948).

A polêmica explicitaria a disputa entre ELSP e USP, marcando claramente a oposição entre as diferentes concepções de ensino e pesquisa vigentes em cada uma das instituições. Na primeira, prevalecia a ênfase na pesquisa empírica, etapa indispensável à generalização teórica (segundo a visão de Pierson e de Willems). A esse respeito, o livro *Teoria e pesquisa em sociologia* (1945/ 1970) — formado por artigos de Pierson publicados (a maioria) em *Sociologia* — e preparado como uma espécie de manifesto das concepções sobre a ciência social vigentes em Chicago, pode ser tomado como um documento expressivo de seu projeto acadêmico. O autor defendia que o ensino da disciplina deveria basear-se no exame dos processos sociais efetivos e não em uma história do pensamento sociológico, constituindo o interesse nos "nomes" uma característica da fase "pré-científica" da sociologia, que ele

---

o subtítulo do livro. No entanto, ele se mostra incapaz de por em evidência a dinâmica dos fatos que observa e julga analisar" (Prado Jr., 1948, p. 26).

[41] O debate teórico e metodológico sobre o problema da estratificação social constituiu, como notou Mariza Corrêa (1995), um marco decisivo no desenvolvimento das ciências sociais em São Paulo.

concebia como ciência natural da sociedade, com estatuto equivalente ao das ciências físicas e biológicas, diferenciando-a das modalidades de conhecimentos e práticas não científicos (pensamento social, senso comum, filosofia social, serviço social, política social). O sociólogo norte-americano entendia as teorias como hipóteses verificadas, sempre sujeitas à prova e a reparos, e propunha a articulação entre teoria e pesquisa empírica.[42] Na USP, comparativamente, a pesquisa dependeria, nos termos de Willems, ao caracterizar sua própria formação europeia, mais da "iniciativa do estudante" do que duma orientação sistemática fornecida pelos professores. Seria, portanto, resultante da teoria, esta o cerne do ensino, baseado na discussão dos clássicos. Caricaturando, tenderiam (aos olhos dos rivais) à "pura descrição" (a ELSP) e à "especulação" (a USP).

Antonio Candido e Gioconda Mussolini também criticaram os estudos de comunidade, mas doutra maneira. Avaliaram a contribuição de tais trabalhos positivamente, indicando problemas de método e de interpretação a serem superados naquele momento. Em artigo publicado nos *Anais do XXXI Congresso Internacional dos Americanistas*, Antonio Candido (1955) teceu um panorama dos estudos até então realizados sobre o mundo rural no Brasil. Os estudos de comunidades seriam para ele um passo decisivo para se apreender sociologicamente o universo social e cultural do homem pobre do campo, "representante típico" do que designava como mundo rústico brasileiro. O autor avaliava, então, os trabalhos de Willems, Pierson e Wagley, afirmando-os como "os esforços mais notáveis para se estudarem em profundidade as sociedades rústicas do Brasil, ao menos no que respeita à investigação de campo e localizada" (*idem*, p. 326). A passagem é significativa, pois apresenta o que o autor considera como avanço, a pesquisa empírica seriamente desenvolvida, e como erro, a ênfase exagerada na delimitação espacial e temporal dos trabalhos. O texto é finalizado com a crítica ao conceito de "comunidade", que seria indiscrimi-

---

[42] Sobre Pierson, ver o texto "Donald Pierson e a sociologia no Brasil", em Oliveira (1995b).

nadamente usado e impreciso para caracterizar a realidade social complexa do mundo rural brasileiro. Sugere então o direcionamento das pesquisas para a análise do "bairro rural", para ele a forma elementar da sociabilidade do homem simples do campo, sem se descuidar das relações do bairro com a sociedade abrangente. Afirma também a necessidade de realizarem-se pesquisas sobre estratificação social, que possibilitariam melhor compreensão das relações entre os diferentes estratos sociais.

A clivagem decisiva no desenvolvimento dos estudos rurais na USP seria, também, de natureza política. Se essa hipótese é correta, tal circunstância teria determinado a recepção dos estudos de comunidade, criticados mesmo por aqueles que não estavam tão distantes de sua orientação teórica, como Antonio Candido e Gioconda Mussolini.[43] Esta última foi a primeira assistente de Willems na cadeira de Antropologia da USP, realizou o mestrado na ELSP sob orientação de Herbert Baldus, e participou da equipe de pesquisa recrutada para o trabalho de campo em Cunha. A antropóloga foi também colaboradora em *Buzio's Island* (Willems, 1952). Apesar disso, ao resenhar *Cunha*, em 1949, na *Revista do Museu Paulista*, a autora não rebateu a duríssima crítica (comentada anteriormente) de Caio Prado Jr. e avaliou o livro, se não negativamente, com sérias reservas, assumindo sua posição uspiana.[44] Também Antonio Candido fez questão de marcar, em *Os*

---

[43] Não queremos dizer com isso que as críticas não tivessem fundamentos científicos, mas que ambos sublinharam as diferenças que os afastavam dessa perspectiva, também, em função das disputas entre as instituições.

[44] "Da falta, no texto, de outros espécimes que lhe sirvam de paralelos, provém a impressão de 'circularidade', de 'sistema fechado', comum em trabalhos deste gênero, e ademais, a dificuldade de quantificar, de destacar o 'grau' de organização ou desorganização, de estabilidade e instabilidade [...]. Quando ao finalizar o trabalho o prof. Willems procura interpretar a sociedade e a cultura locais em termos de estabilidade e instabilidade social, chegando a uma série de fatores responsáveis pela mudança, falta uma espécie de balanço que forneça a resultante do impacto destas duas ordens de fatores em confronto. [...] Ao trabalho sobre Cunha — excelente fonte de material e análises, ponto de referência para futuros estudos — falta, a nosso ver, uma

132   Sociologia no espelho

parceiros do Rio Bonito (1964/1987), a distância que o separava de tais estudos, ao criticar a imparcialidade que defendiam, afirmando que no seu trabalho procurava "localizar um aspecto da vida social [...] considerado não só como *tema sociológico*, mas também como *problema social*" (*op. cit.*, p. 20). Além da recepção negativa aos estudos de comunidade, outros fatores relacionaram-se ao fracasso relativo desse empreendimento, como foi o caso do retorno de Pierson aos EUA em meados dos anos de 1950, que inviabilizou também a continuidade do financiamento referido.[45] Essas circunstâncias conduziram ao obscurecimento dos papéis destacados exercidos por Donald Pierson e Emílio Willems[46] durante a década de 1940 e implicou também a desvalorização da antropologia diante da sociologia no interior da USP nas décadas seguintes, apesar dos esforços de Egon Schaden em sentido contrário — sobretudo ao editar a *Revista de Antropologia*.

Em resumo, a divergência principal entre as duas escolas não residia apenas na fundamentação empírica (apoiada em modelo metateórico indutivo) ou teórica (apoiada em modelo metateórico

certa interação entre as proposições gerais que lhe serviram de base e os fatos particulares que ilustra, numa redefinição daquelas proposições, que impedisse a impressão de reificação de conceitos." Gioconda Mussolini, "Resenha sobre *Cunha*", *Revista do Museu Paulista* (nova série), vol. 3, 1949.

[45] Possivelmente, outro aspecto ligado à acolhida desfavorável desse programa de pesquisas relacione-se com o fato de que seus mentores foram um norte-americano e um alemão, num campo intelectual que tinha a cultura e a universidade francesa como referência.

[46] Emílio Willems transmigrou para os Estados Unidos em 1949, em função das condições de trabalho que lhe foram oferecidas pela Universidade de Vanderbilt (na qual se aposentou em 1974), mas provavelmente, também, por ter se sentido traído por seus alunos, fato que pode estar implícito na passagem seguinte de um curto depoimento que forneceu a pedido de Mariza Corrêa: "Não quero mencionar aqui as várias causas que determinaram a minha transmigração para os Estados Unidos. Uma delas reside no fato de que fui convidado por uma instituição especializada em estudos brasileiros". Mariza Corrêa, *História da antropologia no Brasil (1930-1960)*, Campinas, Unicamp, 1987, p. 121.

Sociologias comparadas

dedutivo) dos programas de pesquisa desenvolvidos por elas; elas distanciavam-se também politicamente: a ELSP representava (do ponto de vista dos sociólogos formados na USP) um projeto político e acadêmico conservador. É justamente esse o ponto decisivo da resenha de Caio Prado Jr. a respeito de *Cunha*, a correlação postulada entre empirismo e conservadorismo político, implícita no texto de Florestan Fernandes e em artigos posteriores de Octavio Ianni (1961) e Maria Sylvia de Carvalho Franco (1963).[47] Tais embates revelam, mais uma vez, o entrelaçamento das ciências sociais paulistas com a política; nesse caso, a segunda constitui-se como parâmetro para a classificação de grupos e personagens no campo específico das primeiras.[48]

Durante a vigência do "sistema de cátedras" (1934-1969), na FFCL-USP, as duas cadeiras de sociologia (Pulici, 2008) polarizaram as disputas em torno das concepções de ensino e pesquisa (frequentemente misturadas às questões de ordem política) que deveriam orientar a constituição das ciências sociais nessa universidade. Os primeiros catedráticos foram Paul Arbousse-Bastide (Sociologia I) e Lévi-Strauss (Sociologia II). O confronto entre os dois em torno da organização do programa do curso teve como desfecho o afastamento de Lévi-Strauss, no final de 1937. Para seu lugar, foi contratado Roger Bastide, personagem que teria papel central na FFCL-USP (e no cenário cultural paulista) até seu retorno à França, em 1954 (Peixoto, 2000). No começo da década de 1940, ele assumiu a cadeira de Sociologia I, ocupando a Sociologia II o mineiro Fernando de Azevedo (Arbousse-Bastide tornou-se

---

[47] Nesses textos, a correlação entre conservadorismo e empirismo é recuperada em outros termos, como as da passagem seguinte: "Mas para isso [para superar as limitações dos estudos de comunidades] seria necessário lidar-se com uma outra concepção da realidade. Seria preciso abordar os fenômenos e processos tendo-se em vista uma concepção de totalidade que não admite nem um estado de equilíbrio nem uma distribuição harmônica das condições e fatores". Octavio Ianni, "Estudo de comunidade e conhecimento científico", *Revista de Antropologia*, vol. 1-2, 1961, p. 75.

[48] Sobre interpretações que matizam a disputa entre FFCL-USP e ELSP no período considerado, ver Peixoto e Simões (2003) e Françozo (2005).

catedrático em política). A cadeira de antropologia foi criada em 1941 e regida por Emílio Willems até 1949, em seguida por Egon Schaden e por João Batista Borges Pereira (1967).

As cadeiras de antropologia e de política nunca ameaçaram a hegemonia da sociologia na FFCL-USP, estabelecida desde o projeto original, nucleado nas duas "sociologias". Entre as cadeiras de antropologia e de política, foi menos nítida a legitimação da segunda, que permaneceu indefinida entre o rumo possível de sua constituição como ciência específica ou como especialidade da filosofia ou da própria sociologia. Lourival Gomes Machado, que permaneceu por mais tempo à frente da cadeira, jamais se alinhou a uma perspectiva científica, nem se empenhou pela consolidação de um programa forte de pesquisas (Silva, 2008).

Avancemos agora reconstituindo alguns aspectos da atuação do principal representante da missão francesa nas ciências sociais da FFCL-USP, o sociólogo Roger Bastide, que foi catedrático nessa instituição entre 1938 e 1954. Ao longo desses anos, tanto por meio dos cursos que lecionou, como das pesquisas que realizou e orientou, resultando numa produção bibliográfica extensa e sofisticada, ele reivindicou uma sociologia que visava reconhecer possibilidades de resistência cultural ao processo de modernização no Brasil, caracterizado, entre outras coisas, pela assimilação dos valores típicos da civilização ocidental. Nesse sentido, as diversas formas sociais e culturais tradicionais não se constituiriam em entraves ao desenvolvimento do país; ao contrário, seriam necessárias à revisão crítica de seus pressupostos ideológicos, marcados por uma visão eurocêntrica e dogmática. Dessa posição, o autor investigou os processos de "interpenetração de civilizações", sobretudo em seus estudos sobre as religiões afro-brasileiras, mas também nas pesquisas sobre folclore, arte, literatura, etc. (Peixoto, 2000). Embora Bastide não tenha se empenhado tão diretamente na realização de um programa de pesquisa, as direções teóricas que explorou e os temas de investigação para os quais chamou atenção seriam desenvolvidos por vários de seus alunos e alunas. Talvez a realização mais direta e bem-sucedida de seu estilo de trabalho tenha sido a tese de Gilda de Mello e Souza, *A moda no*

Sociologias comparadas 135

século XIX,[49] mas também os estudos sobre folclore realizados por Florestan Fernandes, os textos sociológicos de Antonio Candido, e quase toda a obra de Maria Isaura Pereira de Queiroz lhe são tributários. Acompanhemos em paralelo os textos principais de Florestan e Bastide sobre o folclore. O primeiro segue o esquema do segundo apenas do ponto de vista metodológico, defendendo a sociologia como instrumento de análise dos processos culturais e de forma muito tímida incorpora sua interpretação no que se refere às expectativas do mestre francês em relação às potencialidades construtivas do folclore. Uma rápida comparação entre *Sociologia do folclore brasileiro* (Bastide, 1959) e *Folclore e mudança social na cidade de São Paulo* (Fernandes, 2004) permite compreender os pontos de vista de cada autor sobre o tema.

No prefácio escrito por Bastide para "As trocinhas do Bom Retiro", na ocasião de sua publicação na *Revista do Arquivo Municipal* (1947), o autor enfatizava a abordagem sociológica de Florestan Fernandes, baseada no estudo das formas de sociabilidade dos grupos infantis, as "trocinhas", às quais relacionava as manifestações folclóricas existentes, discernindo elementos de continuidade e de mudança, diante das transformações sociais aceleradas da cidade de São Paulo nos anos de 1940. O prefácio de Bastide revela a concordância de mestre e discípulo sobre o método adequado à apreensão do folclore: o sociológico.[50]

---

[49] A tese foi publicada na íntegra na *Revista do Museu Paulista* (nova série), vol. 5, 1950. Como livro, sairia apenas em 1987 com o título *O espírito das roupas*, pela Companhia das Letras, de São Paulo. Sobre o livro, ver Pontes (2006).

[50] Cabe citar: "O folclore é uma cultura, ora, não se pode compreender a cultura, separando-a do grupo social que ela exprime. Estamos entre os que acham que a descrição pura e simples do material, a pesquisa das fontes e das origens não são suficientes, porque o folclore tem uma função e uma vida, ele representa um papel. Por conseguinte, querendo penetrá-lo, em lugar de permanecer na crosta exterior das sobrevivências do passado, é preciso recolocá-lo num meio social. O folclore não é uma simples curiosidade ou um trabalho

No entanto, para cada autor, o método serviria a objetivos distintos. Embora não se deva menosprezar, no conjunto da obra de Florestan Fernandes, seus estudos sobre folclore, nem exagerar a descontinuidade destes em relação aos trabalhos posteriores, é possível sublinhar, como faz Sylvia Garcia (2001), sua importância estratégica nas disputas disciplinares que marcaram o período. Nesse sentido, o autor assumiria, na polêmica travada com os folcloristas, a linha de frente do combate, por meio do qual afirmaria os pressupostos que informavam a defesa da sociologia como ciência, negando ao folclore o mesmo estatuto (Ortiz, 1990). Embora Roger Bastide defendesse a abordagem sociológica do folclore, sua participação na polêmica é menos incisiva, por legitimar o esforço de afirmação do folclore como disciplina científica, definida pela especificidade de seu objeto. Em tal direção, o folclore seria um ramo da antropologia, voltado ao estudo da cultura popular. O fundamental para ele seria não separar analiticamente as formas culturais das sociais.[51]

A diferença entre as estratégias mobilizadas pelos autores em defesa da sociologia do folclore é, no entanto, menos importante do que a distância que separa suas interpretações, assinalada por Fernanda Peixoto (2000) e perceptível se levados em conta os objetos que enfrentaram. Em Florestan, a cidade de São Paulo; em Bastide, o Brasil. Para Florestan, tomar a cidade como objeto sig-

de erudição, é uma ciência do homem — não deve portanto esquecer o homem, ou melhor, neste caso, a criança que brinca. Temos necessidade de que se multipliquem as pesquisas deste gênero. Que não se tema esclarecer uma ciência pela outra. Os amantes da pureza lastimar-se-ão, talvez, mas os amantes da realidade objetiva só terão a ganhar com isso". Roger Bastide, "Prefácio", *Revista do Arquivo Municipal*, vol. CXIII, mar./abr. 1947, pp. 154-5.

[51] Cabe citar: "Em todo o caso, o fato aí está: se as estruturas sociais se modelam conforme as normas culturais, a cultura por sua vez não pode existir sem uma estrutura que não só lhe serve de base, mas que é ainda um dos fatores de sua criação ou de sua metamorfose. O folclore não flutua no ar, só existe encarnado numa sociedade, e estudá-lo sem levar em conta essa sociedade é condenar-se a apreender-lhe apenas a superfície". Roger Bastide, *Sociologia do folclore brasileiro*, São Paulo, Anhembi, 1959, p. 2.

Sociologias comparadas

nificava focalizar o processo de mudança social em curso acelerado, em função do qual o folclore se desintegrava.[52] Para Bastide, o folclore (como a religião, a arte, a literatura) seria fator de resistência política e recriação social. O autor investiga na formação do folclore brasileiro, desde a colonização, a interação entre as tradições culturais portuguesa, africana e ameríndia. A primeira seria predominante (embora adaptada às condições específicas da colonização, que teriam permitido a interferência da Igreja católica no processo), mas circunstâncias históricas teriam favorecido, também, a assimilação de tradições negras e indígenas, frequentemente mobilizadas em resistência à dominação branca. A diferença fundamental entre as interpretações dos autores pode ser resumida da seguinte maneira. Enquanto o sociólogo francês insistia no estudo sociológico das formas tradicionais, entendidas como objetos privilegiados para se compreender os conflitos e os impasses derivados do processo de modernização, Florestan entendia que essas formas tradicionais estavam irremediavelmente condenadas ao desaparecimento diante desse processo.

Essa diferença de perspectiva entre os dois autores também pode ser apreendida na leitura de *Brancos e negros em São Paulo*, livro em colaboração que resultou de pesquisa encomendada pela UNESCO.[53] A primeira parte, escrita por Florestan Fernandes e a segunda, redigida pelo sociólogo francês, se complementam, mas indicam também estilos de reflexão divergentes sobre a mesma questão. O primeiro reconstitui historicamente as dimensões econômica e política do preconceito, entendendo o racismo como

---

[52] Não obstante, Florestan matizou essa interpretação, sugerindo que o folclore seria um fator de ajustamento psicossocial diante da urbanização: "Não podemos ignorar, porém, que, por reduzida que seja, a influência positiva do folclore facilita o ajustamento de certos tipos de personalidade ao mundo urbano em transformação e fortalece disposições psicossociais favoráveis à renovação cultural com base na conservação de elementos essenciais à integridade da 'civilização brasileira'". Florestan Fernandes, "As trocinhas do Bom Retiro", em *Folclore e mudança social na cidade de São Paulo*, São Paulo, Vozes, 1979.

[53] Sobre o projeto da UNESCO, ver Maio (1997 e 2000).

expressão, na mentalidade, da transição da sociedade escravocrata à sociedade de classes; o segundo analisa as manifestações do preconceito racial e as formas de ajuste psicossociais do negro diante do mesmo.[54] Nesse caso, portanto, coube a Florestan a visada geral, o panorama histórico-sociológico que localiza a análise micro da pesquisa empírica, realizada por Bastide.[55]

[54] A correspondência entre os autores constitui documento histórico precioso, sobretudo no que se refere ao andamento da pesquisa da UNESCO, quando Bastide dividia-se entre o Brasil e a França. Tivemos acesso às cartas de Bastide (pelo que agradecemos novamente à equipe eficiente e prestativa da Biblioteca Comunitária da UFSCAR), das quais reproduzimos duas passagens significativas. A primeira, de carta redigida em 26/1/1952, na qual Bastide relatava os compromissos que, em Paris, o afastavam do trabalho na pesquisa, destaca a importância que depositavam no trabalho, tanto para a tomada de consciência do problema racial, como para o desenvolvimento da sociologia brasileira: *"Mais tout cela me prend beaucoup de temps, et je n'ai que le soir pour m'occuper de notre travail collectif. J'espère que, pour vous, le travail marche bien et je suis certain que nous allons mettre sur pied quelque chose d'intéressant, à nous deux, et qui fera honneur à la sociologie pauliste!"* ["Mas tudo isso me toma muito tempo e eu tenho apenas o período da noite para me ocupar do nosso trabalho coletivo. Eu espero que sua parte do trabalho ande bem e estou seguro que nós vamos alcançar um resultado interessante para nós dois e que honrará a sociologia paulista"].
A segunda (4/3/1952) propõe uma revisão conjunta do trabalho: *"Il s'agit moins de 'responsabilité', chacun pouvant garde la sienne, que d'unité. En effet, les diverses parties du travail sont tellement liées les unes avec les autres que nous pouvons nous répéter l'un l'autre sur divers points, il est donc nécessaire que nous revoyons ensemble la totalité du rapport, pour que nous puissions lui donner une unité harmonieuse, sans répétition, ni possible contradiction"* ["O desafio principal do trabalho é garantir sua unidade. Com efeito, as diversas partes do trabalho são tão ligadas umas com as outras que nós podemos nos repetir em diversos pontos, será necessária então uma revisão conjunta de todo o relatório, para lhe conferir uma unidade harmoniosa, sem repetições nem possíveis contradições"].

[55] É possível armar um esquema de filiações das interpretações sugeridas por Florestan e Bastide nos seguintes termos: o primeiro seria pessimista em relação à ideia de que os negros teriam participado ativamente na formação social e cultural brasileira, acompanhando a perspectiva de Caio Prado Jr. na *Formação do Brasil contemporâneo*, e otimista na avaliação que fazia acerca da possibilidade do preconceito racial desaparecer com a integração plena

Sociologias comparadas   139

A primeira edição do livro (1955), com o título *Relações raciais entre negros e brancos em São Paulo: ensaio sociológico sobre as origens, as manifestações e os efeitos do preconceito de cor no município de São Paulo*, publicou o conjunto completo dos relatórios produzidos pela equipe, formada ainda por Oracy Nogueira, Virginia Leone Bicudo e Aniela Ginsberg. Já a segunda edição, de 1958, incluída na Coleção Brasiliana com o título *Brancos e negros em São Paulo: ensaio sociológico sobre aspectos da formação, manifestações atuais e efeitos do preconceito de cor na sociedade paulistana*, trouxe apenas o texto conjunto de Roger Bastide e Florestan Fernandes. A diferença entre os títulos reafirma a hierarquia já visível no subtítulo da primeira edição, que sumaria unicamente a parte redigida por Bastide e Florestan. Vale lembrar que a pesquisa de Nogueira tinha como referência o município de Itapetininga (e não a cidade de São Paulo) e que o viés analítico dos relatórios das mulheres envolvidas no projeto era psicológico (e não sociológico). Indicado diretamente por Donald Pierson, a quem Alfred Métraux, o representante da UNESCO, oferecera o trabalho em primeiro lugar, Oracy Nogueira trabalhou quase isoladamente do restante do grupo.[56]

O jogo intrincado que se revela nesse episódio não se explica apenas pela disputa entre as disciplinas (sociologia e psicologia) ou pela hierarquia dos temas (urbano e rural), mas, também, pelas clivagens de gênero e pela competição acirrada entre as duas instituições, que se sobrepuseram a possíveis afinidades biográficas e/ou analíticas. As trajetórias de Florestan Fernandes e Oracy Nogueira permitem aproximações. Ambos romperam barreiras sociais nada desprezíveis, constituindo exemplos radicais das possibilidades de mobilidade, restritas, mas relevantes, proporcionadas pela

dos negros no mercado de trabalho; o segundo acompanharia a hipótese otimista de Gilberto Freyre em *Casa-grande & senzala* sobre a participação ativa dos negros na conformação dos padrões sociais e culturais do Brasil, mas seria pessimista em relação à possibilidade de se vencer o preconceito, para ele entranhado na subjetividade dos agentes.

[56] Sobre Oracy Nogueira, ver Cavalcanti (1998).

abertura de novas carreiras acadêmicas. Também a militância de esquerda os identificava. Oracy Nogueira nasceu 1917 em Cunha, São Paulo, e seus pais eram professores da escola primária. Pertencia à fração relativamente mais provida de capital cultural do que econômico das classes médias interioranas, que buscavam na educação dos filhos brechas para ascender socialmente. Essa possibilidade apresentou-se na ELSP, onde ele se graduou (1942) e defendeu o mestrado com tese sobre os tuberculosos — *Vozes de Campos do Jordão*. Por intermédio da escola, beneficiado por convênio com a Universidade de Chicago, iniciou seu doutoramento nos Estados Unidos em 1945, mas não obteve o título, impedido de voltar a esse país em função de seu engajamento político já mencionado. A partir dos anos de 1950, a carreira de Oracy Nogueira acompanhou de certa maneira o declínio da instituição na qual se projetou e da qual se desligou pouco depois do retorno de Pierson aos Estados Unidos. Nessa direção, é significativo que o "Relatório de Itapetininga" só tenha sido publicado novamente depois de quatro décadas. Uma leitura distanciada daquele contexto permite perceber, ainda, as afinidades analíticas entre os textos de Bastide e Nogueira, ambos atentos aos processos de subjetivação do preconceito racial.

Nesse sentido, sugerimos que essas possíveis afinidades, dadas por *habitus* convergentes (entre Florestan e Oracy) ou por interpretações afins (entre Bastide e Oracy), não se concretizaram em função das disputas que opunham as duas instituições que lutavam pela liderança no interior das ciências sociais em constituição no período. De todo modo, o episódio editorial referido implicou o obscurecimento de seu texto e, também, dos que foram redigidos pelas pesquisadoras envolvidas no projeto.

Quanto às relações de gênero, sabemos que as possibilidades de atuação profissional das mulheres (quase totalmente excluídas até então no Brasil das carreiras superiores tradicionais) foram incrementadas com a criação dos novos cursos e especialmente das ciências sociais. Não obstante, tal processo ocorreu de forma conflituosa, dificultadas as trajetórias femininas em relação às masculinas. Nenhuma mulher assumiu oficialmente as cátedras de sociologia, antropologia ou política — quem mais se aproximou desse objetivo foi Paula Beiguelman, que assumiu a cadeira de Política interinamente, em substituição a Lourival Gomes Machado, no ano de 1963, perdendo o concurso de cátedra em 1968 para Fernando Henrique Cardoso (Silva, 2008). Em 1954, quando Bastide retornou à França em definitivo, o indicado para substituí-lo foi Florestan Fernandes. A escolha parece-nos óbvia, legitimada pela atuação acadêmica e política do sociólogo até sua cassação em 1969. Mas Gilda de Mello e Souza era a primeira assistente da cadeira, já havia concluído o doutorado e poderia ter assumido o cargo. O reconhecimento tardio de sua obra, sobretudo *O espírito das roupas*, explica-se em grande parte por sua autoria feminina, convertida no argumento decisivo do livro (Pontes, 2006), que explicita a angústia da mulher empenhada na ruptura dos entraves impostos pela dominação masculina. Os trunfos auferidos pela posse favorável de capital cultural não foram suficientes para alçá--la a posição dominante no campo. Sua trajetória profissional foi marcada sempre por certa marginalidade — no grupo da revista *Clima*, na sociologia e na filosofia —, provavelmente determinante da variação de perspectivas que atravessa seus escritos, aproximando-os dos leitores contemporâneos. Tal condição permitiu distanciamento e liberdade de composição, espécie de contrapeso hoje reconhecido no epíteto de "ensaísta" que qualifica uma intelectual cuja vida profissional esteve toda ligada à universidade.

A continuidade do programa de pesquisa encampado por Roger Bastide na USP inviabilizou-se, contudo, com a indicação de Florestan Fernandes para substituí-lo na cátedra. Determinada também pela abertura que concedia aos seus alunos e discípulos, sua herança intelectual se dispersou, retida mais diretamente nas trajetórias e nas obras de Maria Isaura Pereira de Queiroz e Gilda de Mello e Souza. Certamente isso não foi pouco, dada a importância dos trabalhos realizados por essas sociólogas e pelo grupo reunido por Maria Isaura no CERU, mas foi insuficiente para garantir à obra de Bastide no Brasil uma continuidade que teria sido possivelmente maior se Gilda tivesse assumido a cátedra. Do ponto de vista da constituição de uma tradição intelectual paulista, tais fatos implicaram a desvalorização relativa da sociologia da cultura, pelo menos até meados dos anos de 1980.

Para avaliarmos melhor essa afirmação, contudo, uma olhada mais acurada na cadeira de Sociologia II (Pulici, 2008), na sua composição, nas pesquisas desenvolvidas, torna-se necessária. Relembremos o fato de que quem a regeu desde 1943 foi Fernando de Azevedo, catedrático que teve atuação científica discreta. Seus assistentes até 1954 foram Antonio Candido e Florestan Fernandes. Na cadeira de Sociologia I, Bastide foi o catedrático entre 1943 e 1954, na qual, como vimos, conduziu um programa de pesquisa em sociologia da cultura. No momento em que Florestan deslocou-se da Sociologia II para assumir a Sociologia I, as duas cadeiras foram reorganizadas. Veremos adiante o que se passou na Sociologia I. Na Sociologia II, Antonio Candido permaneceu mais alguns anos como primeiro assistente, migrando em definitivo para a área de Letras em 1958 (ver capítulo seguinte). Ruy Coelho, um dos integrantes do grupo de *Clima*, assumiu o cargo de segundo assistente em substituição a Florestan em 1954. Posteriormente, em 1958, tornou-se primeiro assistente em substituição a Antonio Candido; em 1964, finalmente, após o afastamento de Fernando de Azevedo, Ruy Coelho ganhou o concurso da Cátedra. Azis Simão, que já era auxiliar de ensino desde 1953, tornou-se segundo assistente em 1958. Maria Isaura Pereira de Queiroz transferiu-se da Sociologia I, na qual era auxiliar de ensino desde 1950, para assumir o mesmo posto na Sociologia II, onde se tornaria segunda assistente em 1964. Na década de 1960, foram incorporados outros então jovens professores.

Deve-se notar que nas duas cadeiras o número de professores alocados como "assistentes" e "auxiliares de ensino" aumentou significativamente entre as décadas de 1950 e 60. As equipes passaram de três professores (um catedrático e dois assistentes) para (ao redor de) dez (catedrático, assistentes, auxiliares de ensino, auxiliares de pesquisa), mudança que seguiu o aumento do número de alunos ingressantes. O crescimento do corpo docente no período indicado foi acompanhado pela alteração de sua composição social, prevalecendo, progressivamente, o recrutamento de

Sociologias comparadas   143

jovens oriundos das classes médias e baixas (Pulici, 2008). Tal mudança condicionou uma reorientação mais decidida na direção da pesquisa empírica, sobretudo, na Cadeira de Sociologia II, e das orientações temáticas, cada vez mais afinadas com a questão da modernização, nas duas cadeiras. Não obstante, na Sociologia II houve maior liberdade de escolha dos temas de pesquisa e, portanto, certa dispersão temática. Por exemplo, os trabalhos realizados por Maria Isaura Pereira de Queiroz e seu grupo, reunido no CERU, voltaram-se para o estudo das sociedades rústicas, da religiosidade popular, do mandonismo local, enquanto Azis Simão e Heloísa Martins estudaram o sindicalismo brasileiro. Entre os escritos de Ruy Coelho, destacou-se seu trabalho sobre "Os caraíbas negros de Honduras".

Quais teriam sido as razões da marginalização da Sociologia II nesse contexto? Foram realizadas pesquisas de bom nível, em direções temáticas variadas, algumas mais sintonizadas com a agenda da modernização, mas, com a exceção da obra de Maria Isaura, a produção da cadeira foi modesta em termos quantitativos. Segundo nosso ponto de vista, a ausência de uma liderança mais efetiva (Clark, 1972) e de um programa coletivo de pesquisa teria enfraquecido essa cadeira na competição acirrada com a Sociologia I. Dispersada pelas preferências e apostas individuais de seus membros, os trabalhos realizados tiveram uma recepção aquém da que poderiam ter alcançado em outras circunstâncias.

Na cátedra de Sociologia I, diferentemente, prevaleceu uma orientação principal, a da "sociologia científica", e um programa coletivo de pesquisa, apoiados na liderança exercida por Florestan Fernandes e na colaboração estreita de seus discípulos, entre os quais estavam Fernando Henrique Cardoso, Octavio Ianni, Maria Sylvia de Carvalho Franco e Marialice Foracchi. Essa configuração impediu a dispersão temática e promoveu a concentração dos esforços do grupo em direções compartilhadas. A compreensão desse processo demanda uma contextualização da trajetória de Florestan.

Como vimos, o surgimento de novos cursos superiores na USP possibilitou o ingresso no universo acadêmico de jovens oriun-

144   Sociologia no espelho

dos de camadas sociais antes excluídas dessa alternativa. A mobilidade social propiciada com a criação da universidade, ainda que restrita, beneficiou filhos de imigrantes, membros das classes médias de São Paulo e do interior, e mulheres. Incorporou também estudantes egressos de famílias tradicionais em declínio, principalmente aquelas mais dotadas de capital cultural. O personagem emblemático desse recrutamento mais democrático no ensino superior foi, sem dúvida, Florestan Fernandes.[57] Nascido em 1920, sua mãe, uma imigrante portuguesa, trabalhava como empregada doméstica na cidade de São Paulo. O nome de seu pai não constava em sua certidão de nascimento. Essa origem social desfavorável está na origem de uma educação escolar descontínua que seria superada por seu ingresso na universidade em 1941. Destacou-se desde o início da graduação, apesar das dificuldades enfrentadas num curso em que a maioria das aulas era lecionada em francês. Seus primeiros textos publicados, sobre folclore infantil, foram realizados como trabalhos de graduação e lhe garantiram uma reputação muito favorável entre os seus professores, dos quais soube se aproximar para obter oportunidades de trabalho e de progressão na carreira.[58] Concluída a graduação, foi convidado

[57] Dados biográficos recolhidos, sobretudo, em Arruda (1995) e Garcia (2002).

[58] O modo como a trajetória ascendente de Florestan Fernandes, um membro das classes populares, foi condicionada pelos padrões de relação que vinculavam grupos dominantes e dominados no Brasil desde o Império foi agudamente observado por Maria Arminda do Nascimento Arruda: "Apesar da personalidade compulsivamente voltada à aquisição de cultura, Florestan foi também fruto das benesses concedidas pelos dominantes àqueles que se distinguem por seus atributos singulares. Na infância, recebeu a proteção e o amparo da sua madrinha, patroa de sua mãe, para adquirir as primeiras letras; no final da adolescência foi indicado por um cliente do bar no qual era garçom para representar um laboratório de medicamentos em consultórios médicos; na sequência recebeu descontos ponderáveis na mensalidade do colégio em que havia se matriculado, por interveniência de amigos de sua madrinha e de outro frequentador do bar; durante o curso universitário, foi apresentado pelo professor Roger Bastide a Sérgio Milliet, personagem influente nas rodas intelectuais de São Paulo, que o convidou para ser colabo-

Sociologias comparadas

por Fernando de Azevedo para assumir o cargo de segundo assistente da cadeira de Sociologia II, na qual Antonio Candido era o primeiro.

Entre 1945 e 1946 realizou o mestrado na ELSP, onde Pierson havia criado em 1941 a Divisão de Estudos Pós-Graduados, título que não era oferecido pela USP. Orientado pelo antropólogo alemão Herbert Baldus, realizou uma pesquisa sobre os índios Tupinambá, da qual derivaram os livros *Organização social dos Tupinambá* (mestrado defendido em 1947) e *Função social da guerra na sociedade Tupinambá* (doutorado defendido na USP em 1951).[59] Dois anos depois de defender sua tese de doutorado, como uma derivação teórico-metodológica dos trabalhos anteriores, concluiu sua livre-docência com o *Ensaio sobre o método de interpretação funcionalista* (1953). Desde o começo da década de 1950 participou, como vimos, da pesquisa da UNESCO sobre o preconceito racial, convidado por Roger Bastide e que seria publicada no ano de 1955. Finalmente, no ano de 1954, assumiu interinamente a cadeira de Sociologia I, após o retorno definitivo desse professor francês ao seu país. Descrita essa primeira fase (1941/ 1954), alguns aspectos podem ser ressaltados. Esse foi o período de sua formação e acumulação individual na carreira, no qual chegou à livre-docência cumprindo anteriormente todas as etapas possíveis, o que só se podia fazer passando pelas duas instituições referidas acima. Em relação aos temas enfrentados, folclore infantil e sociedade Tupinambá, podemos qualificá-los como "temas frios", afastados das questões políticas que interessavam direta-

rador do jornal *O Estado de S. Paulo*. O percurso inicial de Florestan repetiu outras histórias de vida originárias das classes populares, de pessoas que dependem do favor concedido por um superior para situar-se na cena social, como bem revelou Roberto Schwarz a propósito da análise do romance machadiano" (Arruda, 2009b, p. 315).

[59] O primeiro foi publicado como livro no ano seguinte à defesa da tese, em 1948, e foi agraciado com o Prêmio Fábio Prado, vencendo, entre outros, *Cunha*, de Emílio Willems (que havia sido seu professor). O segundo foi publicado na íntegra na *Revista do Museu Paulista* e como livro apenas em 1970.

mente a comunidade intelectual no pós-guerra brasileiro (lembramos que Gino Germani, em seus anos de formação e acumulação individual, discutiu mais diretamente temas ligados às conjunturas políticas, ao mesmo tempo em que defendeu a sociologia científica). A questão do preconceito racial e da presença do negro na sociedade de classes brasileira, com foco no caso paulista, seria uma espécie de passagem e ponto de partida para uma temática mais sintonizada com os problemas diretamente relacionados com a vida política do país, que predominariam em sua obra a partir da década de 1960. Outro ponto, ainda relativo à primeira fase, diz respeito à "militância" científica que protagonizou nas polêmicas estabelecidas com os folcloristas (Ortiz, 1990; Garcia, 2002), o que permite qualificar essa fase como a da defesa de uma "sociologia científica". As duas fases seguintes, ambas concentradas nos "temas quentes" do desenvolvimento capitalista e da formação da sociedade de classes no Brasil — 1954/1964 e 1964/1975 —, poderiam ser caracterizadas, respectivamente, pela (segunda fase) tentativa de constituir a sociologia como uma disciplina aplicada, orientada pela obra de Mannheim, por meio da equipe recrutada na cadeira de Sociologia I e por (terceira fase) sua orientação mais explicitamente militante, acompanhada por uma crise interna do grupo.

Prevaleceram em São Paulo, entre 1954 e 1969, portanto, no âmbito restrito da sociologia, as orientações temáticas e teóricas impostas por Florestan Fernandes e equipe. Os primeiros trabalhos do grupo, voltados à questão racial, orientaram o projeto posteriormente desenvolvido, centrado na análise sociológica do capitalismo dependente.[60] Tal questão seria enfrentada diretamente

[60] Cabe lembrar que no texto apresentado no *"Symposium* sobre as classes sociais", publicado na revista *Sociologia*, Florestan Fernandes já deixava entrever suas inquietações sobre o problema da formação da sociedade de classes no Brasil, que orientaria a produção acadêmica da equipe reunida na cadeira de Sociologia I, sintonizada com o contexto intelectual e político do pós-guerra. Mas seria em torno das "relações raciais", temática a que Florestan seria conduzido por Roger Bastide na conhecida pesquisa patrocinada pela UNESCO, que ele e seus dois principais discípulos, Fernando Hen-

Sociologias comparadas

no início dos anos de 1960 com a criação do Centro de Estudos de Sociologia Industrial e do Trabalho (CESIT). Dirigido por Fernando Henrique Cardoso, o centro permitiu a contratação de pesquisadores vinculados diretamente ao projeto desenvolvido pelo grupo, intitulado "Economia e sociedade no Brasil: estudo sociológico do subdesenvolvimento". A relação favorável estabelecida com o governo de Carvalho Pinto no Estado de São Paulo propiciou ainda a obtenção dos recursos necessários ao andamento das pesquisas (Romão, 2003).

Como vimos, os trabalhos de Florestan Fernandes (e os de seu grupo) transitaram da questão racial para o problema do desenvolvimento capitalista e da formação da sociedade de classes no Brasil. A respeito, uma mudança de interpretação pode ser percebida entre os dois livros do autor que enfrentaram o primeiro tema, *Brancos e negros em São Paulo* (1955) e *A integração do negro na sociedade de classes* (1964). De acordo com Maria Arminda do Nascimento Arruda (2009a), o segundo representaria uma viragem interpretativa, uma vez que o autor abandonaria a aposta otimista que fizera no primeiro a respeito do processo de modernização. Os livros posteriores ao golpe de 1964, de *Sociedade de classes e subdesenvolvimento* (1968) até *A revolução burguesa no Brasil* (1975), incorporam uma atitude mais pessimista e engajada politicamente. Em termos gerais, o autor defendeu a hipótese da incompletude do processo de constituição do capitalismo brasileiro, que permaneceria "dependente", e da correspondente fragilidade de sua sociedade de classes, apenas parcialmente estruturada sobre o trabalho assalariado. A dificuldade de superação da dependência residiria no fato do desenvolvimento econômico ocorrido não ter propiciado uma integração suficiente da economia nacional, que permaneceria subordinada às economias centrais. O capitalismo dependente implicaria, ainda, um ritmo lento e precário do processo de mercantilização do trabalho, disso

---

rique Cardoso e Octavio Ianni, dariam os primeiros passos concretos em direção ao projeto "Economia e sociedade no Brasil", encampado pelo grupo no início dos anos de 1960.

resultando a limitação da conscientização política do operariado nacional. A argumentação justifica o interesse analítico pelas "classes possuidoras", pela "burguesia", sobretudo, da qual dependeriam as possibilidades de ultrapassar a situação de dependência; mas que não teriam se concretizado em função da mentalidade imediatista desse agente. Em suma, o regime de classes não cumpriria nessa sociedade, apenas subsidiariamente, as funções históricas típicas às sociedades capitalistas autônomas. Sem garantir um "mínimo de homogeneidade" social, não permitiria às classes em disputa a clara percepção de seus interesses, de modo que a dinâmica resultante desse processo estaria também comprometida com a persistência dos mecanismos de dependência. Contrastada com a possibilidade de ocorrer uma "revolução burguesa" integral e a configuração do capitalismo autônomo, a experiência brasileira teria sido marcada por uma "revolução" tímida e egoísta. A "burguesia" brasileira teria, portanto, segundo o autor, falhado diante das condições enfrentadas.

Em torno de tais questões, os trabalhos realizados pelo grupo enfatizaram os diversos agentes sociais envolvidos no processo do desenvolvimento, como o empresariado, o Estado, a classe operária e o campesinato. Os livros principais resultantes desse programa de pesquisa foram: *Empresário industrial e desenvolvimento econômico* (1964), de Fernando Henrique Cardoso; *Estado e capitalismo* (1965), de Octavio Ianni; *Conflito industrial e sindicalismo no Brasil* (1966), de Leôncio Martins Rodrigues; *Homens livres na ordem escravocrata* (1969), de Maria Sylvia de Carvalho Franco.

Embora já houvesse no grupo disputas internas, derivadas, sobretudo, da organização do seminário sobre *O Capital*,[61] do qual Florestan não fora convidado a participar, elas se tornariam mais intensas a partir do golpe de 1964. A breve análise que se segue privilegia o ângulo interno dessa crise, embora reconhecendo os constrangimentos provocados pela ditadura militar. A heterogeneidade social do grupo pode ter sido motivo de tensões in-

---

[61] Sobre o "Grupo do Capital", ver Rodrigues (2012).

Sociologias comparadas

ternas, vinculadas a assimetrias derivadas das posses desiguais de capital econômico, cultural e de gênero. É possível diferenciar tipicamente dois modos de recrutamento dos membros da equipe, determinados, sobretudo, por competência intelectual e capacidade de trabalho (o primeiro) ou pela origem social relativamente desfavorecida (o segundo). Tais condições não determinavam diretamente as disputas entre os membros, que eram mediadas por circunstâncias acadêmicas (e também políticas) propriamente ditas, com as quais se mesclavam. Nessa direção, alguns aspectos devem ser mencionados.

O sistema de cátedras gerava, muito provavelmente, insegurança nos assistentes e auxiliares de ensino, subordinados aos "chefes" das cadeiras, dos quais dependiam fortemente as possibilidades de avançar na carreira. As relações pessoais ganhavam, assim, enorme importância. Na cadeira de Sociologia I, sob o comando de Florestan Fernandes, eram restritas também as alternativas de escolha de temas e abordagens, que deveriam estar diretamente vinculados ao programa de pesquisa que orientava a produção de todos os membros da equipe. Essa configuração é significativa para se compreender a crise interna do grupo, reforçada pelo golpe de 1964.

No mesmo ano, algumas ocorrências devem ser notadas. Fernando Henrique seguiria para o Chile com o intuito de trabalhar na CEPAL, deixando vago o cargo de primeiro assistente da cadeira.[62] Sua ausência foi sentida pelo grupo, sobretudo, porque o enfraquecia na resistência ao governo militar, mas também pelo que significava para a dinâmica interna da cátedra. Florestan Fernandes oficializou sua permanência à frente da cadeira de Sociologia I, no concurso em que apresentou a tese *A integração do negro na sociedade de classes*. Não houve disputa nesse caso, mas sim no concurso vencido por Ruy Coelho para a cadeira de Sociologia II no mesmo ano. O derrotado foi o segundo assistente de Florestan Fernandes, Octavio Ianni, substituto de Fernando Henrique (que teria participado do concurso se estivesse em São Paulo)

---

[62] Sobre Fernando Henrique, ver Garcia (2004).

nessa tentativa de expansão do grupo dentro da faculdade. Maria Sylvia de Carvalho Franco defenderia em seu doutorado, que resultou no livro *Homens livres na ordem escravocrata*, uma tese sobre o capitalismo brasileiro que divergia da interpretação de Florestan Fernandes. A socióloga recusava a caracterização da economia colonial brasileira como "pré-capitalista", sugerindo que sua orientação para o mercado externo definia, apesar do escravismo, seu caráter capitalista desde o início da colonização. Ao explicitar essa diferença de interpretação, a socióloga talvez pretendesse reforçar sua posição no grupo, em função do afastamento de Fernando Henrique, que teria aberto uma disputa interna pela vaga de primeiro assistente na cadeira. Devemos notar, assim, a dificuldade de coexistirem na cátedra visões divergentes sobre as mesmas questões, em função de sua lógica ortodoxa de funcionamento. Em função desta, apoiada na forte liderança de Florestan Fernandes, nos esquemas analíticos e interpretativos por ele formulados, qualquer discordância implicava provavelmente estremecimentos nas relações entre os integrantes da equipe.

De todo modo, o empreendimento acadêmico realizado desde a metade da década de 1950 seria abortado pelas aposentadorias compulsórias de Florestan Fernandes, Octavio Ianni e Fernando Henrique Cardoso (que havia retornado ao país e vencido no ano anterior o concurso para a Cátedra de Política), ocorridas em 1969. Entre a segunda metade da década de 1960 e a primeira metade da década seguinte um novo quadro seria instituído nas ciências sociais, após a reforma universitária (Cunha, 1988). A centralidade conquistada pela sociologia paulista na fase de fundação começaria a perder força, no contexto da expansão do ensino superior brasileiro e da implantação de um sistema nacional de pós-graduação (Miceli, 1995). Nesse processo, percebe-se a ambiguidade das políticas educacionais encampadas pela ditadura. Apesar dos golpes desferidos a lideranças intelectuais, sobretudo em São Paulo e no Rio de Janeiro, tais políticas proporcionaram às ciências sociais condições muito favoráveis à sua expansão. Através das agências federais de fomento à atividade científica — CAPES, CNPq e FINEP — e de agências privadas como a Funda-

Sociologias comparadas

ção Ford (Miceli, 1989b), recursos suficientes ao crescimento referido acima foram transferidos aos novos programas de pós-graduação, do IUPERJ em Ciência Política, e do Museu Nacional, em Antropologia — e também a centros independentes como o CEBRAP — criados a partir do final dos anos de 1960. Sob tais condições, as ciências sociais foram institucionalizadas nacionalmente, processo do qual resultou um equilíbrio crescente, tanto no que se refere aos diversos centros estaduais, como às disciplinas — sociologia, antropologia e ciência política — que nos dias atuais concentram as atividades de pesquisa em tais áreas no país.

V

O quadro esboçado neste capítulo sugere alguns pontos principais de comparação entre os casos descritos. Em função da maior estabilidade do sistema político brasileiro e do padrão menos conflituoso de relacionamento entre intelectuais e Estado, as esferas política e acadêmica permaneceram no Brasil, durante o século XX, comparativamente, mais distanciadas. Se houve intervenções diretas nas universidades, sobretudo no Rio de Janeiro durante o varguismo, e se as vinculações políticas constituíram-se como princípios de diferenciação dos grupos acadêmicos tanto em São Paulo como no Rio de Janeiro, na Argentina essas esferas estiveram muito mais imbricadas.[63] De fato, nesse país, preva-

[63] Cabe citar: "O Brasil não é a Argentina. Neste último país, cada ruptura política se traduz numa grande crise das instituições intelectuais — as universidades em primeiro lugar —, na substituição das camadas de intelectuais que presidem a definição das propriedades do campo intelectual e de suas formas de classificação, na desestabilização das representações da política no meio intelectual (Sigal, 1991). Nada disso ocorre no Brasil. As instituições persistem, apesar da repressão política. Os intelectuais continuam a se atribuir uma legitimidade propriamente científica e não é por acaso que privilegiam ainda mais o tema da 'profissionalização'" (Pécaut, 1990, p. 262).

leceu, a partir da reforma universitária de 1918 (que instituiu uma tradição de autonomia acadêmica), uma relação de oposição política entre universidade e Estado. Esse processo implicou, também, a conversão da universidade em ator político. Por isso mesmo, por sua importância na esfera pública, sofreria seguidas intervenções durante todo o século (1930, 1943, 1946, 1955, 1966, 1976).

Restringindo o foco e comparando agora as cidades que já foram destacadas como centros do processo de fundação da sociologia nos dois países, um cenário um pouco diferente se apresenta. No Rio de Janeiro, a sociologia associou-se mais diretamente às disputas políticas e ideológicas do período analisado. Assim, há maior proximidade entre esse caso e o que se deu em Buenos Aires, apesar de que neste último a imbricação com a política não impediu o desenvolvimento de um projeto científico no interior desse campo disciplinar. Neste ponto impõe-se uma discussão a respeito da correlação entre politização e desenvolvimento científico da sociologia. Recordemos a conhecida interpretação de Sergio Miceli ao comparar a experiência carioca e a paulista:

> "Enquanto na capital federal vai se constituindo uma hierarquia de objetos e problemas em função de sua relevância para o debate político mais amplo, o que equivale a dar prioridade aos conteúdos em detrimento dos procedimentos científicos, em São Paulo logo prevaleceu uma hierarquia propriamente acadêmica privilegiando os métodos de apropriação científica (a começar pelo trabalho de campo) e os focos de interpretação, substituindo a relevância política pela excelência intelectual."
> (Miceli, 2001, p. 84)

A comparação entre essas duas experiências e a de Buenos Aires é curiosa porque nesta a sociologia orientou-se por questões politicamente relevantes — as análises de Germani sobre o peronismo são emblemáticas —, sem que isso implicasse descuidar-se dos procedimentos científicos, que, nesse caso, são rigorosamente

Sociologias comparadas

seguidos. Como poderíamos explicar essa outra modalidade, que combina politização do campo acadêmico e desenvolvimento científico na instituição universitária? Do nosso ponto de vista, tal configuração só foi possível pela constituição mais remota e autônoma de um sistema universitário e, sobretudo, da FFyL da UBA. Em função disso, a universidade foi alvo de recorrentes intervenções políticas. Não obstante, propiciou o desenvolvimento de uma "sociologia científica", cujos temas foram impostos de fora para dentro, mas abordados sistematicamente. No caso de São Paulo, a universidade relativamente blindada da arena política favoreceu a defesa da ciência, mas, inicialmente, por meio de objetos menos sintonizados com os temas da agenda política, mais endógenos, portanto.

São Paulo e Buenos Aires se aproximam sob outro aspecto; nas duas cidades, diferentemente do que se passou no Rio de Janeiro, constituíram-se setores médios importantes em função da imigração massiva, e tais classes envolveram-se (de modo difuso ou direto por meio de protagonistas nelas recrutados) na modernização da universidade e nos reclamos pela ciência, demandas que divergiam dos objetivos elitistas que prevaleciam nos projetos iniciais, forjados pelos grupos dominantes.

A experiência carioca aproxima-se também da portenha pela existência de um campo acadêmico que associou mais significativamente iniciativas universitárias e não universitárias. Sob tal aspecto, instituições como a sequência IBESP/ISEB e o CLAPCS centralizaram esforços de pesquisa em sociologia no Rio de Janeiro durante a fase considerada. Experiências similares em São Paulo estavam mais diretamente subordinadas à universidade, como o CESIT e o CERU. Em Buenos Aires, o CLES (que tinha filiais em outras cidades do país) apresenta uma diferença importante em relação aos casos mencionados: foi uma iniciativa inteiramente privada, apesar de incorporar figuras provenientes do polo acadêmico (mas, também, do polo literário). Além disso, era uma instituição claramente situada em oposição ao governo (peronista, sobretudo). Sua existência se deu justamente no período de intervenções compreendido entre 1930 e 1955. De todo modo, as expressões mais fortes da sociologia nos dois países tiveram como base as instituições universitárias.

Em relação à inserção da sociologia no sistema acadêmico propriamente dito, houve na Argentina implantação anterior, mas lenta e descontínua, primeiro como matéria incluída em cursos de direito e filosofia (mais tarde na economia), depois como curso autônomo, itinerário sempre afetado pelas oscilações do campo político. No Brasil, esse processo foi posterior, porém mais acelerado e concentrado, o que garantiu a fixação mais rápida de critérios de legitimação predominantemente científicos e o desenvolvimento relativamente concomitante de alguns programas de pesquisa estabelecidos desde meados dos anos de 1940. O caso de institucionalização acadêmica mais bem-sucedida ocorreu em São Paulo. Na ELSP e na FFCL-USP, padrões de trabalho intelectual até então inusitados foram fixados; na primeira através da atuação de sociólogos norte-americanos; na segunda, por meio da missão francesa. As gerações de estudantes formados nessas duas escolas tomaram a frente de tais empreendimentos a partir de meados da década de 1950, reforçando a dimensão acadêmica dos projetos que vicejaram nas duas escolas desde os anos de 1930, apesar das razões políticas envolvidas na criação de ambas.

Divergências políticas relacionaram-se às disputas propriamente acadêmicas entre as duas instituições. Estas se deram, não obstante, em torno de três programas de pesquisa ambiciosos. O primeiro foi liderado por Donald Pierson e Emílio Willems na ELSP (embora Willems fosse também professor da USP) e visava à realização de "estudos de comunidades" que deveriam mapear empiricamente a realidade brasileira, para depois formular uma teoria sobre os processos de estratificação social, vinculados às mudanças sociais e culturais decorrentes da modernização do país. Taxado como conservador e analiticamente frágil pela USP, tal programa não teve o reconhecimento que esperavam seus mentores Emílio Willems e Donald Pierson. Depois do afastamento de ambos, nunca mais a ELSP recuperaria a liderança intelectual exercida nas primeiras décadas do período de fundação da sociologia paulista. O segundo programa, liderado por Roger Bastide na FFCL-USP,

Sociologias comparadas

defendia uma sociologia da cultura, a partir da qual os processos de interpenetração de civilizações poderiam ser analisados no contexto da transformação acelerada da sociedade brasileira em torno da metade do século XX. Estudos sobre folclore, religião, arte, literatura foram realizados por Bastide e seus alunos. Com o retorno de Bastide à França, apesar da importante atuação de Maria Isaura Pereira de Queiroz na Cadeira de Sociologia II e no CERU, e com a transferência de Gilda de Mello e Souza para a filosofia, boa parte do programa imaginado pelo sociólogo francês se dispersou, implicando a descontinuidade dessa linha de investigação.

Levadas em conta, ainda, as pesquisas realizadas no Rio de Janeiro, no ISEB e no CLAPCS, percebe-se o caráter mais diversificado da produção sociológica brasileira em relação à argentina e das disputas correspondentes. Haveria, esquematicamente, três níveis principais de confrontação: entre os sociólogos paulistas e cariocas; entre ELSP e USP; entre as cátedras de Sociologia I e II. No caso argentino, há só um oponente na sociologia (e frágil do ponto de vista intelectual), a chamada "sociologia de cátedra", nucleada em Alfredo Poviña, focada numa história das ideias sociológicas.

Passemos agora ao ponto central desta comparação. Como explicar o fato de Gino Germani e Florestan Fernandes terem se constituído, quase simultaneamente, como chefes de "escola" entre as décadas de 1950 e 60? A condição geral e necessária para o surgimento coetâneo dessas "escolas" sociológicas foi a preexistência de organizações acadêmicas modernas nos dois países, o que diferenciou, como vimos anteriormente, os casos brasileiro e argentino em relação a outros latino-americanos, nos quais não se constituíram organizações desse tipo e nem "escolas", até o momento considerado. Nos dois países prevaleceram iniciativas gestadas nacionalmente no processo de implantação universitária da sociologia. A tais circunstâncias associou-se o contexto internacional favorável ao estabelecimento dessa disciplina na América Latina, desde o final da segunda guerra mundial.

As organizações acadêmicas nas quais os dois sociólogos atuaram eram, entretanto, muito distintas, e condicionaram suas trajetórias diferentemente. Já mencionamos o fato de que o sistema

156   Sociologia no espelho

educacional argentino construído desde o final do século XIX transformou radicalmente as condições de produção e recepção da atividade intelectual. Sua abrangência e profundidade implicaram a inclusão quase imediata de setores novos da sociedade, sobretudo filhos da imigração massiva, num campo intelectual recente, mas extremamente dinâmico que se organizou na Argentina, centralizado em Buenos Aires, entre as últimas décadas do século XIX e as primeiras do XX. A constituição de um público leitor considerável permitiu a consolidação de um mercado cultural predominantemente privado, que permitiu uma profissionalização significativa da atividade intelectual e artística, favorável aos destituídos de nome e fortuna que postulavam ascender e afirmar-se por tais vias. Esse movimento inclusivo não se deu, entretanto, sem tensões. Ao contrário, provocou forte reação xenófoba e classista da elite intelectualizada previamente estabelecida que, sentindo-se ameaçada, moveu-se pela necessidade de contratacar tais "invasores" num meio que até então lhe era exclusivo. Tal contexto explica, por exemplo, a composição social de suas vanguardas artísticas na década de 1920, claramente polarizadas entre membros de famílias tradicionais, os de Florida, e os descendentes de imigrantes, nucleados no grupo de Boedo.[64] Explica, também, as disputas que se prolongariam no século XX entre os críticos literários, em sua maioria filhos de imigrantes formados na FFyL e os escritores *criollos*, nucleados na revista *Sur* (ver capítulo seguinte).

Diretamente associada a esse contexto, a FFyL da UBA seria uma das instituições acadêmicas mais diretamente envolvidas na modernização do sistema universitário argentino. Em seu interior, entretanto, a sociologia não figurou imediatamente como uma disciplina autônoma, nem contou com o suporte de missões estrangeiras. Atrelada como vimos a outros cursos, permaneceu relativamente marginalizada até a década de 1950, dependente de iniciativas frágeis e fragmentadas, se comparadas às que se deram no

---

[64] Sobre as vanguardas argentinas, ver texto de Adolfo Prieto (1969), publicado na revista *Tempo Social* (2009). Consultar também Altamirano e Sarlo (1983) e Schwartz (2002).

Sociologias comparadas

Brasil desde a década de 1930. A trajetória descontínua e desamparada (ele não teve mestres) de Gino Germani se inscreve nesse processo como uma exceção, uma vez que antes dele quase nada havia que sinalizasse a possibilidade de um arranque como o que empreendeu. No terreno estrito da sociologia, não podemos esquecer, foi um autodidata que se afirmou por estratégias as mais variadas num contexto favorável em geral, pela importância da universidade e pelo dinamismo do campo intelectual argentino, mas desfavorável em particular, pela posição marginal que os sociólogos detinham nesses dois âmbitos. O contexto pós-peronista sacudiria esse quadro e lhe propiciaria a possibilidade de atuar como o principal artífice da institucionalização universitária da sociologia na Argentina e, também, como intérprete agudo e privilegiado dos impasses da modernização do país.

Contrastado ao sistema educacional argentino, o que se estruturou timidamente no Brasil desde o Império foi sempre restritivo em todos os níveis e, especialmente, em sua parte superior, nucleada nas carreiras tradicionais e profissionalizantes de direito, engenharia e medicina, ensinadas em escolas superiores isoladas umas das outras (espelhadas de certa maneira no modelo francês das *grands écoles*) e voltadas a uma fração mínima da sociedade. As reformas educacionais formuladas na década de 1920 e implementadas no decênio seguinte em São Paulo e no Rio de Janeiro remediaram esse quadro sem alterá-lo em profundidade, se considerada a possibilidade da construção de um sistema universitário nacional e unificado,[65] à maneira argentina. A criação da UDF, depois Universidade do Brasil, e da USP na década de 1930 restringiram aos dois principais estados do país uma vida universitária incipiente e elitista[66] que, não obstante, favoreceu direta e fortemente o desenvolvimento da sociologia no país. Para ambas, como vimos, foram recrutados professores estrangeiros, decisivos à aclimatação prolongada de tradições teóricas e de práticas de

---

[65] Isso só ocorreria durante a ditadura militar (1964-1985).

[66] Embora os novos cursos criados, sobretudo na FFCL-USP, apresen-

158   Sociologia no espelho

pesquisa, que seriam encarnadas pelas primeiras gerações de estudantes dessas instituições e, também, da ELSP em São Paulo. A comparação com o caso argentino, onde não houve missões oficiais para o ensino de sociologia, reforça ainda mais a importância do papel desempenhado pelos professores estrangeiros no estabelecimento das bases organizativas e intelectuais dessa disciplina no Brasil. Explicita, ainda, em relação à trajetória de Florestan, que ela se inscreveu numa experiência compartilhada com outros membros de sua geração, todos diretamente beneficiados pelas oportunidades abertas pela universidade então recém-criada, principalmente pela FFCL-USP. Diferentemente de Germani, ele contou com a retaguarda poderosa de seus professores e, também, com a integração propiciada pelo grupo de colegas a que pertencia, apesar dos conflitos mais ou menos pronunciados, derivados das origens sociais divergentes e das disputas por posições nas quais estavam envolvidos. Ressaltadas as diferenças sociais, vem à tona seu "destino ímpar" (Garcia, 2001); mas devemos notar que ele foi, também, uma figura destacada de uma geração igualmente destacada, resultante das circunstâncias extremamente favoráveis que encontraram nos primeiros anos de funcionamento da Universidade de São Paulo.[67]

tassem um padrão distinto de recrutamento social, a favor de mulheres, filhos de imigrantes e membros da classe média em geral, o sistema universitário brasileiro era elitista porque atingia uma parcela muito pequena da população do país, enquanto na Argentina era muito mais abrangente. A propósito, Gino Germani apresentou dados sugestivos, relativos ao ano de 1950: na Argentina, havia, então, 756 estudantes universitários para cada 100.000 habitantes; no Brasil, eram 117 para cada 100.000. A Argentina ocupava o terceiro lugar no ranking mundial, enquanto o Brasil estava na quinquagésima oitava posição (Germani e Sautu, 1965).

[67] Gostaríamos de aclarar que não discordamos da interpretação de Sylvia Garcia, nem da importância por ela atribuída à origem social de Florestan para entender sua trajetória, em relação à de seus colegas; mas a comparação com Germani sugere um matiz a ser levado em conta, na medida em que explicita a dívida de Florestan com a experiência privilegiada e compartilhada com seus colegas de geração no interior da universidade, sob a influência direta dos professores estrangeiros.

Sociologias comparadas   159

A importância que teve a antropologia (o estudo de sociedades indígenas, especificamente) na primeira fase da carreira acadêmica de Florestan é reveladora, ainda, das diferentes configurações disciplinares no interior das quais a sociologia estava inscrita em cada caso. Em São Paulo, tanto os professores da missão francesa na USP, como os norte-americanos na ELSP, em função das tradições disciplinares das quais provinham, favoreceram a institucionalização universitária da sociologia como parte de um conjunto designado como "ciências sociais", formado ainda pela antropologia e pela ciência política, mesmo que essa configuração tenha resultado de um planejamento prévio. Na Argentina, em função de ter sido introduzida no interior dos cursos de direito, letras ou filosofia, a sociologia evoluiu subordinada aos delineamentos gerais de tais cursos, para depois se constituir como disciplina independente. Entre as relações estabelecidas com outras disciplinas, prevaleceu, como vimos anteriormente, uma aproximação mais estreita com a história.

Os programas liderados por Florestan Fernandes e por Gino Germani se articularam em torno de uma sociologia da modernização; a primeira centrada na análise dos condicionantes sociais do desenvolvimento econômico capitalista e das respostas políticas dos diferentes agentes envolvidos em tal processo; a segunda, focada no estudo das transformações da estrutura social e de seu impacto sobre a ordem política. Ambos se inscreveram num mesmo contexto, o do pós-guerra, em que tais temáticas ganharam importância em toda a América Latina, tanto no campo intelectual como político. Devemos notar a diferença entre os itinerários que os conduziram a tais problemas. Partindo de temas "frios" como o folclore e as sociedades indígenas, a questão racial marcaria para Florestan a passagem para os temas "quentes", relacionados à transição do trabalho escravo para o trabalho assalariado, eixo da discussão posterior sobre a formação da sociedade de classes no Brasil. No caso de Germani, as pesquisas sobre a modernização tiveram origem nos debates extremamente politizados sobre a imigração e o peronismo. De tal maneira, se tivéssemos que sintetizar o trajeto desses dois sociólogos, diríamos que o brasileiro

160 Sociologia no espelho

caminhou da ciência à política, enquanto o argentino trilhou caminho inverso.

Lembremos como essa diferença radicou em trajetórias inscritas em condições díspares. Semelhantes pelo movimento de ascensão social possibilitado pela adesão total de ambos à sociologia, as carreiras de Germani e Florestan tiveram feições distintas. A primeira foi descontínua, Germani sequer concluiu o doutorado, sujeita às oscilações da política argentina; a segunda foi contínua, transcorrida normalmente no interior da universidade (embora bloqueada pela ditadura militar em 1969). Os trunfos intelectuais auferidos por Germani durante o peronismo e a posição acadêmica dominante que alcançou depois da Revolução Libertadora (1955) são indissociáveis de seu alinhamento político antiperonista.

Em relação às outras lideranças mencionadas no exame dos dois casos, ambos se aproximaram mais do papel de líderes de "escola", apesar de terem lastreado seus empreendimentos em estruturas distintas. Germani concentrou maior poder institucional (o que era decisivo numa universidade mais exposta às mudanças nas conjunturas políticas), controlando praticamente todas as instâncias — curso, departamento e instituto — do ensino e da pesquisa em sociologia na FFyL da UBA entre 1955 e 1966. Florestan conquistou a chefia de uma das cátedras de sociologia, tornada dominante, do curso de ciências sociais da FFCL da USP, detendo poder acadêmico apenas sobre a cadeira que regia.

Outra diferença entre os casos estudados diz respeito aos graus de abertura e articulação internacional dos projetos desenvolvidos em São Paulo, Rio de Janeiro e Buenos Aires. Florestan Fernandes, alicerçado na forte tradição uspiana estabelecida pelos professores estrangeiros, foi quem mais resistiu à internacionalização como estratégia para o desenvolvimento da disciplina e, sobretudo, para a capacitação do próprio grupo. Nessa direção, não estimulou os membros de sua equipe a saírem do país para realizar o doutorado, nem participou ativamente das iniciativas que tiveram lugar na América Latina na segunda metade da década de 1950 e que cristalizaram na criação de organismos regionais como a FLACSO (1957) e o CLAPCS (1957), nas quais Gino Ger-

Sociologias comparadas

mani teve papel importante (Blanco, 2007). Diferentemente de Florestan, Germani enviou quase toda sua equipe ao exterior, como uma tentativa de remediar a ausência de uma tradição nacional. No Brasil, quem participou diretamente de tais empreendimentos foi Costa Pinto, no Rio de Janeiro. Em relação à circulação internacional dos estudantes de pós-graduação brasileiros, ela se incrementaria apenas no final dos anos de 1960, envolvendo, sobretudo, cariocas e mineiros ligados ao IUPERJ e ao Museu Nacional (Garcia, 2006; Keinert, 2011). Podemos especular que o insulamento do projeto de Florestan teria como lastro a estabilidade do processo de desenvolvimento da sociologia no interior da USP, antes do golpe. Sintomaticamente, o próprio Florestan buscaria apoio e articulações externas diante da perseguição movida pela ditadura militar. O investimento que fizeram Germani e Costa Pinto para fortalecerem redes internacionais seria um contrapeso à vulnerabilidade política das universidades em que estavam inseridos, derivada, sobretudo, de sua implantação em cidades (ambas capitais federais) mais diretamente afetadas pelas oscilações do sistema político.

Retomando o ponto central do capítulo anterior, resta ainda discutir comparativamente as relações de Germani e Florestan com as tradições intelectuais nacionais. Ambos se distanciaram dessas tradições incorporando linguagens, esquemas conceituais e metodologias científicas em meio a disputas com os ensaístas, que nas décadas de 1930 e 40 produziram as interpretações mais consagradas sobre os processos de formação histórica e/ou de construção de identidades das duas sociedades nacionais. Houve, entretanto, diferenças. Florestan combateu mais explicitamente os ensaístas, mas absorveu suas obras, incorporando temas, perspectivas teóricas e interpretações. Germani foi discreto no enfrentamento, mas afastou-se radicalmente das perspectivas defendidas pelos ensaístas.[68]

---

[68] Não devemos deduzir dessa diferença, contudo, que Germani teria ignorado completamente a tradição intelectual argentina, conforme já discutido anteriormente, uma vez que sua obra se inscreve na linhagem do me-

Finalmente, se a comparação realizada explicita o condicionamento da trajetória incomum de Florestan pelas condições favoráveis com as quais se deparou na Universidade de São Paulo juntamente com seus colegas de geração, revela, também, que a compreensão sociológica de uma carreira como a de Germani exige outras mediações, uma vez que ela se constituiu mais isoladamente — com pouca ou nenhuma retaguarda no âmbito específico de sua atividade —, embora apoiada num sistema cultural extremamente dinâmico para transpor com recursos variados os obstáculos que tinha diante de si.

lhor ensaísmo político argentino, podendo ser entendida como uma atualização dos questionamentos feitos por Sarmiento no século XIX sobre as bases sociais do autoritarismo político que vigia em seu tempo com o rosismo.

Sociologias comparadas

3.
TERRENOS DA CRÍTICA

"Contratado em dezembro de 1960 para inaugurar na Universidade de São Paulo o ensino de teoria da Literatura, o candidato se preocupou desde logo em formar equipe, que pudesse continuar e desenvolver as atividades da disciplina recém-criada. O primeiro elemento recrutado, Roberto Schwarz, foi encaminhado com este intuito para os Estados Unidos no fim de 1961. Lá estudou sob a orientação de René Welleck no Departamento de Literatura Comparada (que engloba Teoria da Literatura) da Universidade de Yale, obtendo o grau de Mestre. De volta foi nomeado Assistente no fim de 1963. A partir de então, na medida das possibilidades de verba e das necessidades de serviço, foram recrutados outros elementos com o mesmo cuidado, estando atualmente o grupo em condições de assumir com eficiência a responsabilidade plena dos cursos de graduação e pós-graduação."

Antonio Candido, 1974[1]

"Al cabo de cinco años era posible ya visualizar um grupo de estudiosos verdaderamente interesantes; acaso un decena de jóvenes profesionales que podían integrarse a los niveles docentes y de investigación de la universidad con pleno derecho. La mayoría de aquellos jóvenes profesionales de entonces, sin embargo, está hoy dispersa en los cuatro puntos cardinales del país y del mundo. El golpe militar y los sucesivos desencuentros y calamidades sufridos por la universidad argentina ofrecen la descarnada moraleja del relato. Ninguna política cultural dictada e implementada por la universidad desde su propio ámbito, o aún más

---

[1] Trecho do Memorial de Antonio Candido, apresentado em 1974 para Concurso de Professor Titular de Teoria Literária e Literatura Comparada na Universidade de São Paulo.

lejos, ninguna universidad puede sobrevivir a las ansiedades y a la inseguridad radical de la sociedad a la que la misma pertenece."

Adolfo Prieto, 1982[2]

I

De acordo com o capítulo anterior, as disciplinas com as quais a sociologia se relacionou mais diretamente — envolvida num só passo em disputas e processos de colaboração — durante sua fundação não foram as mesmas nos dois casos. No Brasil, a sociologia constituiu-se como o eixo de um movimento de profissionalização e afirmação disciplinar, que incluiu também a antropologia e a ciência política, iniciado nos anos de 1930 com a criação das universidades e dos cursos de ciências sociais em São Paulo e no Rio de Janeiro. Nesse contexto, disciplinas como a filosofia, a história, a geografia, a psicologia e a economia percorreram caminhos, se não totalmente independentes, relativamente distanciados das ciências sociais.

Introduzida no final do século XIX nos cursos de filosofia, letras e direito, na Argentina a sociologia desenvolveu-se de maneira subordinada a essas disciplinas e orientada pelas diretrizes que estruturavam os programas de ensino em cada uma dessas carreiras até o final da década de 1950. Desde então, com a criação do curso e do Departamento de Sociologia na UBA, ela viria a desenvolver-se de maneira independente e não, como no caso brasileiro, inscrita numa matriz comum, a das "ciências sociais". A sociologia relacionou-se, como vimos anteriormente, mais diretamente com a história e a economia do que com a antropologia e a ciência política. Uma aproximação entre os dois casos, contudo, verifica-se por meio dos vínculos estabelecidos entre a sociologia e a crítica literária, disciplinas aparentemente distanciadas se

[2] Trecho de entrevista dada à revista *Punto de Vista*, nº 16, 1982.

166   Sociologia no espelho

levados em conta os objetos e as abordagens tradicionais que as caracterizam.

Embora os processos de modernização da crítica literária no Brasil e na Argentina inscrevam-se em tradições intelectuais, mercados de bens culturais e organizações acadêmicas distintas, algumas circunstâncias comuns permitem aproximá-los. Entre estas, enfatizaremos neste capítulo o fato de que, nos dois casos e quase ao mesmo tempo, a crítica literária aproximou-se da sociologia, esforçando-se por obter um estatuto mais científico do que detinha até, aproximadamente, a primeira metade do século XX. De fato, entre as décadas de 1950 e 1960, tanto no Brasil como na Argentina, os polos mais dinâmicos da crítica literária renovaram-se mediante a incorporação de instrumentos analíticos oriundos da sociologia, apesar da tensão existente entre os críticos que reivindicavam tais orientações e os que defendiam a análise estética do texto literário.[3] Além disso, as duas disciplinas enfrentaram temáticas convergentes, relativas aos problemas da formação e da modernização da sociedade e da cultura nos dois países. Em tal direção, nos dois lados dessa fronteira disciplinar programas de pesquisa e estilos de trabalho inovadores (e ambiciosos) foram desenvolvidos. Se na sociologia, Florestan Fernandes e Gino Germani foram as figuras proeminentes desse processo, constituindo-se, cada um em seu país, como as principais lideranças intelectuais e institucionais desse campo disciplinar; na crítica literária, um papel análogo foi desempenhado por Antonio Candido e Adolfo Prieto, respectivamente, no Brasil e na Argentina.

Essa afirmação não despertará dúvida em relação ao papel desempenhado por Antonio Candido no Brasil, mas sim, talvez,

---

[3] Certamente, houve também reivindicação de cientificidade por meio da análise estética. No caso argentino, pelos herdeiros da "escola" de Amado Alonso, formados na tradição da linguística e da filologia; no brasileiro, sobretudo, por Afrânio Coutinho, que tinha como referência o *New Criticism*. Neste capítulo, no entanto, a ênfase recai sobre os críticos que incorporaram a sociologia como instrumento analítico do fato literário. Isso explica a seleção de Adolfo Prieto e Antonio Candido como parâmetros para examinar a relação entre crítica literária e sociologia nos dois casos.

Terrenos da crítica

ao que logrou concretizar Adolfo Prieto na Argentina. De fato, a obra e a atividade intelectual de Antonio Candido foram crescentemente valorizadas nas últimas décadas do século XX e ainda mais à medida que o autor se distanciou das disputas e polêmicas nas quais se envolveu e das críticas que recebeu até o final da década de 1980. Tal itinerário é revelador do sucesso do empreendimento acadêmico que levou a cabo. Esse projeto teve como suporte a sua prolongada atuação na universidade, especialmente na FFCL da USP à frente da Cadeira de Teoria Literária e Literatura Comparada, depois de 1961, na qual reuniu um grupo destacado de professores e pesquisadores, alguns muito reconhecidos posteriormente, como Roberto Schwarz, Davi Arrigucci Jr. e Walnice Nogueira Galvão (Ramassote, 2006). No caso de Adolfo Prieto, apesar do alto nível e da abrangência da sua produção acadêmica, a avaliação de sua obra e da liderança intelectual que exerceu, embora tenha sido sempre favorável, nunca resultou numa consagração equivalente. Quem mais se aproximou disso foi David Viñas, considerado até hoje pela maioria dos intérpretes como o principal artífice do processo de renovação da crítica literária argentina entre as décadas de 1960 e 1980. Contudo, uma apreensão mais detida da carreira de Prieto (e das circunstâncias nas quais se desenvolveu), comparada com a de David Viñas e outras figuras destacadas da mesma geração — como Jaime Rest, Rodolfo Borello, Enrique Pezzoni e Noé Jitrik, entre outros — revelam que foi quem mais se empenhou (e logrou concretizar) numa reconstrução sistemática e ampliada da literatura argentina, não apenas por meio de sua obra individual, mas também pelos diversos projetos coletivos que dirigiu, destacando-se sua participação decisiva (concepção, redação de alguns textos e supervisão de quase todos os artigos redigidos para a obra) no projeto que originou uma das mais bem-sucedidas histórias da literatura argentina e que teria enorme impacto no desenvolvimento da crítica posterior, *Capítulo: la história de la literatura argentina* (1967/1968). Além disso, diferentemente de David Viñas que se dedicou tanto à crítica literária, como à literatura propriamente dita e a outras formas de criação artística, Adolfo Prieto construiu toda sua carreira no interior da universidade, dedicando-se integralmente à realização de um programa de pesquisa (extremamente renovador no contexto em que surgiu), solidamente apoiado em instrumentos analíticos oriundos da sociologia e da psicanálise e menos interessado na avaliação estética dos textos. Tais aspectos justificam a ênfase conferida a esse autor no argumento aqui desenvolvido.[4]

Um primeiro elemento para entendermos o insucesso relativo do programa de pesquisa liderado por Adolfo Prieto relaciona-se com a centralidade mais prolongada detida pela literatura no campo intelectual argentino durante o século XX, em relação ao caso brasileiro. Nessa configuração, até pelos menos o final dos anos de 1970, as posições dominantes do mundo literário estavam ocupadas pelos próprios escritores e apenas secundariamente pelos críticos, embora o movimento de renovação da crítica literária ocorrido na década de 1950 fora de enorme impacto. Como contraponto, tipicamente, no Brasil, a crítica como atividade desenvolvida profissionalmente no interior da universidade e fora dela, nos principais jornais do país, impôs-se progressivamente, sobretudo, em torno de 1950,[5] como instância reconhecida de arbitragem da produção cultural e literária, o que aconteceria na Ar-

[4] As trajetórias de Borello, Jitrik, Rest e Pezzoni também estiveram ligadas, ainda que em graus desiguais, à universidade e todos eles escreveram sobre literatura argentina. No entanto, em sua produção crítica não incorporaram, como Prieto, os instrumentos da sociologia à análise literária e ao projeto de uma história social da literatura. Este último aspecto justifica a seleção da figura de Prieto como parâmetro para examinar a relação entre crítica literária e sociologia, objeto desta parte do livro.

[5] O crítico e historiador da literatura Afrânio Coutinho foi muito feliz ao caracterizar os anos de 1950 pela centralidade da crítica literária: "A década de 1950, na literatura brasileira, pode ser considerada como da crítica literária. É o momento em que se adquire a consciência exata do papel relevante da crítica em meio à criação literária e aos gêneros da literatura imaginativa, função de disciplina do espírito literário. Sem ser um gênero literário, mas uma atividade reflexiva de análise e julgamento da literatura, a crítica se aparenta com a filosofia e a ciência, embora não seja qualquer delas". *A literatura no Brasil*, Rio de Janeiro/Niterói, José Olympio/Universidade Federal Fluminense, 1986, p. 634.

Terrenos da crítica

gentina mais ou menos trinta anos depois. Além disso, não apenas Adolfo Prieto, mas todo o grupo de *Contorno* teve que enfrentar uma tradição acadêmica muito prestigiosa na Faculdade de Filosofia e Letras da Universidade de Buenos Aires — onde Prieto se formou, mas jamais lecionou —, tradição esta que fora estabelecida durante a permanência (1927-1946) do crítico espanhol Amado Alonso à frente do Instituto de Filologia e Literaturas Hispânicas, autor que enfatizava a análise interna dos textos literários. Isso talvez explique, aliás, o fato de nenhum dos críticos de *Contorno* ter ensinado na UBA. A inserção profissional deles nas décadas de 1950 e 1960 se deu nas universidades menos prestigiosas do interior do país, o que certamente limitou o alcance dos projetos que tentaram desenvolver. Na Universidade de São Paulo, diferentemente, não se consolidou até o início dos anos de 1960 nenhuma corrente de análise vigorosa. De modo semelhante, nenhuma liderança acadêmica se impusera claramente até aquele momento no curso de Letras (Bosi, 2009; Ramassote, 2013). Tais circunstâncias favoreceram o movimento de renovação encabeçado por Antonio Candido na Cadeira de Teoria Literária e Literatura Comparada da USP. Outro elemento desfavorável à Prieto foi a descontinuidade de sua carreira acadêmica, cindida em função do acirramento das tensões políticas desde a segunda metade da década de 1960, contexto que acabaria provocando seu exílio na década seguinte, quando emigrou para os Estados Unidos.

A defesa de nossa hipótese exige situar as obras e as trajetórias desses dois personagens no interior dos processos mais gerais de desenvolvimento da crítica literária em cada país — como fizemos em relação ao ensaísmo no primeiro capítulo e à sociologia no segundo —, levando em conta as tradições intelectuais no interior das quais se constituíram e as formas de inserção institucional dessa atividade, tanto nos sistemas acadêmicos, como na grande imprensa e nas publicações especializadas (revistas literárias). Evidentemente, não temos nenhuma pretensão de reconstruir detalhadamente contextos tão abrangentes e complexos, mas apenas de esboçar planos gerais, que permitam apreender melhor as questões mais específicas que nos interessam, ou seja, as transformações experimentadas por certos setores da crítica literária em função da presença da sociologia no Brasil e na Argentina, a partir dos anos de 1950.

II

Segundo uma imagem mais ou menos generalizada na Argentina, a crítica teria precedido a literatura nesse país (Perosio e Rivarola, 1980), pois suas primeiras expressões, surgidas no último quarto do século XIX, se deram num momento em que a literatura não havia ainda amadurecido como um sistema. Algumas décadas antes do que no Brasil, o ensino de letras foi institucionalizado academicamente com a criação da FFyL da UBA em 1896. Antes que esta última desse os seus primeiros frutos, uma geração anterior abriu caminho aos jovens egressos dessa instituição, no interior da qual se destacou o francês Paul Groussac, cuja atuação à frente da Biblioteca Nacional em Buenos Aires, por mais de quarenta anos (1885-1929), o constituiu "como juiz por excelência em questões literárias" (Borello, 1967). Dois outros fatos devem ser relembrados por sua importância na constituição ulterior da crítica nesse país. O primeiro refere-se à criação da revista *Nosotros* (1907-1934, 1936-1943), o segundo liga-se à instituição da Cátedra de Literatura Argentina (1912) na Faculdade de Filosofia e Letras, que seria dirigida por Ricardo Rojas. Além da universidade, de *Nosotros* e de outras revistas, a imprensa diária, principalmente o jornal *La Nación*, teve importância, não para a gestação de uma crítica mais alentada, mas, sobretudo, ao desenvolvimento da crítica de circunstância e, timidamente, à profissionalização da atividade.

Outro aspecto decisivo ao desenvolvimento da crítica literária na Argentina no século XX concerne à morfologia social de seus praticantes. A maioria dos críticos desse país no período indicado descendia da imigração massiva e formava parte da classe média emergente concentrada na cidade de Buenos Aires, para a qual a formação universitária ampliou suas possibilidades de mobilidade

Terrenos da crítica

social. Desse quadro, a figura de Ricardo Rojas representa um caso desviante. Membro de uma família tradicional do interior e autodidata — seu pai fora governador de Santiago del Estero, uma província pobre com certa importância comercial durante o período colonial —, iniciou sua carreira na imprensa portenha (escreveu no *El País* e no *La Nación*), favorecido por apoios políticos que detinha em função do pai. Nomeado catedrático na FFyL da UBA, assumiu a perspectiva da elite ameaçada pela imigração, sobretudo, em *La restauración nacionalista* (1909), que resultou de uma encomendada oficial do Ministério da instrução pública. Sua indicação, diretamente condicionada pelo nacionalismo cultural reinante e do qual se constituiria em porta-voz importante, prenunciava um processo, então incipiente, de democratização da universidade e que favoreceria diretamente os imigrantes e seus descendentes.

Podemos caracterizar *Nosotros* como uma revista de "críticos literários", comparando-a com *Sur*, a publicação que a sucedeu, a partir da década de 1930, como principal ponto de referência do campo intelectual argentino e berço das inovações literárias do período. *Sur* era, em contraponto, uma revista de "escritores".[6] Apesar de um pouco caricatural, essa talvez seja uma boa pista para entender uma das linhas de força que estruturaram a vida literária nesse país durante o século XX: críticos e imigrantes contra escritores e *criollos*. Os fundadores de *Nosotros*, ambos egressos da imigração italiana, Alfredo Bianchi e Roberto Giusti, formaram-se na FFyL e tinham 25 e 20 anos, respectivamente. A revista tinha periodicidade mensal (foram publicados 390 números) e reunia colaboradores numerosos e provenientes de círculos sociais e intelectuais distintos.

---

[6] Certamente *Sur* recrutou, como colaboradores, professores e pesquisadores como Francisco Romero, Amado Alonso, Raimundo Lida, Angel Battistessa e, mais tarde, Ana Maria Barrenechea, Enrique Pezzoni e Jaime Rest, mas a revista atuou mais como uma plataforma de promoção dos escritores do que de difusão de trabalhos especializados (King, 1989, pp. 114-5).

Entre os dois fundadores e diretores dessa revista, Roberto Giusti foi quem exerceu influência mais duradoura, para além das tarefas de organização, na crítica literária argentina. Rodolfo Borello (1968) o qualificou como o "decano" dos críticos argentinos, por ter sido dos primeiros a formar-se na universidade e a construir uma obra quase inteiramente dedicada à crítica, reivindicada por ele como "militante". O epíteto remetia à exigência de responder à produção literária contemporânea com avaliações solidamente concebidas (Perosio, 1980). Nessa direção, foi o principal representante de uma modalidade de crítica que ficava a meio caminho entre o impressionismo e as abordagens mais especializadas, posteriores, informadas pela filologia, pela estilística, a partir de 1930, e por disciplinas como a linguística, a psicologia e a sociologia, no pós-guerra.

Quase ao mesmo tempo, ou seja, ao longo das três primeiras décadas do século XX, e no interior da FFyL da UBA, prevalecia o projeto de historiar a literatura argentina, por iniciativa direta de Ricardo Rojas, a frente da Cadeira de Literatura Argentina (a partir de 1912). Desse programa nasceu a obra *História de la literatura argentina: ensayo filosófico sobre la evolución de la cultura en el Plata*, cujos volumes foram publicados entre 1917 e 1922, em sintonia com o clima do nacionalismo cultural que marcou o centenário (conforme o primeiro capítulo). Essa direção inaugurada por Rojas teria continuidade imediata no Instituto de Literatura Argentina, que dirigiu, e posterior, nas diversas reconstruções realizadas, especialmente as que dirigiram Rafael Arrieta, intitulada *História de la literatura argentina* (seis volumes, publicados entre 1958 e 1960), e Adolfo Prieto, *Capítulo: la historia de la literatura argentina* (1968). Igualmente é possível inscrever nessa tradição (apesar de seu caráter ensaístico e polemista) o livro *Literatura nacional y realidad política* (1964), de David Viñas.

O efeito porventura mais agudo da organização acadêmica do ensino e da pesquisa em letras derivou, também, de uma ação direta do próprio Ricardo Rojas, que concebeu e criou o Instituto de Filologia em 1923, momento em que dirigia a FFyL. A partir de contatos estabelecidos com o espanhol Ramón Menendez Pidal,

Terrenos da crítica 173

então diretor do Centro de Estudos Históricos de Madri, organizou uma missão estrangeira, cujo principal representante seria Amado Alonso. Sua atuação prolongada à frente desse Instituto implicou uma transformação profunda dos estudos literários na Argentina, doravante apoiados em métodos sofisticados de análise interna dos textos (Barrenechea e Lois, 1989; Barrenechea, 1995-1996). Com a colaboração estreita do dominicano Pedro Henríquez Ureña formou um grupo de pesquisadores destacados, como Angel Battistessa, Raimundo Lida, Enrique Anderson Imbert, Maria Rosa Lida de Malkiel, Raúl Hector Castagnino, Emilio Carilla. Do que já foi dito, é possível vislumbrar o quadro que resume o universo da crítica argentina na primeira metade do século XX. Apoiada fragilmente na imprensa diária; fortemente nas revistas literárias e na universidade, embora essas três instâncias se relacionassem, cada uma delas promovia um tipo diferenciado de trabalho intelectual, definido pelos condicionamentos impostos pelo sistema acadêmico, num caso, e pelos que regulavam a vida cultural e literária propriamente dita, nos outros. A respeito, vale a pena enfatizar que a grande maioria dos críticos argentinos do século XX formou-se em letras na FFyL da UBA, diferentemente do que ocorreu no Brasil, onde os cursos de letras ganhariam importância apenas na segunda metade do mesmo século.[7] No interior da universidade, como já indicado, duas tradições claramente diferenciadas se estabeleceram, uma voltada à história literária, outra estribada na filologia e na estilística. Fora da universidade, além dos jornais, que não tiveram importância em relação à crítica literária comparável à que tiveram no Brasil, as revistas divulgavam novidades e nucleavam o debate mais acalorado sobre a vida literária em curso. Mencionamos *Nosotros*, desafiada na década de 1920 pelas revistas de vanguarda e deslocada posteriormente por *Sur*.

---

[7] Uma evidência acerca da origem acadêmica dos críticos argentinos encontra-se em *Encuesta: la crítica literária en la Argentina* (1963), dirigida por Adolfo Prieto. Entre os dezenove críticos entrevistados, quatorze se formaram na FFyL, ainda que quatro não tenham concluído o curso de Letras. Seis fizeram pós-graduação, cinco nessa mesma faculdade e um no exterior.

Nesta última, dominada por uma aristocracia social e literária, capitaneada por Victoria Ocampo, a crítica seria praticada, principalmente, pelos próprios escritores (como fizera Lugones anteriormente) ou por críticos afinados com a percepção daqueles, que reivindicavam para si mesmos (e não para os críticos propriamente ditos) o papel de árbitros do mundo cultural. *Sur* recrutou como colaboradores professores e pesquisadores como o filósofo Francisco Romero e os críticos acadêmicos, tais como Amado Alonso, Raimundo Lida, Angel Battistessa e, mais tarde, Ana María Barrenechea, Enrique Pezzoni e Jaime Rest, porém, a revista atuou mais como uma plataforma de promoção dos escritores do que de difusão de trabalhos especializados. Além disso, a orientação da escola de Amado Alonso afinava-se de certa maneira com a percepção dos escritores ao levar em conta apenas a realidade interna dos textos. Dito de outra maneira, e mais explicitamente, a crítica literária especializada ocupava um lugar secundário na revista, ligado, sobretudo, à legitimação dos empreendimentos literários dos membros do grupo. De certa maneira, o modelo ideal de crítica para *Sur* era o próprio Borges e não Amado Alonso (King, 1989). A esse respeito, suas conhecidas burlas aos críticos literários — como Ricardo Rojas, Américo Castro e o próprio Amado Alonso — são expressivas de uma disputa entre escritores e críticos acerca da autoridade legítima para pronunciar-se sobre questões literárias. Para o escritor, toda análise "científica" da literatura atentava contra a magia da criação literária.

A hegemonia cultural exercida pela revista *Sur* por mais de 20 anos começou a declinar nos anos de 1950, entre outros fatores, em função do clima político que envolveu a queda do peronismo (1955), desfazendo a relativa unidade da comunidade intelectual e artística que prevalecera desde 1946 até então. Nesse novo contexto surgiram as revistas *Centro* (1951-1959) e *Contorno* (1953-1959), que tiveram impacto decisivo não apenas no interior da crítica literária, mas também no processo mais amplo de transformações que afetaram a cultura argentina a partir desse momento. Embora a segunda tenha atraído maior atenção dos intérpretes e ficado marcada no imaginário intelectual como o núcleo de uma

Terrenos da crítica

geração inovadora, a primeira foi igualmente importante naquele momento, tendo reunido, como órgão oficial do Centro de Estudantes da Faculdade de Filosofia e Letras da Universidade de Buenos Aires, um contingente mais amplo de participantes e de orientações intelectuais. Nessa direção, incorporou estudantes que não participaram de *Contorno*, mas que se projetariam mais tarde, como Jaime Rest (que seria professor da FFyL da UBA) e Rodolfo Borello (que seria professor na Universidade Nacional de Cuyo, em Mendoza entre 1956 e 1976). Ademais, participaram como organizadores ou como colaboradores na revista jovens estudantes que na década seguinte migrariam para a sociologia, então liderada por Gino Germani. Esse foi o caso de Eliseo Verón, Miguel Murmis, Celia Durruty, Dario Cantón, Regina Gibaja, entre outros. Vale ainda destacar o fato de que Adolfo Prieto participou mais ativamente em *Centro* do que em *Contorno*. Na primeira, integrou o conselho de redação da revista desde 1953 e publicou três artigos, além de uma peça de teatro.[8] Na segunda, apenas apareceu no comitê de direção nos anos de 1957 e 58, quando foram editados os dois *Cuadernos de Contorno* e no último número 9/10 da revista, em 1959, e publicou uma resenha e um artigo político.[9]

Idealizada pelos irmãos Ismael e David Viñas, *Contorno* foi uma derivação de *Centro* (quase todos seus integrantes participaram desta última). Integrada por um grupo mais restrito de colaboradores,[10] acentuou algumas tendências já presentes em *Centro*, interrogando o significado da literatura no país, propondo-lhe um

---

[8] Suas colaborações foram: "Nota sobre Sábato", ano 2, nº 4, 1952; "En la cima del Monte Ararat: bosquejo dramático", ano 3, nº 5, 1953; "Hacia una biografía de Sarmiento", ano 3, nº 6, 1953; "Borges, el ensayo crítico", ano 3, nº 7, 1953.

[9] Suas colaborações foram: "A propósito de *Los Idolos*", nº 1, 1953, e "Peronismo y neutralidad", nº 7/8, 1956.

[10] Ramón Alcalde, León Rozitchner, Juan José Sebreli, Adelaida Gigli, Adolfo Prieto, Noé Jitrik, Regina Gibaja, Oscar Masotta, Francisco J. Solero e Rodolfo Kusch.

novo cânone e questionando os critérios mobilizados pela crítica literária até então.

Durante a segunda metade da década de 1940, quase todo o grupo de *Contorno* estudou na FFyL, então sob intervenção peronista, quando muitos professores foram afastados (ou renunciaram) e substituídos. Tal fato implicou um deslocamento da vida intelectual para fora da universidade, para instituições privadas como o Colégio Livre de Estudos Superiores e, em consequência, um declínio da qualidade do ensino universitário. No curso de letras, especificamente, tal momento marcou a marginalização da estilística, perspectiva predominante desde o final dos anos 1920, quando o espanhol Amado Alonso assumiu a direção do Instituto de Filologia na UBA. Essa experiência havia renovado a crítica literária na Argentina, deslocando, em certa medida, o impressionismo que prevalecia, sobretudo, nos jornais e revistas literárias. Os membros de *Contorno* referem-se em entrevistas ao fato de que o mais atrativo de sua experiência universitária não era a sala de aula, mas a sociabilidade efervescente dos cafés e das livrarias situados no entorno da faculdade, na *calle* Viamonte e arredores.[11]

Nascido e criado na cidade de San Juan, próxima à Mendoza, Adolfo Prieto mudou-se para Buenos Aires no momento preciso dessa viragem, no ano de 1946. Ele tinha, então, 18 anos de idade e quase nenhum capital cultural. Seu pai era um imigrante espanhol, aportado na Argentina em 1913, que, depois de trabalhar alguns anos na colheita de trigo em Córdoba, conseguiu montar

---

[11] Numa passagem do livro *Buenos Aires, vida cotidiana y alienación* (1964), Juan José Sebreli caracteriza esse microcosmo com certa ironia: "Assim, encontramos pequenos grupos intelectuais cujo *background* é a *calle* Viamonte, suas livrarias e bares — Florida e Cotto — próximos da FFyL, onde muitos deles estudam, sobretudo, nos cursos de psicologia e sociologia e cujo fetichismo culturalista os leva a constituir o público fervente das mesas redondas, das revistas literárias — nas quais muitos deles são também redatores —, dos teatros independentes — nos quais muitos deles são também atores —, nos clubes onde toca Astor Piazzola, ou dos ciclos de Bergman e *Nouvelle Vague* do [cine] Lorraine". Juan José Sebreli, *Buenos Aires, vida cotidiana y alienación*, Buenos Aires, Siglo XX, 1964, p. 109.

Terrenos da crítica

uma pequena indústria de doces na cidade de San Juan, onde se casou com uma filha de imigrantes, também espanhóis. A decisão de estudar letras não foi bem recebida inicialmente pelo pai, que, a contragosto e convencido por sua esposa, apoiou financeiramente sua formação universitária. Sua origem provincial explica, provavelmente, a inserção marginal no grupo de *Contorno* e a opção posterior pela carreira acadêmica, à qual dedicou toda sua vida.[12]

A relativa unidade programática da revista tinha como referência, em primeiro lugar, o fato de que todos tinham mais ou menos a mesma idade (nasceram no final dos anos 1920). Em segundo, conheceram-se e conviveram na faculdade, sobretudo, por meio da militância acadêmica e política no Centro de Estudiantes de Filosofía y Letras (CEFyL), que então assumia uma posição claramente antiperonista. A maioria deles começou a escrever e ganhou alguma experiência editorial na revista *Centro*, periódico oficial do CEFyL. Tais traços e experiências comuns, entretanto, revestiam diferenças sociais importantes entre os membros do grupo de *Contorno*, certamente relacionadas com as subdivisões do mesmo.

Tais subdivisões refletiam a expansão quantitativa do ingresso no ensino universitário durante o peronismo (1946-1955) e uma mudança significativa no recrutamento social dos estudantes da Universidade de Buenos Aires e da FFyL, em particular. Entre 1947 e 1955, o ingresso universitário quase triplicou, de 51.272 a 143.542 matriculados (Mangone e Warley, 1984, p. 28). Em relação ao recrutamento social, Gino Germani registrou para o ano de 1956

---

[12] Uma das propriedades do *habitus* a ser considerada no caso dos postulantes à carreira literária, segundo Pierre Bourdieu em *As regras da arte* (1996), diz respeito à origem geográfica, à proximidade ou ao distanciamento em relação ao centro do campo. No caso de escritores provenientes do interior, tal condição implicaria uma série de restrições às possibilidades de consagração literária. Sobre o escritor Léon Cladel (1835-1892), oriundo de Montauban, Bourdieu afirmou: "Toda a obra desse eterno *deslocado* traz a marca da antinomia entre as disposições, associadas ao ponto de partida, que será também o ponto de chegada, e as posições visadas e provisoriamente ocupadas" (p. 296).

uma abertura significativa do ensino superior para os setores "médios inferiores" e "populares". Na FFyL, um terço dos estudantes provinha destes últimos. Devemos notar ainda que a proporção de mulheres nessa faculdade era de aproximadamente 75% (Germani, 1956a). Os irmãos Viñas eram os mais providos socialmente. Essa condição inscreveu neles disposições mais ousadas, relacionadas à militância política e às aspirações intelectuais do pai deles, advogado oriundo de uma família tradicional,[13] estreitamente ligado ao governo de Hipólito Yrigoyen nos anos 1920 (Valverde, 1989). A morte precoce da mãe e outras circunstâncias adversas, como a perseguição política sofrida pelo pai nos anos de 1930, possivelmente os influenciariam a seguir caminhos menos convencionais. Esse quadro vale, sobretudo, para David (1927-2011), dois anos mais novo que seu irmão Ismael, que se arriscou de maneira bem-sucedida nos domínios do ensaio crítico, da ficção e do cinema, entre as décadas de 1950 e de 1960. *Literatura argentina y realidad política* (1964) foi, apesar do êxito que alcançou no âmbito da crítica literária, apenas uma das direções que seguiu como artista e intelectual. De fato, antes da edição desse livro, ele já havia publicado nada menos do que seis romances: *Cayó sobre su rostro* (1955), *Los años despiadados* (1956), *Un dios cotidiano* (1957), *Los dueños de la tierra* (1958), *Dar la cara* (1962) e *Las malas costumbres* (1963). Cabe, ainda, destacar que o autor foi bem-sucedido como romancista, recebendo em 1957 o Prêmio Gerchunoff por *Un dios cotidiano* e, em 1962, o Prêmio Nacional de Literatura por *Dar la cara*.[14] Não se deve estranhar, assim, o tom

---

[13] O avô paterno dos Viñas, Antonio Viñas, havia chegado a Argentina em 1830 e lograra certa posição econômica. Seu filho, o pai de David, foi designado em 1919 como juiz mediador de um conflito extremamente grave entre estancieiros e trabalhadores na Patagônia (experiência que David relataria em *Los dueños de la tierra*) e pouco tempo depois, foi vereador da cidade de Rio Gallegos pelo Partido Radical. Depois do golpe de 1930, seria preso no contexto da repressão política desencadeada pelos militares que derrubaram o governo de Hipólito Yrigoyen.

[14] *Dar la cara* seria adaptado para o cinema no mesmo ano da publica-

Terrenos da crítica

ensaístico de *Literatura argentina y realidad política*, nem a sensação que se tem à leitura de que o autor se esforça por inscrever-se na tradição que examina.

Esse contraponto indica uma característica do grupo de *Contorno*: sua heterogeneidade social, a qual propiciou destinos muito distintos aos seus criadores, após o final da empreitada coletiva. Juan José Sebreli e Oscar Masotta, por exemplo, pertenciam a famílias de imigrantes de classe média baixa, radicadas em Buenos Aires, que nunca lograram alcançar alguma prosperidade econômica (Sebreli, 1987; Correas, 2007). Ambos deixaram inconcluso o curso de letras e orientaram sua atividade intelectual posterior como autodidatas e ensaístas, em direções alternativas, abandonando a crítica literária, que haviam cultivado até então e que resultou, respectivamente, nos livros *Martinez Estrada: una rebelión inútil* (1960) e *Sexo y traición en Roberto Arlt* (1965). Possivelmente, nesses dois casos, as privações econômicas e sociais enfrentadas na infância estiveram relacionadas não apenas com as iniciativas intelectuais inovadoras que empreenderam na década de 1960, mas também com a atitude transgressora que assumiram como estilo de vida. Sebreli e Carlos Correas, outro membro do grupo, eram homossexuais (foram namorados)[15] e formavam, juntamente com Masotta, um subgrupo dentro de *Contorno*, conhecido pela adesão ao existencialismo sartriano, pela aproximação política remota ao peronismo[16] e pela boêmia. Juan José Sebreli cultivou o ensaio sociológico com enorme êxito de público. *Buenos Aires, vida cotidiana y alienación* (1964) vendeu 30.000 exempla-

ção do livro (direção de José Martinez Suárez), em 1962. David Viñas já havia escrito vários roteiros: em 1958 *El jefe*, em 1959 *El candidato* e em 1960 *Sábado a la noche, cine* (os três últimos com direção de Fernando Ayala).

[15] Carlos Correas publicou o conto "La narración de la história" em *Centro*, cujo teor explicitamente homoerótico motivou o fechamento dessa revista em 1959.

[16] A adesão dos três ao peronismo implicou um conflito com os irmãos Viñas e seu afastamento temporário da revista no final de 1954, quando foi publicado o número 4 de *Contorno*, dedicado à Martinez Estrada.

res em um ano e em 1965 a obra havia esgotado sua oitava edição. Publicou mais tarde *Mar del Plata, el ocio represivo* (1970) e *Fútbol y masas* (1981), entre outros. Oscar Masotta, um dos intelectuais más influentes no país durante a década de 1960, seguiu uma trajetória muito diversificada. Começou pela literatura, passou pela filosofía, pela análise da *pop art*, pela semiologia, pela estética e, finalmente, tornou-se um dos autores mais destacados da psicanálise argentina. Foi descrito como um "herói modernizador" (Sigal, 1991), pelas inovações que introduziu ao sugerir novos objetos e linguagens. Publicou *Técnicas de la historieta* (1966), *El pop-art* (1967), *Happenings* (1967), *Conciencia y estructura* (1969), *La historieta en el mundo moderno* (1970) e *Introducción a la lectura de Jacques Lacan* (1974).

Outro aspecto deve ser notado. Se os personagens masculinos mais expressivos dessa geração (ligados às revistas *Centro* e *Contorno*), que enveredaram por atividades profissionais mais variadas e menos estáveis — David Viñas, Oscar Masotta, Juan José Sebreli e Carlos Correas —, não constituíram casamentos duradouros, os que seguiram a carreira acadêmica — Adolfo Prieto, Noé Jitrik, Rodolfo Borello e Jaime Rest — o fizeram. Estes últimos se casaram em torno de 1960, todos com mulheres pertencentes ao mundo universitário,[17] e essas parcerias amorosas alicerçaram o investimento profissional realizado. Em relação àqueles, haveria (possivelmente) correspondência entre as situações profissionais indeterminadas e as oscilações que enfrentaram em suas vidas afetivas.[18]

[17] Jaime Rest (1927) casou-se com Virginia Erhart de Campo (1925), que também foi professora universitária, especialista, como o marido, em literatura inglesa. Noé Jitrik (1928) esposou Tununa Mercado (1939), que fora sua aluna na faculdade de Filosofia e Letras da Universidade Nacional de Córdoba, dedicando-se posteriormente à literatura. Tiveram dois filhos. Adolfo Prieto contraiu núpcias com Reymunda Estela Jarma, com quem teve também dois filhos. Rodolfo Borello casou-se com Alicia Pintos. Os três últimos, oriundos da "província", casaram-se com mulheres de mesma condição.

[18] Os quatro eram portenhos. Viñas casou-se jovem com Ana Maria Villino, de quem se separou depois de pouco tempo de vida em comum. Em seguida, viveu com Adelaida Gigli, que foi membro de *Contorno*, e teve com

Terrenos da crítica   181

Como dissemos acima, a opção profissional pela carreira acadêmica foi abraçada no grupo, sobretudo, por Adolfo Prieto. Esse foi o caso, também, de Noé Jitrik (1928) que assumiu a Cátedra de Literatura Argentina na Universidade Nacional de Córdoba em 1960, onde permaneceu até 1966. Prieto terminou a graduação em letras no ano de 1951, iniciando imediatamente sua tese de doutorado, sob a orientação de Raúl Cortina, que havia sido seu professor na graduação, num momento em que realizar a pós-graduação era incomum. Obteve o título de doutor em 1953 com o trabalho *El sentimiento de la muerte a través de la literatura española (siglos XIV y XV)*, que dedicou ao seu orientador. Este seria o seu único trabalho de vulto dedicado à literatura estrangeira e também o que mais se aproximou da tradição da estilística, predominante na FFyL desde a chegada de Amado Alonso. São razões possíveis dessa escolha temática, além da origem espanhola de sua família, a pouca importância acadêmica que se atribuía, então, à literatura argentina e a familiaridade do autor com a literatura espanhola, devida ao prestígio dessa última no interior da faculdade. Ainda que sua obra posterior fosse dedicada inteiramente à literatura argentina, entretanto, em sua tese Prieto assumiu uma mesma atitude, diríamos sociológica, diante dos textos literários, que aprofundaria posteriormente.[19]

ela dois filhos ("desaparecidos" na última ditadura militar). Nas décadas de 1960 e 1970 juntou-se com outras mulheres. Oscar Masotta não se casou, juntou-se por poucos anos com duas mulheres entre o final dos anos de 1950 e meados dos anos de 1960. Carlos Correas e Juan José Sebreli, homossexuais, nunca se casaram.

[19] Essa continuidade foi notada por Rodolfo Borello: "[...] mais que a pura compreensão estética e literária, afincada nas formas, no estilo ou na língua, o crítico estava interessado em descobrir que tipo de homem havia escrito aquelas páginas, que motivações sócio-históricas e psicológicas o explicavam. Atrás de versos a primeira vista circunstanciais, de crônicas esquecidas, de relatos cheios de recursos retóricos, Prieto perseguia as ideias, os sentimentos nacionais, o horizonte de valores que lhes davam sentido". Borello, "Adolfo Prieto: literatura y sociedad en la Argentina", *Cuadernos Hispanoamericanos*, nº 214, 1967, p. 133.

182   Sociologia no espelho

Em 1954, publicou seu primeiro livro, o polêmico *Borges y la nueva generación*,[20] que trazia uma análise extremamente dura (e negativa) sobre o escritor que já nesse momento era a figura central da literatura argentina e a mais conhecida no exterior. Essa atitude ousada e mesmo temerária inseriu Adolfo Prieto na cena literária argentina abruptamente, tendo, provavelmente, mais o prejudicado do que o favorecido.[21] De todo modo, o livro constituiu-se como uma das marcas de sua geração, ao romper a aura sagrada que revestia fortemente o mundo literário naquele momento, reivindicando para a crítica (e para si mesmo) uma posição mais autônoma e determinante em relação à que detinha até então. Isso se desprende da parte do livro em que examina trabalhos de Borges como crítico, anteriormente publicada na revista *Centro* (Prieto, 1953c) com o título "Borges: el ensayo crítico", na qual o autor acusa Borges de praticar uma "crítica impressionista", "arbitrária" e "hedonista"; voltada para aspectos laterais das obras e não para sua totalidade como deveria fazer uma "crítica objetiva". O texto analisado seria para aquela apenas um pretexto, um meio, e não um fim, como para a última. Dessa maneira, Prieto defendia o papel de árbitros do campo literário para os críticos e não para os próprios escritores.

Seu próximo livro, *Sociologia do público argentino* (1956), revela de maneira inequívoca a afinidade do crítico com a sociologia, disciplina que vinha ganhando legitimidade no campo acadêmico, sobretudo em função das iniciativas capitaneadas por Gino Germani. A obra apresentou uma abordagem inovadora sobre o público leitor, documentada por uma pesquisa empírica (quase desconhecida) realizada pelo sociólogo ítalo-argentino no Instituto de Sociologia em meados dos anos de 1940, sobre o consumo

---

[20] Publicado pela Editorial Universitária Centro, editora vinculada ao CEFyL, até hoje o livro não foi reeditado.

[21] O livro de Prieto sobre Borges provocou uma polêmica acalorada, embora o próprio Borges não tenha se manifestado, que foi divulgada pelas revistas *Liberalis* e *Ciudad*. Sobre o assunto, ver: Monegal (1956) e Avaro e Capdevila (2004).

Terrenos da crítica

cultural da classe média portenha. O livro definiu o enquadramento básico de seu projeto intelectual, que encarou sempre o fenômeno literário como um sistema relacional, excluindo qualquer ideia de transcendência do fato literário de seu esquema interpretativo.[22] Depois da publicação desses livros e de ensinar literatura por alguns anos no ensino secundário (o que conseguiu por intermediação de Raúl Castagnino, que havia sido seu professor na FFyL), Prieto foi convidado em 1956 a lecionar literatura espanhola na Universidade Nacional do Litoral, em Rosario. Derrotado no concurso realizado no final desse mesmo ano regressou a Buenos Aires e, no ano seguinte (1957), quando se casou, atendendo a novo convite, assumiu pela primeira vez uma Cátedra de Literatura Argentina, dessa vez na Universidade Nacional de Córdoba. Em 1958 transferiu-se para a Universidade Nacional de Cuyo, em Mendoza, onde estava seu antigo colega de graduação e amigo íntimo Rodolfo Borello. Seu périplo nas universidades do interior do país culminou com o estabelecimento prolongado, novamente em Rosario, de 1959 a 1966. Nesse período, Prieto dividiu seu tempo em atividades institucionais, de ensino e de pesquisa. Foi diretor da Faculdade de Filosofia e Letras e do Instituto de Letras, além de criador e editor do *Boletín de Literaturas Hispánicas*. Já no primeiro ano de sua atuação na Faculdade de Filosofia e Letras da Universidade Nacional do Litoral, nota-se a intenção de formar um grupo de pesquisadores, a partir de um seminário organizado sobre o impacto do rosismo na literatura argentina.[23] Dessa expe-

---

[22] Essas mesmas preocupações sobre o publico leitor reaparecem em *El discurso criollista en la formación de la Argentina moderna* (1988), formuladas com instrumentos analíticos mais sofisticados e fundamentada em pesquisa rigorosa, representando a concretização de um longo itinerário que indica a persistência de certas linhas de pesquisa no conjunto de sua obra.

[23] Na apresentação do livro, Prieto avaliava a experiência inovadora de pesquisa da seguinte maneira: "[...] devemos destacar o aspecto positivo desta experiência, quaisquer que sejam os juízos especificamente técnicos que ela mereça. Isso se deu pela possibilidade de construir uma equipe de trabalho, despertar a consciência de grupo, criar um sistema eficaz de colaboração individual numa tarefa de conjunto. Apesar das dificuldades sentidas no come-

riência resultou um livro coletivo, *Proyección del rosismo en la literatura argentina* (1959), redigido por estudantes[24] sob a orientação cuidadosa de Prieto. Os autores perscrutaram no interior de diversos registros literários da época — romance, conto, poesia, jornalismo, teatro e literatura autobiográfica — as formas de inscrição social dos conflitos derivados do governo de Rosas e de sua dissolução.[25] De outro seminário (1962), que visava traçar um quadro da crítica literária nacional e do qual participaram alunos e ex-alunos da faculdade, originou-se o livro *Encuesta: la crítica literária en la Argentina* (1963). A obra reuniu depoimentos de 19 críticos literários do país, que responderam a um mesmo conjunto de questões, visando esclarecer as condições concretas que orientavam essa atividade como profissão predominante ou secundária, as relações estabelecidas com os escritores e o público, as linhagens teóricas predominantes e os meios de difusão existentes.

ço, o desenvolvimento do seminario demonstrou, ainda que apenas como treinamento, a extraordinária gama de possibilidades que oferece essa modalidade de trabalho, e nos fortaleceu a insistir nesse método e a propor, no campo das humanidades, um investimento maior nas pesquisas coletivas". *Proyección del rosismo en la literatura argentina*, Rosario, Facultad de Filosofia y Letras, Universidad Nacional del Litoral, 1959, pp. 7-8.

[24] Oscar V. Grandov, Hebe Monges, Gladys Marcón, Noemí Ulla, Laura V. Milano, Gladys L. Ramat, Ada M. Cresta, Ana M. Deforel, Nélida M. Lanteri, Elena C. Carrero, Lucrecia Castagnino, Gladys S. Onega, Clotilde Gaña e Ada R. M. Donato.

[25] Rodolfo Borello, que era amigo e parceiro intelectual de Prieto, resenhou o livro destacando sua orientação científica: "Algumas vezes é impossível resenhar corretamente certos trabalhos de pesquisa; este é um deles. Seu aporte à história de nossa crítica já é valioso, mas em alguns anos se poderá notar suas influências, tanto no uso de certos métodos, como em sua clareza, sua objetividade e sua seriedade. A isso devemos agregar um detalhe infrequente: o de ser um trabalho de equipe, que testemunha um trabalho universitário responsável. Como se tudo isso fosse pouco, o volume é a primeira obra que enfoca com vontade compreensiva o tema Rosas, rigorosamente desligado de preconceitos políticos, ideológicos e históricos". "Reseña sobre *Proyección del rosismo en la literatura argentina*", *Revista de Literatura Argentina e Iberoamericana*, n° 2, 1960, p. 123.

Terrenos da crítica   185

Essas iniciativas podem ser avaliadas como etapas de um projeto acadêmico de longa duração que Adolfo Prieto pretendia concretizar, inspirado por uma visão sintonizada com o processo de modernização universitária que também afetava outras disciplinas (a sociologia e a história, sobretudo). O itinerário descrito é revelador, ainda, de um aspecto (ecológico) curioso do processo de inovação das disciplinas humanísticas (e sociais) no contexto da reforma universitária do pós-peronismo. Enquanto o polo moderno da sociologia liderado por Gino Germani se assentou em Buenos Aires, centro do sistema acadêmico, na crítica literária ocorreu o contrário, sua modernização teve lugar na periferia do sistema.[26]

Foi, também, durante esses anos *rosarinos* que o autor redigiu e publicou, em 1962, pela Universidade Nacional do Litoral (que também editou os dois últimos títulos mencionados acima),[27] sua obra mais importante desse período, *La literatura autobiográfica argentina*, que, por seu caráter inaugural e alcance interpretativo, viria a ser considerada como uma referência obrigatória para o estudo do memorialismo na Argentina. A segunda edição (1966) saiu com pequenos acréscimos pela Editora Jorge Álvarez (que publicou, também, livros de Viñas, Masotta e Jitrik). A terceira e a quarta edições, que reproduzem a segunda, vieram ao público pelo Centro Editor da América Latina (1982) e pela Eudeba (2003). O livro destaca a importância, até então não reconhecida, do gênero autobiográfico no conjunto dessa literatura nacional durante o século XIX e oferece ao leitor uma perspectiva inusitada para compreender as lógicas sociais que estruturaram a vida intelectual

---

[26] A afirmação é válida, mas deve ser matizada, uma vez que a universidade de Rosario era das mais importantes entre as universidades do interior. A renovação ocorrida nessa instituição foi favorecida pelas atividades da filial que o Colégio Livre de Estudos Superiores tinha nessa cidade e, que, desde 1952, se tornara a mais dinâmica, desde que a de Buenos Aires foi fechada (nesse mesmo ano).

[27] Cinco dos seis primeiros livros de Adolfo Prieto foram editados por editoras universitárias, o que reforça o caráter acadêmico de seu empreendimento intelectual no período.

186 Sociologia no espelho

no país após a independência (que se iniciou com a Revolução de Maio em 1810). Nesse sentido, é, ao mesmo tempo, uma história de um gênero aparentemente secundário da literatura argentina, que o autor demonstra ser central, e uma genealogia de suas elites políticas e intelectuais.

A recepção imediata desse trabalho, é importante destacar, foi notavelmente favorável. O crítico argentino Alfredo Roggiano, enquanto lecionava na Universidade de Pittsburgh (Estados Unidos), escreveu uma resenha muito elogiosa na *Hispanic American Historical Review*, qualificando o livro como "o primeiro estudo orgânico da literatura autobiográfica argentina", e a concluiu com um elogio explícito ao trabalho, afirmando a abrangência deste: "Livro de extraordinária lucidez, verdadeira radiografia do homem argentino, das classes dirigentes do país e das camadas mais profundas da história política, econômica, social e cultural da Argentina" (Roggiano, 1964, p. 662). Jaime Rest, então professor adjunto da Cadeira de Literatura Inglesa e Norte-Americana na FFyL da UBA — cujo titular era Jorge Luis Borges —, também resenhou o livro positivamente, num texto longo e detalhado, destacando a descoberta notável realizada por Prieto, ao perceber a importância "dessa espécie narrativa no interior da literatura argentina". O resenhista afirmou ainda que, afastando o impressionismo que predominava na crítica argentina daquele momento, o livro introduzia uma atitude analítica inovadora: "o trabalho de Prieto merece a mais cálida aprovação como uma das principais contribuições recentes à compreensão da literatura argentina. Isso se explica pela análise séria que realiza e na qual se percebe um esforço para superar nossas habituais improvisações de crítica impressionista, com o objetivo de substituí-las por critérios mais objetivos e disciplinados" (Rest, 1963, p. 336). Finalmente, o crítico uruguaio Ángel Rama comentou o livro em *Marcha*, inscrevendo Prieto na geração renovadora da crítica literária argentina e destacando-o como sua figura mais destacada: "Dentre esses críticos [Jitrik, Sebreli, Portantiero, Viñas] há um que consolidou uma vocação e a sistematizou aplicando-a às letras de seu país, enriquecendo-a com uma paciente investigação. Adolfo Prieto vem trabalhando há

Terrenos da crítica

anos na Universidade do Litoral com uma tenacidade e uma eficácia que devem ser sublinhadas no panorama bastante franciscano dos estudos literários universitários" (Rama 1963, p. 30). Depois de resumir o argumento do livro e de fazer algumas ressalvas quanto ao método sociológico mobilizado por Prieto, Ángel Rama conclui sua resenha com os seguintes termos: "Apesar de sua brevidade, que não lhe concede tempo para um exame a fundo das épocas sociais e de cada uma das personalidades encaradas pela obra, este livro de Prieto revela uma condição questionadora, uma frescura interpretativa, uma agilidade polêmica, que explicam o lugar destacado, não usual que ocupa na bibliografia crítica argentina" (*idem*, p. 30).

Em ocasião da segunda edição (1966) do livro, Rodolfo Borello escreveu um artigo extenso que revisava sistematicamente toda a obra de Adolfo Prieto até aquele momento e o definia como o principal crítico de sua geração: "Essa relação entre literatura e sociedade, entre literatura e personalidade, entre literatura e história, caracterizará para sempre suas obras e o constituirá no mais brilhante crítico de sua geração" (Borello, 1967, p. 134). A respeito desse comentário, não se pode negligenciar a amizade e o projeto comum que vinculavam os dois críticos desde que se conheceram como estudantes na FFyL da UBA, o que conferia ao mesmo certo tom programático e deixava entrever a consciência que tinham a respeito do empreendimento que estavam realizando, sobretudo Prieto em Rosario, mas também secundariamente Borello na Universidade Nacional de Cuyo, em Mendoza.[28] Por fim, o im-

---

[28] Como aquele, Borello era de origem provinciana, nasceu em Catamarca em 1930, e ingressou no curso de Letras na FFyL na segunda metade da década de 1940. Foram apresentados pela namorada de Borello, Alicia Pintos, de quem Prieto era colega de turma na UBA. Tornaram-se amigos e depois parceiros em vários momentos, a começar pela participação de ambos em *Centro*. Defendeu o doutorado na Universidad Complutense de Madrid. Entre 1956 e 1976, foi professor de literatura espanhola e argentina na Faculdade de Filosofia e Letras na Universidade Nacional de Cuyo. Borello dirigiu a *Revista Argentina e Iberoamericana*, na qual publicou uma versão reduzida da tese de doutorado de Adolfo Prieto. No final dos anos 1950,

portante crítico uruguaio Carlos Real de Azúa elogiou enfaticamente o livro de Prieto, em um artigo sobre o memorialismo uruguaio, publicado na versão uruguaia de *Capítulo*, lamentando a falta "no Uruguai [de] um estudo similar ao esplendido de Adolfo Prieto sobre *La literatura autobiográfica argentina*" (Real de Azúa, 1968, pp. 3-4).

A origem de *La literatura autobiográfica* relaciona-se com a pesquisa anterior sobre o impacto do rosismo na literatura, durante a qual, provavelmente, o autor se dera conta da relevância desse material e do rendimento analítico que propiciava, uma vez que seu interesse teórico residia, sobretudo, no estudo da literatura como um fato social. Essa intenção pode ser flagrada na epígrafe do livro, uma passagem de *Liberdade e planificação*, de Karl Mannheim, que enfatiza a importância dos registros autobiográficos como meio de acesso às lógicas sociais estruturantes das personalidades e das funções desempenhadas por esse tipo de literatura nas conjunturas históricas abrangentes.

A menção a Karl Mannheim — como outras tantas citações a Erich Fromm, Ralph Linton, Abraham Kardiner, Karen Horney, Mikel Dufreene, Wright Mills, Gilberto Freyre, que figuram, sobretudo, na introdução do livro — revela a importância que teve no campo intelectual argentino o movimento editorial impulsionado, desde meados da década de 1940, por novas editoras especializadas em ciências sociais, como a mexicana Fondo de Cultura Económica e a argentina Paidós. O espanhol José Medina Echavarría, no México, e Gino Germani, na Argentina, estiveram à frente dessas iniciativas, que tiveram enorme impacto no processo de institucionalização da sociologia latino-americana, especialmente no caso que estamos examinando (Blanco, 2009). De fato, a relativa marginalidade dessa disciplina no interior do sistema acadêmico até a segunda metade dos anos de 1950 foi com-

---

Prieto lecionou em Mendoza, convidado por Borello. Como "supervisor" de *Capítulo*, Prieto encomendou a Borello a redação de três fascículos da coleção, um deles dedicado ao ensaio e outro à crítica moderna.

Terrenos da crítica   189

pensada por tais empreendimentos, o que permite compreender a incorporação por Prieto de um ponto de vista sociológico nesse trabalho específico, mas também no restante de sua obra. Cabe dizer que essa tomada de posição pelo autor cumpria uma função dupla: contra a crítica estilística conectava a literatura com o mundo social e político, contra o ensaísmo e a crítica impressionista reivindicava cientificidade.

Além da introdução, o livro se divide em três partes, referidas a momentos típicos da história social e política argentina do século XIX, aos quais corresponderiam fases do processo de diferenciação social da elite e modalidades distintas de execução do gênero autobiográfico. Nesse passo é possível vislumbrar o lento processo de autonomização da vida literária no país. O autor demonstra, ainda, que os hábitos da vida colonial se infiltravam nos bastidores da sociabilidade da elite constituída com a independência, apesar da pouca importância relativa da colonização espanhola na região do Rio da Prata e do caráter de ruptura atribuído à Revolução de Maio.[29] Como um historiador das mentalidades, Prieto sugere a coexistência de temporalidades aparentemente incompatíveis, derivada da inscrição de ritmos diferentes de mudança nas séries da política e da sociedade; acelerada na primeira, morosa na segunda.

Prestações de conta à opinião pública seriam recorrentes em depoimentos autobiográficos dos próceres das guerras de independência, como Saavedra, Belgrano, e Agrelo (entre outros). A centralidade alcançada pela atividade política nesse período constrangeria todos eles a se justificarem, sobretudo, diante de maledicências, infâmias, acusações de fracasso a que se viam, frequentemente, submetidos. Pouco tempo depois, atenuada a pressão revolucionária, outro componente se faria visível. Recuperadas do

---

[29] "O passado, a colônia, inscreve imagens na pluma dos poetas, frases na boca dos oradores, ideias nas mentes dos funcionários; imagens, frases e ideias que se contrapõe ou desvirtuam os mais enfáticos princípios declamados pela revolução." Adolfo Prieto, "Literatura/crítica/enseñanza de la literatura: reportaje a Adolfo Prieto", *Punto de Vista*, n° 16, 1982, p. 32.

passado, reivindicações de linhagens familiares, de supostos troncos nobiliárquicos, algumas vezes explícitas e frequentes (La Madrid, Pueyrredón), outras involuntárias e raras (Alberdi), vinham à tona. Essa intersecção de planos da experiência, passada (colônia) e presente (nação), ganharia um tom dramático, segundo a interpretação de Prieto, na experiência subjetiva de Sarmiento. A centralidade detida por esse personagem no esquema analítico do livro deriva tanto de sua proeminência na vida política e literária argentina, durante o século XIX, como do fato de ter escrito autobiografias reveladoras de "uma aguda consciência de si mesmo", parâmetro central atribuído pelo autor para a avaliação crítica do gênero. *Mi defensa* (1843) e *Recuerdos de Provincia* (1850) são entendidas, desse modo, como as expressões mais altas da autobiografia nacional durante o período estudado. Tal avaliação não implica, entretanto, atitude condescendente pelo crítico, que ensaia uma interpretação arriscada, mas convincente (embora algumas inferências soem ingênuas), sobre os possíveis condicionantes psicossociais visíveis nessas obras. Recusando explicações como a de Lugones, orientadas pela suposta genialidade de Sarmiento, Prieto relacionou a evolução da vida íntima do escritor *sanjuanino* aos processos históricos e sociais mais amplos que lhe infundiriam sentido e dramaticidade.

Sua vida e obra seriam resultantes da transformação abrupta da estrutura social provocada pela revolução de maio. Nascido em San Juan poucos meses depois da independência, no seio de uma família com algum status, mas empobrecida, teria sido "contagiado" pelo pai com as ideias liberais vigentes, também reforçadas numa das escolas abertas depois da independência. Essa interferência positiva do pai teria como contrapartida, entretanto, sua incapacidade de prover à família a segurança material e social almejada. De tais condicionantes, origem relativamente baixa, ausência do pai, ambiente revolucionário, adviriam sua ambição e capacidade intelectual e política, assim como os temores permanentes de não obter o reconhecimento merecido e, acima de tudo, desejado. Nessa mesma direção, o medo do rebaixamento social estaria por trás da atitude preconceituosa de Sarmiento em relação

Terrenos da crítica

aos estratos populares da sociedade, afinada com sua campanha civilizadora. Enquanto tradicionalmente essa atitude era explicada em função do significado regressivo que o próprio escritor atribuía a tais segmentos sociais, Prieto a justificou em termos sociológicos. Eventualmente válida, uma aproximação com a trajetória do próprio Adolfo Prieto pode ser postulada. Lembramos que nasceu, também, em San Juan, embora esta seja uma pista frágil. Uma projeção possível na figura de Sarmiento se verifica nos pesos diferenciados atribuídos às figuras paternas e maternas, sendo mais fortes e decisivas as segundas, como estimuladoras das vidas arrojadas que, guardadas as proporções, ambos perseguiram em tempos e contextos distintos. Um sinal significativo, entretanto, estaria na passagem na qual o autor atribui a Sarmiento uma insegurança derivada da posse de uma cultura rudimentar e provinciana que implicaria um persistente complexo de inferioridade cultural.[30] Como não pensar nas possíveis dificuldades de ajustamento enfrentadas por Prieto para ingressar no campo intelectual portenho desde sua chegada à Buenos Aires?[31]

O contexto examinado na segunda parte do livro tem como referência o clima intelectual e político que se seguiu à batalha de Caseros (1852) e à queda de Rosas. Em tais circunstâncias, teria

---

[30] Cabe citar: "Esse sentimento de *minus valia* derivado da pobreza do lar e da educação rudimentar se expressa no constante temor de atuar mal nos salões e no complexo de inferioridade cultural que o empurra tanto à produção de uma obra gigantesca e diversificada, como à opinião obsessiva de que seus contemporâneos subestimavam sua inteligência e seu saber". *Idem*, p. 69.

[31] Um dado que reforça essa interpretação diz respeito aos círculos sociais dos quais Adolfo Prieto participou (à sua "educação sentimental") em Buenos Aires. Diferentemente de seus colegas de *Contorno*, não frequentava muito a boemia portenha da *calle* Viamonte. Significativamente, seu livro de estreia sobre Borges, considerado um documento geracional, foi dedicado "*Al Grupo del Carmem*", um grupo restrito de amigos íntimos da faculdade, alguns deles de origem provinciana. Carmem era o nome do café situado na esquina da Avenida Córdoba com a *calle* Ayacucho, alheio à zona boêmia. Na entrevista informal que nos concedeu, Prieto afirmou, significativamente: "estuve mudo por dos años" [ao chegar a Buenos Aires em 1946].

se constituído uma retórica obviamente contrária ao governo deposto, que iria condicionar o tom geral da produção autobiográfica ainda nas últimas décadas do século XIX. Esse seria o caso de *Las beldades de mi tiempo* (1891), de Santiago Calzadilla, *bon vivant* descendente de uma família ligada ao poder durante a colônia. Posteriormente, ficaria alijada da política, mas não dos círculos de sociabilidade da elite portenha. A narrativa seria, então, permeada de ambiguidades, com alusões favoráveis ao tempo de Rosas, "época de felicidade e de bonança para todos", e condenações aos crimes cometidos durante a "tirania", termo típico da retórica oficial. Recorria, ainda, como último esteio de sua vida, segundo Prieto, à reivindicação do status social, uma vez que os outros dois signos de distinção, dinheiro e poder, haviam escapado de suas mãos. Esse seria seu único cacife numa sociedade já diferenciada e afetada pelo crescimento econômico, pela estabilização do sistema político e pela imigração massiva, demarcando uma posição declinante e melancólica.

Tanto *Carta confidencial* (1879), de Carlos Guido Spano, como *Mis memórias* (1904), de Lucio V. Mansilla, se moveriam em outra direção. Seus autores pertenciam a famílias de heróis da independência, o segundo era ainda filho da irmã dileta de Rosas. Guido era filho de um ministro de Rosas, que exercera função diplomática na corte brasileira. Depois da queda desse regime, a ligação familiar direta com o governo de Rosas bloqueou a carreira política para a qual haviam sido preparados desde cedo. Eles permaneceriam sempre condenados a ocupar posições marginais do sistema político. A atividade literária e autobiográfica seria para eles, nesse sentido, uma forma de evasão e de oposição contida aos governos estabelecidos. Nenhum deles pode assumir retrospectivamente a defesa de Rosas, nem condená-lo totalmente, hesitando entre uma posição e outra. O ressentimento derivado dessa situação os levaria também à valorização das linhagens familiares das quais descendiam, sobretudo, ao se confrontarem com a ascensão econômica e social de famílias imigrantes.

O último período examinado, na terceira parte do livro, refere-se às duas últimas décadas do século XIX, momento em que

Terrenos da crítica

193

se faziam sentir os efeitos do notável crescimento econômico e da urbanização relacionados com a exportação de grãos e de carne. Ao mesmo tempo, a profissão de escritor se afirmava, em conexão com alguma expansão do mercado cultural e a estabilização e diferenciação da esfera política. Nesse contexto, duas orientações típicas para as autobiografias são caracterizadas. A primeira, representada por autores da chamada geração *del ochenta* como Miguel Cané e Eduardo Wilde. Essa literatura de evocação, irônica, cética e humorística não poderia ser interpretada, segundo Prieto, como forma de evasão decorrente de frustrações políticas ou pessoais, como nos casos anteriores, uma vez que seu sentido já derivaria de motivações mais especificamente literárias, modismos estrangeiros, por exemplo, as quais esses escritores haviam encarnado. Tal produção visava um público formado, sobretudo, pelos frequentadores dos salões. A segunda orientação — de Joaquím V. González, Ramón J. Cárcano e Carlos Ibarguren — seria a última expressão autobiográfica da classe dirigente novecentista, que faria da exaltação da terra, economicamente valorizada, e da vida campestre um modo de confirmação do prestígio social ameaçado por imigrantes ascendentes.

Assim concluída, *La literatura autobiográfica argentina* representou uma importante inflexão no interior da tradição da crítica literária desse país, articulando a análise textual ao exame dos condicionantes sociais e políticos da vida literária. Especificamente, relacionou as diversas variantes da autobiografia às transformações sociais e políticas que se seguiram à revolução de maio. Demonstrou que o gênero encarnava a subjetividade fraturada da elite que se constituíra após a independência e as formas de legitimação de um sistema de dominação republicano, associado a um estilo de vida aristocrático, herança ainda viva do passado colonial. Por meio dessa forma argumentativa, o trabalho sintetiza um programa de pesquisa em sociologia da literatura que recobre toda a sua produção intelectual e que teria importante continuidade na principal vertente da crítica literária argentina das últimas décadas.

Deve-se notar, ainda, que o tema enfrentado o conectava com trabalhos realizados nos mesmos anos por historiadores e sosciólogos. Isso se percebe em duas conexões, da história da literatura com a história das classes dirigentes e da literatura com a imigração. Prieto concebeu sua análise sobre a literatura autobiográfica como um capítulo da história dos setores dirigentes. Duas pesquisas realizadas no Instituto de Sociologia, dirigido por Germani, relacionaram-se diretamente com essa questão. A primeira, realizada por José Luis de Imaz, sobre "A classe alta de Buenos Aires" resultou no livro *Los que mandan* (1964); a segunda, por Mabel Arruñada e Darío Cantón, intitulava-se "Membros dos três poderes argentinos: 1890, 1916 e 1946" e foi publicada como o livro *El parlamento argentino em épocas de cambio: 1890, 1916 e 1946* (1966). Em relação à segunda conexão, da literatura com a imigração, Prieto examinou esse ponto no final de *La literatura autobiográfica argentina* e sua discípula Gladys Onega estudou a *A imigração na literatura argentina (1880-1910)*, publicado em 1965, pela Editora da Universidade do Litoral, inspirados, seguramente, pela pesquisa sobre o impacto da imigração massiva no rio da Prata, dirigida por Gino Germani e José Luis Romero em Buenos Aires, e que tinha o propósito de examinar por meio de fontes literárias os sistemas de ideias e atitudes sociais frente à imigração (aspecto que não foi desenvolvido).

O itinerário descrito demonstra o investimento realizado por Adolfo Prieto entre os anos de 1950 e 1960. Nesse período, ele formou e liderou um grupo destacado de pesquisadores; dirigiu, na Universidade Nacional do Litoral, a Faculdade de Filosofia e Letras, o Instituto de Letras e o *Boletim de Literatura Hispânicas*; publicou uma tese de doutorado e dez outros livros.[32] Prieto encontrou condições favoráveis no contexto da modernização universitária em curso desde o final do peronismo e que teve como

---

[32] *Borges y la nueva generación* (1954); *Sociología del público argentino* (1956); *Proyección del rosismo en la literatura argentina* (1959); *La literatura autobiográfica argentina* (1962); *Encuesta* (1963); *Antología de Boedo y Florida* (1964); *El periódico Martín Fierro* (1968a); *Literatura y subdesarrollo* (1968b); *Diccionario básico de literatura argentina* (1968c); *Estudios de literatura argentina* (1969).

Terrenos da crítica 195

expressões mais visíveis nas ciências humanas os projetos acadêmicos de Gino Germani na sociologia e de José Luis Romero na história, associados em alguns empreendimentos decisivos para a renovação das duas disciplinas. Como se sabe, entretanto, tais processos foram abortados pelo golpe militar de 1966, que conduziu Ongania ao poder. A sociologia e a história refugiaram-se em instituições privadas, principalmente o Instituto Di Tella, que acolheu pesquisadores afastados da universidade. No caso da crítica literária, foram também iniciativas privadas que permitiram certo grau de continuidade aos distintos projetos intelectuais que foram gestados no interior das universidades do país. A principal dessas iniciativas teve lugar no Centro Editor da América Latina — editora fundada por Boris Spivacov em seguida ao golpe —, que promoveu a realização de uma obra coletiva que teria enorme impacto no desenvolvimento da crítica literária argentina posterior: *Capítulo: la historia de la literatura argentina* (1967/1968).[33] Idealizada pelo editor, essa obra teria a condução intelectual de Adolfo Prieto, oficialmente o "supervisor" dos números encomendados aos colaboradores convidados (alguns já experientes, outros jovens egressos das universidades que depois se destacariam). Pensada para um público amplo de leitores não especializados, essa terceira das principais histórias da literatura argentina acabou convertendo-se em referência obrigatória e fonte de muitas hipóteses que orientaram a crítica e a história da literatura posterior. O conjunto dessa história social da literatura argentina, não obstante o fato de ter sido formada por textos redigidos por um numeroso grupo de autores revela uma unidade significativa, que nos

---

[33] Publicada entre os anos de 1967 e 1968, comercializada em bancas de jornal, a publicação era assim apresentada na contracapa de alguns de seus 59 números: "Todas as semanas há uma nova entrega, que consta de um fascículo e um livro. Cada fascículo oferece um panorama completo de um autor ou de um período; o livro correspondente traz uma obra completa ou uma antologia representativa do autor ou do período. Os fascículos em seu conjunto constituirão a 'História da literatura argentina'; os livros constituirão a 'Biblioteca argentina fundamental'". O último número desta última, *Diccionario básico de literatura argentina* (1968c), foi escrito por Prieto.

196   Sociologia no espelho

parece resultar de uma concepção muito bem-informada e planejada, da seleção criteriosa dos colaboradores, da orientação que era dada aos mesmos e da revisão dos textos. Destas etapas, sabemos com certeza que a última foi integralmente realizada por Prieto, embora seja muito provável que sua participação tenha sido também decisiva nas outras etapas indicadas (conforme entrevistas concedidas em 2009 e 2010).

O golpe de Onganía (1966) e a intervenção política subsequente nas universidades afetaram sensivelmente as possibilidades de continuidade da carreira acadêmica de Prieto. Em seguida ao golpe, ele renunciou a seu cargo na Universidad Nacional do Litoral, em 1966, e convidado por Ángel Rama, passou um semestre (1967) na Universidade Nacional da República, em Montevidéu.[34] Pouco tempo depois, lecionou na França entre 1970 e 1971, na Universidad de Besançon, até obter por concurso a cátedra de Literatura Latinoamericana na Faculdade de Filosofía e Letras da Universidad Nacional de Rosario, em 1972. Se sua produção intelectual diminuiu sensivelmente no período, Prieto se dedicou a atividades editoriais; além de *Capítulo*, dirigiu a coleção "Conocimiento de la Argentina" da Editorial Biblioteca em meados dos anos de 1970. A ditadura de 1976 inviabilizaria sua permanência na Argentina e o levaria a emigrar aos Estados Unidos, onde lecionou ao redor de quinze anos, distanciando-se da cena intelectual argentina. A publicação de *El discurso criollista en la formación de la Argentina moderna* no ano de 1988, livro muito celebrado

---

[34] Ángel Rama havia estado anteriormente na Universidade Nacional de Rosario, onde proferiu dois cursos no ano de 1964, provavelmente, convidado pelo próprio Adolfo Prieto. Sobre sua permanência em Montevidéu, num pequeno texto, Prieto mencionou sua permanência no Uruguai nos seguintes termos: "Cheguei a Montevidéu em junho de 1967. Dez meses antes, o governo de Onganía havia intervindo nas universidades na Argentina. Em protesto, centenas de professores renunciamos a nossos cargos. A universidade uruguaia abriu, então, suas portas a alguns de nós [...]. Ángel Rama era o recém empossado diretor do Departamento de Literatura Ibero-Americana e por sua gestão fui contratado como professor desse departamento". Adolfo Prieto, 1985, p. 33.

Terrenos da crítica

197

pela comunidade intelectual argentina, interromperia esse prolongado período de isolamento intelectual.

Embora as circunstâncias políticas adversas das décadas de 1960 e 1970 (que explicam a instabilidade profissional referida no parágrafo anterior) estejam diretamente relacionadas com obscurecimento do papel decisivo que desempenhou desde a década de 1950; o desfecho desfavorável dessa primeira etapa de sua trajetória intelectual foi condicionado, também, pela dinâmica prevalecente no mundo intelectual e artístico argentino até meados dos anos de 1980. Como indicado acima, desde o começo do século XX, sobretudo em função da presença dos imigrantes, da criação das universidades modernas no final do século XIX, da profissionalização das atividades intelectuais, o mundo cultural argentino se viu polarizado entre os escritores propriamente ditos, oriundos das famílias tradicionais, e os intelectuais egressos das universidades, frequentemente filhos da imigração. Essa polarização expressou-se nas disputas entre os escritores e os críticos literários, desde o deslocamento de *Nosotros* (críticos) por *Sur* (escritores) nos anos de 1930, mas também no desafio lançado pelos jovens críticos de *Contorno* aos escritores estabelecidos em *Sur* e no jornal *La Nación* nos anos 1950. O intento de Prieto, de estabelecer uma nova forma de interrogação do fenômeno literário, por meio de um programa de pesquisa em sociologia da literatura não poderia legitimar-se plenamente nesse contexto, no qual a literatura ainda era o fiel da balança.

III

Era muito diferente a disposição das peças do jogo cultural e acadêmico no Brasil quando Antonio Candido reivindicou indiretamente para si o papel de crítico literário "científico", em meados dos anos de 1940, ou, mais precisamente, no ano de 1945, na tese que escreveu sobre Silvio Romero para concorrer à Cátedra de Literatura Brasileira na Universidade de São Paulo (Candido, 1988a [1945]). Justamente nesse ano, antes da realização do con-

198   Sociologia no espelho

curso, a morte de Mário de Andrade sinalizava o final de uma era, na qual a literatura havia ocupado o centro da vida intelectual e artística brasileira. Depois dele, que desempenhou papéis variados (Miceli, 2009), todos derivados de sua atuação como escritor, a diferenciação progressiva desse universo privaria os literatos da possibilidade de erigirem-se em árbitros da produção simbólica erudita. Dito de outro modo, as funções do escritor e do crítico tornavam-se cada vez mais inconciliáveis, apesar das figuras que ainda transitariam nas duas esferas. Por isso mesmo o significado que teve em São Paulo a criação da revista *Clima*, por um grupo de estudantes oriundos das primeiras turmas dos cursos de filosofia e de ciências sociais da FFCL-USP, foi muito diferente do que tiveram as revistas *Centro* e *Contorno* em Buenos Aires. Nestas, os jovens críticos desafiaram os escritores de *Sur*, sem obter deles qualquer sinal de reconhecimento, nem mesmo jocoso como o que se percebe no apelido de "chato-boys" atribuído por Oswald de Andrade ao grupo liderado por Antonio Candido na revista *Clima*. Mas a legitimação desta não veio apenas de fora, estava inscrita na própria revista. Cabe mencionar, em primeiro lugar, o estímulo ao empreendimento e o patrocínio direto por Alfredo Mesquita; em segundo, o patronato intelectual de Mário de Andrade que publicou no primeiro número do periódico o texto "Elegia de abril".[35] Ao contrário, a revista *Contorno* se abre com um texto de um dos membros do grupo, Juan José Sebreli, cujo título explicita o afastamento radical em relação à geração anterior: "Los 'martinfierristas': su tiempo y el nuestro".[36]

[35] Esta parte do trabalho apoia-se diretamente em Pontes (1998). Ver também Pontes (2011).

[36] A ruptura com as gerações anteriores pode ser dimensionada pelo trecho seguinte do artigo "La traición de los hombres honestos" (1953), de Ismael Viñas, no primeiro número de *Contorno*: "Quando começamos a tomar consciência do mundo de que fazíamos parte, nos encontramos com uma constelação de nomes que pareciam ocupar merecidamente sua terra e seu céu: nossos heróis, nossos poetas, nossos políticos, nossos professores, nossos filósofos, nossos mestres. Fomos aprendendo pontualmente que poucos entre eles possuíam algo por trás de sua fachada. Não era a recusa juvenil comum

Terrenos da crítica

Para explicar tais diferenças, devemos questionar inicialmente os padrões de relacionamento entre críticos e escritores nas duas tradições intelectuais. Apesar de complexas e variadas segundo os momentos e os casos, deve-se notar que, na Argentina, desde o final do século XIX, uma boa parte dos que se dedicaram à crítica literária provinha da FFyL da UBA, que proporcionou desde seu surgimento um importante canal de ascensão social e de ingresso às atividades intelectuais aos imigrantes e filhos de imigrantes. Relaciona-se a esse fato a forte tensão que polarizava os escritores oriundos das camadas altas e os críticos recrutados nos grupos emergentes. No Brasil, o enraizamento acadêmico da crítica literária foi posterior e não havia diferenças sociais e culturais significativas entre críticos e escritores, ambos recrutados, praticamente, nos mesmos meios sociais e formados, a maioria, nas faculdades de direito. Em tal direção, *Clima* era o berço da primeira geração de críticos acadêmicos — ironicamente não oriundos dos cursos de letras —, que, não obstante, compartilhavam com seus antecessores, escritores e críticos, as mesmas disposições sociais e culturais de origem. Além disso, ingressavam como críticos (de literatura, cinema, teatro e arte) num meio cultural que já valorizava em boa medida a crítica como um gênero literário destacado. Por conta disso, a ruptura que realizaram ao proporem uma dicção mais especializada e bem-informada aos estudos literários não implicava um afastamento tão profundo em relação à tradição anterior,[37] mas sim uma renovação dos instrumentos analíticos e dos métodos que os aproximavam de uma atitude científica.

pelos antepassados. Era que, abaixo das renúncias com ares beatificados se ocultava a inépcia ou a covardia; que abaixo dos gestos, agia o afago às paixões fáceis e eleitorais; que proclamas e vocações não eram mais que buscas pelo triunfo imediato, falsificações. Decepcionados, ainda esperávamos algo dos homens de espírito, daqueles a quem não lhes parecia imposta a compulsão da prática. Buscávamos homens vivos, não sombras ilustres".

[37] A respeito, a dedicatória "À memória de Mário de Andrade" feita por Antonio Candido na segunda edição (lançada em 1963) de seu primeiro trabalho de especialização, *Introdução ao método crítico de Silvio Romero* (de 1945), é muito significativa.

Passemos, agora, a uma comparação mais detalhada entre as experiências de *Clima* e *Contorno*, aproximadas por reunirem grupos de estudantes depois destacados como críticos extremamente inovadores nas cenas culturais nas quais estavam imersos, vinculados por laços de amizade constituídos no meio universitário e pelo fato de se fazerem afirmar por revistas culturais. Cabe assinalar, também, o fato de *Clima* e *Contorno* terem sido editadas no final de regimes autoritários e populistas, o que sugere que nos dois casos havia também em jogo condicionantes políticos. Tais coincidências explicam-se em parte pelos dois grupos terem surgido após mudanças significativas das organizações acadêmicas dos dois países, que devem ser retomadas comparativamente.

Os dois grupos se formaram no interior da universidade, mas o de *Clima* em uma recém-criada e em cursos novos; enquanto o de *Contorno* numa já consolidada e num curso que detinha tradições disciplinares constituídas, embora atravessasse um período de crise derivada das transformações impostas pelo peronismo no ensino superior do país. A relação dos contornistas com a universidade foi conflituosa e ambivalente, a dos membros de *Clima* marcada por uma identificação positiva. Por isso mesmo, se é possível reconhecer um programa de atuação nas declarações ou nas entrelinhas dos textos redigidos nesta última, ele era derivado em grande parte do impacto direto exercido pelos docentes estrangeiros que impuseram modalidades de trabalho mais sistemáticas e exigentes. Tais experiências moldariam, também, novas formas de afirmação intelectual, reivindicadas em oposição às anteriores, menos profissionalizadas e mais dispersas. Não propuseram, entretanto, um questionamento radical dos parâmetros mais substantivos que haviam guiado os críticos e os historiadores da literatura brasileira até então. Nesse ponto, devemos notar uma diferença entre as duas revistas: *Contorno* propôs uma dessacralização da literatura argentina; questionou o cânone estabelecido, deslocando o eixo de reconhecimento para escritores até aquele momento desprestigiados, como foi o caso de Roberto Arlt. No interior da crítica mesma, voltaram-se contra as tradições teóricas que haviam embasado a escola de Amado Alonso, questionando o pres-

Terrenos da crítica

suposto da autonomia da literatura ao assumirem uma perspectiva sociológica e política na análise literária. Em tais frentes, os contornistas se debateram com as gerações anteriores, especialmente com a que havia emergido nos anos de 1920 com as vanguardas e reunida na revista *Sur* posteriormente. Essa seria a marca dos trabalhos mais importantes que os membros do grupo de *Contorno* publicaram nos anos de 1960, nos quais a história da literatura argentina é reconstruída a partir das dinâmicas próprias às esferas social e política. Tais operações foram condicionadas pela forte politização da vida intelectual argentina durante o peronismo e após este; bem como pela polarização do mundo literário à qual nos referimos — *criollos*/imigrantes, escritores/críticos.

Essas diferenças devem ser pensadas, também, à luz da composição social dos grupos. O grupo *Clima* era mais homogêneo e quase todos os seus integrantes tinham origem elevada. Certo declínio social e o reordenamento político derivado da Revolução de 1930 certamente condicionaram essas escolhas não usuais, canalizadas para os cursos de filosofia ou ciências sociais. A orientação esquerdizante da maioria dos membros também teria determinado tais opções e a formação do grupo na universidade, vinculado por relações afetivas e intelectuais de longa duração futura. Quanto às relações de gênero, houve precedência dos homens, mas participação importante, embora menos visível, das mulheres (nas tarefas de edição da revista, sobretudo). A revista orientaria direta ou indiretamente a carreira profissional ulterior dos membros mais destacados do grupo tanto na universidade, como no cenário cultural mais amplo, dinamizado pelo crescimento da cidade de São Paulo e pelos efeitos indiretos da segunda guerra mundial (imigração de intelectuais e artistas europeus). Como já foi sugerido, a afinidade social e política com a geração de escritores egressos do modernismo paulista teria favorecido uma relação de maior continuidade com esse movimento, apesar do distanciamento propiciado pela formação científica recebida na universidade. O grupo de *Contorno* era heterogêneo socialmente e alguns de seus membros tinham origem menos favorável, refletindo a abertura da universidade argentina durante o peronismo. Isso explica, possivelmente, por que as relações de amizade formadas na universidade e fortalecidas durante o tempo de existência da revista não sobreviveram por muito tempo. Além disso, houve desde o início divisões internas, condicionadas pela origem social. A assimetria de gênero era talvez mais pronunciada do que em *Clima*, levando-se em conta que a porcentagem de mulheres no corpo discente da FFyL era de aproximadamente 75% (Germani, 1956a). Apenas uma mulher, Adelaida Gigli, que se casaria com David Viñas, participou da direção da revista. Dos aproximadamente trinta colaboradores de *Contorno*, apenas três foram mulheres (além da acima citada, Regina Gibaja, Ana Goutman) e sua participação se restringiu a poucos artigos e resenhas de livros. A heterogeneidade do grupo e a origem imigrante de muitos deles esteve na base da atitude contestatória que encamparam.

Espelhada na biografia de Adolfo Prieto, a de Antonio Candido revela-se muito menos acidentada e tortuosa, principalmente, em função das vantagens derivadas de sua origem social elevada e das características gerais do campo em que atuou. Não obstante, em função das circunstâncias nas quais se desenvolveu sua carreira profissional, tensões de ordens diversas — literatura/sociologia, crítica de rodapé (impressionista)/crítica acadêmica (científica), militância/neutralidade política, crítica estética/crítica sociológica — implicaram mudanças de rota e ambiguidades perceptíveis no desenrolar de sua obra, que devem ser levadas em conta para se obter uma visão nuançada de sua trajetória. Sobretudo, sua carreira profissional esteve por muito tempo indefinida entre a sociologia e a crítica literária, e essa tensão implicou distintas soluções de compromisso ao longo do tempo. As alternativas mais favoráveis e variadas com as quais se deparou introduziram, dessa forma, dificuldades nada desprezíveis, superadas em definitivo apenas em seus escritos de maturidade.

Nasceu em 1918. Seu pai, um médico, e sua mãe descenderam de famílias tradicionais de Minas Gerais e do Rio de Janeiro[38] e tiveram acesso privilegiado à cultura própria dos círculos intelec-

---

[38] Sobre a origem familiar de Antonio Candido, ver Ramassote, 2013.

Terrenos da crítica

tualizados das elites de tais Estados. Em função de tais circunstâncias, Antonio Candido obteve educação elevada desde criança. Sua iniciação literária foi precoce, mas adquiriu formação intelectual sistemática, principalmente, no curso de ciências sociais da FFCL-USP (1939-1941), em especial sob a batuta de professores da missão francesa, como o filósofo Jean Maugüé e o sociólogo Roger Bastide. O clima de radicalização política posterior a 1930 (segundo depoimentos concedidos em várias oportunidades) o teria levado a optar por esse curso e a associar toda sua vida ulterior à militância de esquerda, que condicionou mais sua produção intelectual voltada à imprensa do que aquela mais diretamente ligada à atividade universitária.[39] Do grupo Clima fazia parte Gilda de Moraes Rocha (posteriormente Gilda Rocha de Mello e Souza), com quem se casou. Essa aliança matrimonial foi decisiva, servindo de lastro às carreiras de ambos, apesar de ter impulsionado mais a ele. Em 1942, assumiu o cargo de primeiro assistente de Fernando de Azevedo, na Cadeira de Sociologia II na FFCL-USP, na qual permaneceu até 1958. Naquele mesmo ano, projetado pela recepção favorável dos textos que publicou em *Clima*, passou a escrever semanalmente na *Folha da Manhã*, ingressando no círculo prestigioso dos críticos que escreviam para os grandes jornais de São Paulo e do Rio de Janeiro.

Detenhamo-nos brevemente neste ponto. Entre as últimas décadas do século XIX e meados do século XX, a crítica brasileira evoluiu vinculada apenas de modo indireto às escolas superiores. Lembramos que no caso argentino o ensino universitário de letras inaugurou-se com a criação da FFyL da UBA em 1896, o que implicou desde esse momento a constituição de uma crítica de corte acadêmico (ironicamente, na ausência de uma tradição literária vigorosa) e que teria como principal meio de difusão as revistas literárias. No Brasil, a crítica literária foi praticada durante o pe-

---

[39] De tal maneira, as condições vigentes em cada uma dessas instâncias, imprensa e universidade, condicionaram maior ou menor aproximação à política em seus escritos. Deve-se notar que na "crítica de rodapé" era comum o crítico expressar sua orientação política (cf. Bolle, 1979).

ríodo mencionado por egressos dos cursos de direito, os "bacharéis", e, minoritariamente, por médicos e engenheiros. Do mesmo modo que o ensaio, a crítica ganhou corpo durante a crise do Império (1870), veiculada pelos principais jornais do Rio de Janeiro, sobretudo, e em revistas. Desde então, duas modalidades prevaleceram: a crítica jornalística, que décadas mais tarde ficaria conhecida como "crítica de rodapé", e a história literária nacional. Nesta última, mas transitando pela anterior, consagraram-se Silvio Romero e José Veríssimo no final do século XIX.[40] Ambos provieram de províncias afastadas da corte, respectivamente, Sergipe e Pará. O primeiro estudou direito em Recife; o segundo, engenharia no Rio de Janeiro. Considerados os "pais" da tradição das histórias da literatura brasileira, ficariam marcados como os fundadores de duas vertentes interpretativas: a primeira, baseada numa concepção alargada dos fenômenos literários, fortemente nacionalista e sociológica (como a reivindicava o próprio autor); a segunda, mais restritiva e atenta à dimensão estética da literatura. Essas vertentes polarizariam o desenvolvimento posterior da crítica literária brasileira. No entanto, se Silvio Romero e José Veríssimo disputaram a arbitragem do campo literário em formação,[41] ao mesmo tempo fixaram certos padrões institucionais para a crítica literária — ambos escreveram nos jornais, foram professores do Colégio Pedro II e membros fundadores da Academia Brasileira de Letras (Rivron, 2005).

Deslocado esse primeiro ciclo das histórias da literatura brasileira pelo modernismo,[42] a década de 1920 seria marcada por

---

[40] Silvio Romero publicou a sua *História da literatura brasileira* em 1888. *História da literatura brasileira: de Bento Teixeira (1601) a Machado de Assis (1808)*, de José Veríssimo, foi editada, postumamente, em 1916.

[41] Além das polêmicas aquecidas que travaram em torno dos métodos que deveriam direcionar a crítica literária, nada ilustra melhor a divergência entre ambos do que a avaliação que faziam da obra de Machado de Assis. Rechaçado por Silvio Romero, o escritor foi entronizado por José Veríssimo.

[42] Cabe citar: "Não houve historiografia literária modernista no sentido estrito da expressão. O Modernismo, pela sua própria dinâmica de van-

Terrenos da crítica

certo declínio da crítica literária como atividade diferenciada, uma vez que durante a efervescência daquele movimento, os próprios escritores teriam exercido prioritariamente a função da crítica, sobretudo, em revistas de vanguarda como *Klaxon* (1922), *Estética* (1924), *Revista de Antropofagia* (1928) e *Movimento Brasileiro* (1929-1930).[43] Progressivamente, entretanto, a esfera própria ao exercício da crítica literária concentrar-se-ia nos jornais e assumir uma coluna fixa em um deles era um sinal de distinção inequívoco, além de um modo de profissionalização do trabalho intelectual. Todos os grandes jornais incorporaram seções fixas dedicadas à crítica literária, nelas destacando-se, entre as décadas de 1920 e 1940, as figuras de Agripino Grieco (*O Jornal*, RJ), Octavio de Faria (*O Jornal*, RJ) Alceu Amoroso Lima (*O Jornal*, RJ), Otto Maria Carpeaux (*O Jornal*, RJ; *Diário de São Paulo*, SP), Múcio Leão (*Jornal do Brasil*, RJ), Roberto Alvim Correa (*A Manhã*, RJ), Humberto de Campos (*Correio da Manhã*, RJ), Álvaro Lins (*Correio da Manhã*, RJ), Sérgio Milliet (*O Estado de S. Paulo*, SP), Mário de Andrade (*Diário Nacional*, SP; *Diário de Notícias*, RJ), Antonio Candido (*Folha da Manhã* e *Diário de São Paulo*, SP), Plínio Barreto (*Diário de São Paulo*, SP), entre outras.

A "crítica de rodapé" caracterizou-se pela "não especialização" de seus praticantes, ainda recrutados nos cursos superiores tradicionais. Sua difusão relacionou-se com a renovação literária

guarda, suscitou uma série de atitudes críticas rentes, por sua vez, às obras de poesia e prosa que o movimento ia produzindo" (Bosi, 2002, p. 22).

[43] Vejamos como Wilson Martins caracteriza esse processo: "É nas páginas desses periódicos que todos os escritores modernistas, indistintamente, se entregavam à crítica literária, seja em obras 'de criação', seja em artigos especializados. Foi, por exemplo, na seção de crítica de *Estética* que Prudente de Moraes Neto lançaria os fundamentos de uma grande reputação de crítico, atividade que, infelizmente, abandonou cedo demais. Antonio de Alcântara Machado foi o crítico oficial da *Revista de Antropofagia*. Sérgio Buarque de Holanda, Mário de Andrade, Manuel Bandeira, Mário Graciotti, Oswald de Andrade, tantos outros, contribuem com regularidade para a destruição da literatura anacrônica e para a implantação de novas ideias" (Martins, 1986, p. 617).

provocada pelo Modernismo, com a crise da República Velha que desembocou na Revolução de 1930 e com a politização que a sucedeu. Impulsionado pelo crescimento da indústria editorial e da imprensa, pelo dinamismo cultural resultante das políticas encampadas por Vargas, o "rodapé" se constituiu como arena principal do debate literário, incorporando as disputas ideológicas e políticas do período. Vimos que no caso da Argentina, diferentemente, os jornais tiveram importância secundária para a crítica desse país, sobretudo, se comparados ao papel desempenhado pelas organizações universitárias e pelas revistas literárias.[44]

O formato jornalístico implicou certos traços recorrentes, sobretudo, o que ficaria estereotipado como "impressionismo",[45] apesar das variações entre as dicções autorais (Lafetá, 2000). Ainda durante a efervescência do Modernismo, na década de 1920, quem mais se consagrou como crítico literário foi Alceu Amoroso Lima (1893/1983), com o pseudônimo de "Tristão de Athayde".

---

[44] O testemunho do crítico argentino e editor da revista *Nosotros*, Roberto Giusti, se não constitui uma prova conclusiva, é um indício importante para fundamentar nossa afirmação: "Foi sempre motivo de perplexidade para os escritores o fato de que os maiores jornais argentinos não alentaram a crítica assinada [...] A que eles acolhiam era anônima e, sendo habitualmente indulgente, não cumpria o necessário propósito discriminador no copioso caudal da produção argentina. Seções permanentes como a que manteve por longa tradição no Chile o jornal *El Mercurio* [...] tem sido raras e intermitentes nos nossos periódicos. [...] A crítica de livros teve que refugiar-se habitualmente nas revistas literárias [que] constituem o maior repertório de nossa literatura crítica". Roberto Giusti, "La crítica y el ensayo", em Rafael Arrieta, *Historia de la literatura argentina*, Buenos Aires, Peuser, vol. IV, 1959, pp. 471-2.

[45] Um primeiro aspecto relaciona-se com a exigência de ocupar-se da "atualidade literária", obedecendo a um ritmo de produção próprio à imprensa (em geral, os rodapés eram semanais). Além disso, o espaço reduzido e pré-definido e a orientação para um público não especializado obrigavam os praticantes a afastarem-se de uma linguagem mais técnica. Devem-se levar em conta, também, os vínculos mais estreitos com o mercado editorial, dados em muitos casos pela sociabilidade estreita entre escritores, editores e críticos (Bolle, 1979; Süssekind, 1993; Sorá, 2010).

Terrenos da crítica 207

Nascido no Rio de Janeiro, de origem social elevada e com formação em direito, iniciou sua participação regular na imprensa em 1919, na seção "Bibliografia" de *O Jornal*, acompanhando as inovações estéticas produzidas pelo modernismo por meio de um enfoque por ele designado como "expressionista", o que representaria uma tentativa de alcançar maior objetividade e penetração no estudo das obras, em oposição aos críticos diletantes de seu tempo. Depois de sua conversão ao catolicismo em 1928, abraçaria uma orientação mais engajada, subordinando o valor das obras à sua dimensão moral e, especificamente, religiosa (Lafetá, 2000; Pinheiro Filho, 2007).[46] Depois dele, seria Álvaro Lins (1912/1970), nas décadas seguintes, o personagem mais emblemático da "crítica de rodapé", tanto pelo grau de legitimação alcançado, como pelo estilo que encarnou. Estudou direito no Recife, radicando-se posteriormente no Rio de Janeiro, onde assumiu o rodapé literário do *Correio da Manhã* em 1940. Quase toda essa produção foi publicada por José Olympio nos seis volumes do *Jornal de crítica* (1941, 1944, 1945, 1946, 1947, 1951),[47] fato que indica a centralidade da posição que ocupou durante a década de 1940 no mundo literário brasileiro. Apodado em diferentes circunstâncias como "imperador da crítica brasileira", "regente da literatura", "mestre da crítica", Álvaro Lins teria concentrado o poder de consagrar (ou de desqualificar) quem pretendia ganhar nome próprio como escritor, como teria ocorrido com Guimarães Rosa, Clarice Lispector, Dalton Trevisan, Murilo Rubião e João Cabral de Melo Neto.

---

[46] Ver, também, o texto recente de Guilherme Simões Gomes Júnior (2011) que avalia de forma nuançada as diferentes fases da vida intelectual de Alceu Amoroso Lima.

[47] Nenhuma publicação como essa e outras similares — por exemplo, os cinco volumes (1927, 1928, 1930, 1931, 1933) dos *Estudos*, de Alceu Amoroso Lima e o *Diário crítico*, de Sérgio Milliet — podem ser encontradas na crítica argentina, que, enraizada predominantemente na universidade, produziu trabalhos especializados e de maior alento (artigos em revistas, livros, estudos críticos, monografias etc.).

Praticou uma modalidade de crítica fortemente autoral, orientada em primeiro lugar pelo juízo do próprio crítico e nunca sujeita a esquemas metodológicos. Por seu intermédio, o crítico ganharia definitivamente a posição de árbitro da produção literária (Bolle, 1979).

Por essa recusa do método no exercício da crítica literária, Álvaro Lins seria o contraponto ideal para a nova geração de críticos empenhados na instauração de um novo padrão de trabalho intelectual, afinado com o espírito científico que se constituiu nas Faculdades de Filosofia criadas nos anos de 1930. Nessa direção, Flora Süssekind (1993) contextualiza o desenvolvimento da crítica literária brasileira no século XX por meio da oposição entre a "crítica de rodapé", predominante até a metade do século, e a "crítica universitária" progressivamente legitimada. Uma das figuras mais entusiasmadas com o desenvolvimento universitário da crítica literária e que moveu ataques constantes contra Álvaro Lins foi Afrânio Coutinho. Este último desempenhou no Rio de Janeiro um papel análogo ao de Antonio Candido em São Paulo, reivindicando uma análise sistemática e científica do fato literário, mas devemos notar que as carreiras de ambos encarnaram de maneira distinta a transição entre aquelas duas modalidades de produção intelectual.

Oriundo da Bahia (1911), descendente de famílias tradicionais, Afrânio Coutinho estudou numa escola católica e formou-se em Medicina (1931), mas não exerceu a profissão. Ainda na década de 1930, começou sua carreira intelectual escrevendo em jornais baianos como *A Tarde*, *O Imparcial* e *O Estado da Bahia* e em revistas como *Festa*, *A Ordem* e *Revista do Brasil*. No final dessa década lecionou história, filosofia e literatura no ensino secundário e depois na Faculdade de Filosofia da Bahia. Viveu nos Estados Unidos, em Nova York, por cinco anos, entre 1942 e 1947, onde dirigiu a edição brasileira do *Reader's Digest* e seguiu cursos de teoria literária na Universidade de Columbia, tomando conhecimento das perspectivas analíticas do *New Criticism*. Novamente no Brasil, radicado no Rio de Janeiro, foi nomeado pelo Ministro da Educação, o também baiano Clemente Mariani, professor de

Terrenos da crítica

literatura do Colégio Pedro II, cargo no qual se efetivou por concurso em 1951, com a tese *Aspectos da literatura barroca*. Assumiu em 1948 a seção "Correntes Cruzadas" no Suplemento Literário do *Diário de Notícias*. Neste, moveu uma campanha sistemática a favor da renovação científica da crítica literária, que ficaria registrada nos livros *Correntes cruzadas*, de 1953, e *Da crítica e da nova crítica*, de 1957 (Coutinho, 1986). Deve-se notar que o autor combateu explicitamente o "impressionismo" ancorado em seu próprio meio de difusão, o "rodapé". Defendeu, mais do que incorporou, uma nova visada, predominantemente estética em seus princípios. Dessa tribuna, militou, também, pela criação de cursos universitários de letras, processo no qual desempenharia papel central na segunda metade da década de 1960, envolvido diretamente na implantação da Faculdade de Letras na Universidade Federal do Rio de Janeiro, criada em 1967. Sua publicação mais importante e ambiciosa, com a qual certamente pretendia alcançar posição dominante na crítica brasileira, foi a obra coletiva *A literatura no Brasil*, editada entre 1955 e 1959, que, não obstante, não teve recepção favorável em São Paulo, talvez porque seu resultado tenha ficado aquém da campanha na qual se empenhou.

As duas principais disputas nas quais Afrânio Coutinho se envolveu voltaram-se ao "impressionismo" de Álvaro Lins e ao "sociologismo" de Antonio Candido. No primeiro caso, estava em jogo impor-se como um crítico diferenciado da tradição do rodapé por meio de uma dicção mais especializada. Aquele encarnava para Afrânio Coutinho todos os vícios da crítica jornalística, sobretudo, superficialismo e amadorismo. Em relação a Antonio Candido, se tratava de disputar a posição proeminente no movimento em curso de renovação universitária da crítica literária. O momento mais agudo dessa tensão entre os polos carioca e paulista dessa disciplina ocorreu por ocasião da resenha crítica de Afrânio Coutinho sobre a *Formação da literatura brasileira* (1959), publicado primeiro na imprensa, no *Suplemento Literário do Diário de Notícias* (13/12/1959) e no ano seguinte incorporado ao livro *Conceito de literatura brasileira* (1960/2008), que questionava seu enfoque histórico-sociológico e a exclusão do Barroco do corpo da litera-

210 Sociologia no espelho

tura brasileira.[48] Antes disso, Antonio Candido havia ironizado indiretamente a campanha da "nova crítica", liderada por Afrânio Coutinho, reivindicando contra a especialização exagerada um "impressionismo válido" — título do prefácio que Candido escreveu para o livro *Páginas avulsas* (1958), de Plínio Barreto —, ou seja, a avaliação pessoal do leitor culto (Dantas, 2002).[49] Ao ingressar na arena da "crítica de rodapé", Antonio Candido legitimou-se rapidamente por meio de um estilo mais sistemático que lhe permitiu, também, distanciar-se do "impressionismo" predominante, sem, no entanto, assumir uma atitude ex-

[48] O trecho final do comentário indica a voltagem da disputa: "Assim, por todos esses motivos, é retardatária a posição dos que usam tais conceitos cediços, como é o caso do livro de Antonio Candido. É uma obra que surgiu atrasada. Deveria ter sido publicada em 1945, quando elaborada. Então ficaria com o significado de obra de transição entre a concepção crítico-historiográfica de Silvio Romero, a que se liga pela sua conceituação sociológica, e as novas aspirações ao estabelecimento de critérios estéticos para o estudo do fenômeno literário, que o livro namora, embora tentando repelir, e que constituem as preocupações da nova crítica brasileira no que tange ao estudo da literatura do passado e do presente". Afrânio Coutinho (org.), *A literatura no Brasil*, Rio de Janeiro/Niterói, José Olympio/Universidade Federal Fluminense, 1986, p. 67.

[49] A passagem seguinte, muito provavelmente, foi dirigida a Afrânio Coutinho: "[...] alguns praticantes de nossa crítica têm pendor acentuado por tudo que é acessório em literatura. Haja vista a mania metodológica que substitui a investigação e análise pela divisão dos períodos. A discussão de origem e limites cronológicos; a catalogação de escritores mais ou menos inócuos; o debate gratuito sobre definições; a mania polêmica e reivindicatória. Ainda mais. O nacionalismo por vezes deformante que subordina a apreciação a critérios de funcionalidade, agora, paradoxalmente, de parceria com um alegado rigor de análise formal que corresponde simetricamente ao 'cientificismo', de que se gabava o velho Silvio. Junte-se a isto o alvoroço na divulgação de ideias estrangeiras, sem muito sistema, sem digestão adequada, com uma fome comovedora de autodidata — que tudo quer aproveitar e, sem perceber, acaba no ecletismo e na ilusão de originalidade". Candido *apud* Vinícius Dantas, *Bibliografia de Antonio Candido*, São Paulo, Duas Cidades/ Editora 34, 2002, p. 18.

Terrenos da crítica

plicitamente científica.[50] Os anos em que escreveu semanalmente para os jornais *Folha da Manhã* (entre janeiro de 1943 e janeiro de 1945) e *Diário de São Paulo* (entre setembro de 1945 e fevereiro de 1947) foram decisivos para afirmar sua reputação como crítico,[51] ao mesmo tempo em que lecionava sociologia na Universidade de São Paulo, caminhos paralelos e conflitantes que, diante da oportunidade aberta pelo concurso de 1945 para a Cadeira de Literatura Brasileira da USP para o qual se apresentou, poderiam ter alterado o curso de sua trajetória, encurtando sua permanência como professor de sociologia no curso de ciências sociais da FFCL--USP (no caso de vitória).

A derrota de Antonio Candido nesse concurso (vencido por quem era então professor interino da cadeira, Souza Lima), ocorreu apesar do seu desempenho excelente, que pode ser dimensionado ainda hoje pela leitura de *Introdução ao método crítico de Silvio Romero*. Essa tese (e o tema), aliás, lhe permitiria definir o contorno da perspectiva metodológica que iria nortear seus estu-

[50] No artigo de abertura de seu rodapé "Notas de crítica literária", na *Folha da Manhã*, Antonio Candido defende uma atitude literária no exercício da crítica: "Há, evidentemente, uma coisa básica no trabalho crítico, que não pertence à metafísica nem à moral do nosso ofício, pois, que é uma qualidade pessoal. Quero referir-me à penetração. Sem ela, sem essa capacidade, elementar para o crítico, de mergulhar na obra e intuir os seus valores próprios, não há explicação possível — isto é, não há crítica. No princípio, portanto, coloca-se um dado psicológico, o que vem mostrar que a crítica parte e se alimenta de condições personalíssimas, as quais será escusado querer fugir. Não há, portanto, coisa alguma que se possa chamar de 'crítica científica' — a menos que não se entenda por tal coisa a crítica dos trabalhos da ciência. Entendida como transformação da crítica em ciência, não passa de um dos muitos pedantismos criados pela pretensão dos homens de letras". Antonio Candido [Vinícius Dantas (org.)], *Textos de intervenção*, São Paulo, Duas Cidades/Editora 34, 2002, p. 24.

[51] Prova disso é o convite de Álvaro Lins, o crítico mais consagrado do momento, feito a Antonio Candido en 1947 para que escrevesse a apresentação da quinta série do seu *Jornal de crítica* (Pontes, 1998). Uma análise aprofundada sobre os rodapés de Antonio Candido encontra-se em Ramassote (2011).

dos posteriores, mas também o de seu grupo, a partir da década de 1960. Nessa direção, adere à posição de T. S. Eliot e afirma a autonomia relativa da obra literária,[52] para, em seguida, tomando como contraponto o "cientificismo" de Silvio Romero, reivindicar uma perspectiva "científica".[53]

Dois anos depois do concurso, Antonio Candido afastou-se dos jornais e iniciou uma fase mais concentrada, dedicada ao ensino e à pesquisa sociológica na universidade — isso se explica também pela mudança do regime de trabalho dos "professores assistentes", que passou de tempo parcial para integral — e à preparação de seus dois principais trabalhos: a tese em sociologia *Os parceiros do Rio Bonito*, defendida em 1954 e publicada em 1964, e *Formação da literatura brasileira*, publicado em 1959.

Em relação à *Formação*, não havia dúvida a respeito da intenção do autor de inscrever-se na linhagem dos grandes ensaios de interpretação do Brasil, mas o livro sobre o mundo caipira não foi interpretado nessa chave. Seu objeto aparentemente restrito e o fato de ser um trabalho acadêmico, o afastariam dessa tradição. Algo destoava nos *Parceiros*, entretanto, em relação à grande maioria das teses defendidas na Universidade de São Paulo na mesma época. O texto menos carregado e a utilização discreta das ferramentas teóricas tomadas da sociologia e da antropologia na construção de seu argumento, o distanciava do cientificismo vigente. A interpretação não era neutra, mas sim diretamente interessada nas

---

[52] Cabe citar: "Com efeito, um dos maiores perigos para os estudos literários é esquecer esta verdade fundamental: haja o que houver e seja como for, em literatura a importância maior deve caber à obra. A literatura é um conjunto de obras, não de fatores, nem de autores". Antonio Candido, 1988a, p. 103.

[53] Cabe citar: "Hoje só podemos conceber como científica a crítica que se esforça por adotar um método *literário* científico, um método específico, baseado nos seus recursos internos. Estabelecimento de fontes, de textos, de influências; pesquisa de obras auxiliares, análise interna e externa, estudo da repercussão; análise de constantes formais, das analogias, do ritmo da criação: esta seria a crítica científica, a ciência da literatura". Antonio Candido, *O método crítico de Silvio Romero*, São Paulo, Edusp, 1988, p. 110.

Terrenos da crítica

soluções políticas dos problemas sociais diagnosticados. Além disso, a reconstrução histórica realizada na primeira parte da tese, visando recuperar o processo de formação da sociedade caipira paulista, também a aproximava do ensaísmo brasileiro. Antonio Candido enfrentou pelo avesso o processo amplo de nossa formação histórica e social privilegiando o agricultor pobre e a pequena propriedade rural em sua análise.

Desse ponto de vista, recuperou o papel desempenhado por esse sujeito — nomeado nas diversas regiões do país como matuto, tabaréu, caboclo, sertanejo —, menosprezado pela maioria dos autores que haviam estudado o processo de formação da sociedade brasileira. Certo pessimismo permeava sua conclusão: diante da modernização capitalista em curso, haveria uma crise dos meios de subsistência do caipira que poderia levar ao seu desaparecimento. O autor defendia a realização de uma reforma agrária que deveria levar em conta sua realidade social específica, radicalizando a posição encampada anteriormente por autores como Euclides da Cunha e Emílio Willems (Jackson, 2002).[54]

Como dois gêmeos distintos, o que está explícito na *Formação*, esconde-se nos *Parceiros* e vice-versa. A intenção de dialogar com a tradição do ensaísmo brasileiro manifesta-se apenas implicitamente neste último. No primeiro, é a relação mais direta com o contexto acadêmico no qual o autor estava inserido que está encoberta. O livro parece descolado das disputas acadêmicas e dos dilemas profissionais enfrentados por seu autor, mas a disputa com a direção dominante da sociologia paulista, que, nesse momento, privilegiava objetos como o desenvolvimento econômico e desvalorizava a cultura como matéria de reflexão, está presente nas entrelinhas. A obra resultou de uma encomenda do editor José de Barros Martins em 1945, que imaginou a realização de uma história da literatura brasileira em dois volumes. Tratava-se, entre

---

[54] Os comentários sobre *Os parceiros do Rio Bonito* estão baseados na sua edição como livro. Heloisa Pontes (1998) discutiu as diferenças entre a tese e o livro. No segundo, a dimensão política é reforçada, sobretudo, pela proposta de realização da reforma agrária na conclusão do trabalho.

outras coisas, de engrossar o coro dos que se indignaram com o resultado do concurso já mencionado.

O pano de fundo histórico mais geral da empreitada, que acabaria se desviando de seu objetivo inicial, seria o do pós-guerra e da democratização brasileira (interrompida em 1964), cujo clima geral pode ter influenciado a tese relativamente otimista defendida na obra. Esta afirma a concretização de um movimento histórico iniciado no século XVIII, durante o Arcadismo, e concluído no final do XIX, por meio do Romantismo. Nesses dois séculos, a literatura brasileira teria progressivamente se autonomizado da portuguesa, fato comprovado, segundo o autor, pelo surgimento no Brasil de um escritor tão sofisticado como Machado de Assis, equiparável aos mestres do Romantismo e do Realismo europeus. Antonio Candido defende que as soluções alcançadas por esse autor deveriam ser compreendidas a partir de seus predecessores brasileiros, integrantes do "sistema literário" lentamente constituído. Sugere, ainda, implicitamente, a precedência e a centralidade da literatura no desenvolvimento e diferenciação de nossa vida intelectual e artística, examinando a emergência do ensaísmo político em torno do processo de independência e da crítica literária, durante o romantismo.

A noção de "sistema literário" é central na argumentação desenvolvida na *Formação* e remete à dimensão social e histórica da literatura. Uma pista que pode ser explorada diz respeito à definição de religião construída por Émile Durkheim em *As formas elementares da vida religiosa* (2003 [1912]). O sociólogo francês considerava as religiões como fatos sociais e as definia como "sistemas", ou seja, como totalidades formadas por partes interdependentes, as crenças e os ritos, compartilhados por grupos sociais determinados, as igrejas. Ao estudar a literatura brasileira como sistema, o crítico a enxergava como fato social, pelo menos quando vista à distância, objetivada no conjunto de obras produzidas num período de tempo relativamente longo. A literatura é definida nesse momento como um "sistema de obras ligadas por denominadores comuns". A configuração progressiva do sistema dependeria da existência duma tradição intelectual lentamente constituída e

Terrenos da crítica

continuamente alterada. Em seu esquema, as obras figuram em primeiro plano, completando os vértices do triângulo, os "denominadores comuns" autores e público. Não obstante, na *Formação* o enquadramento sociológico e histórico define o ponto de vista geral por meio do qual as obras são selecionadas e interpretadas. Mas a Antonio Candido interessava, também, a possibilidade do julgamento estético e a defesa da "autonomia relativa" do texto literário. A forma do livro permite uma leitura completa e, também, a concentração nos ensaios relativamente autônomos que o compõem. Trata-se de uma solução que enquadra os escritores na perspectiva histórica e sociológica, sem negligenciar a intenção propriamente crítica de julgar as obras e os autores de maneira individualizada. Nesse caso, os instrumentos mobilizados na interpretação variam em função da obra em foco, método — entendido como uma atitude adequada à apreensão do objeto literário — designado posteriormente por Antonio Candido como "crítica de vertentes". Em certos casos, a pesquisa deveria apoiar-se no estudo dos condicionantes sociais ou psíquicos envolvidos na "estruturação" do texto literário. Em outros, a análise poderia prescindir dessas dimensões e mover-se apenas no interior do texto, visando esclarecer as lógicas envolvidas em sua organização formal.

Essa seria a orientação geral das análises realizadas na *Formação* e, sobretudo, em escritos posteriores do autor. Mais do que isso até, trata-se de um aspecto central do programa de pesquisas que Antonio Candido iria liderar nas décadas seguintes. Pouco antes da publicação do livro, entretanto, surgiria nova possibilidade que lhe permitiria superar os dilemas ligados a sua identidade profissional, concretizando um itinerário pessoal que tinha como horizonte a transferência para a área de letras, por meio do convite para lecionar na Faculdade de Filosofia de Assis, na qual permaneceu entre 1958 e 1961. O passo definitivo nessa direção seria dado ao assumir a Cadeira de Teoria Literária e Literatura Comparada da FFCL-USP, em 1961.[55] Não obstante, antes disso, a

---

[55] Sobre a passagem por Assis e as negociações a respeito da criação

possibilidade de prosseguir na sociologia estava de alguma maneira prevista e isso se pode deduzir não apenas da tese sobre o mundo caipira defendida, que comprovava sua enorme competência como sociólogo; mas também da armação sociológica de *Formação*. Neste livro, aliás, percebe-se a influência de Roger Bastide, que ministrou um curso sobre sociologia da arte no início da década de 1940, que resultaria na publicação de *Arte e sociedade* em 1945.

Vencido o dilema profissional, uma solução analítica se impôs progressivamente, reconhecível em estudos como "Estrutura e função do Caramuru" (1961), "De cortiço a cortiço" (2002)[56] e "Dialética da malandragem" (1970) e nomeada pelo autor como *redução estrutural*, que consiste em revelar a maneira pela qual os elementos exteriores ao texto são reelaborados como forma literária. Outro aspecto a ser considerado a respeito dessa "migração institucional" relaciona-se com o fato de, a partir desse momento, Antonio Candido assumir explicitamente a liderança de um programa coletivo de pesquisas, que lhe permitiu ampliar o impacto de sua obra. Ele iria — com a ajuda de seus discípulos (entre os quais Roberto Schwarz, Walnice Nogueira Galvão e Davi Arrigucci Jr.) e de maneira mais flexível do que Florestan Fernandes fizera na sociologia — fixar um novo e mais exigente padrão de trabalho intelectual na crítica literária brasileira. Nessa direção, a *Formação* constituiu-se como o núcleo das formulações teóricas e interpretativas que iriam nortear os trabalhos posteriores do autor e de seu grupo, tornando a crítica literária uma especialidade acadêmica no interior das ciências humanas.

Peça central no conjunto da obra de Antonio Candido, a *Formação* relaciona-se com a maioria de seus escritos anteriores e posteriores, que devem ser mencionados para que tenhamos uma

da Cadeira de Teoria Literária e Literatura Comparada na USP (cf. Ramassote, 2006).

[56] Esse texto tem duas versões anteriores (uma publicada em 1974 e outra em 1975) cuja matriz foi publicada em Candido (1993). A esse respeito ver Dantas (2002).

Terrenos da crítica   217

ideia mais completa de sua trajetória, dos temas que percorreu e dos desenvolvimentos teóricos que proporcionou não restritos à literatura brasileira. *Brigada ligeira*, de 1945, e *O observador literário*, de 1959, reúnem textos publicados pelo crítico em jornais nas décadas de 1940 e 1950. *Tese e antítese*, de 1964, *Literatura e sociedade*, de 1965, *Vários escritos*, de 1970, *A educação pela noite*, de 1987, e *O discurso e a cidade*, de 1993, percorrem um itinerário cada vez mais sofisticado, do ponto de vista das soluções interpretativas sugeridas, orientadas pela ambição de realizar estudos "propriamente dialéticos" sobre os textos literários.

Como vimos, portanto, duas vertentes analíticas interagem na construção do argumento da *Formação*; uma focada na estruturação do texto literário (pressupondo sua autonomia relativa), outra na configuração da literatura como sistema (mobilizando diretamente a perspectiva sociológica). Essa dupla orientação, estética e sociológica, constituiria, desde que articuladas as dimensões, uma análise propriamente dialética no entender do autor, por esclarecer no mesmo passo a realidade interna ao texto e a relação de interdependência com o meio social circundante. Tal perspectiva constituiu também o programa teórico de seu grupo, permitindo, por meio da ênfase em um dos polos (os exemplos de Roberto Schwarz e Davi Arrigucci são típicos), assimilar certa "heterodoxia" no conjunto de trabalhos realizado pela equipe.

IV

Embora a crítica literária tenha se renovado no Brasil e na Argentina, entre as décadas de 1950 e 1960, em contato estreito com a sociologia, isso ocorreu diferentemente em cada caso em função das distintas configurações que abrangiam essas disciplinas e, também, das lideranças que conduziram tais processos. Retomemos as modalidades de estruturação dos terrenos da crítica literária nos dois países. Na Argentina essa forma de produção cultural enraizou-se remotamente no sistema universitário, a partir da criação da FFyL da UBA. Formados na universidade, os críticos eram recrutados entre os imigrantes e seus descendentes, condição que os diferenciava socialmente da fração dominante dos escritores, oriundos de famílias tradicionais. Tais circunstâncias implicaram, como vimos, a existência de uma disputa recorrente entre críticos e escritores, vencida, em geral, pelos segundos, que ocuparam o centro do campo intelectual do país até aproximadamente a década de 1980. No Brasil, durante a primeira metade do século, os críticos eram recrutados nas classes altas em declínio e formados, em sua maioria, nos cursos tradicionais de direito, medicina ou engenharia, uma vez que a inserção dos estudos literários na universidade foi posterior. Não houve, portanto, diferenças sociais e culturais significativas entre críticos e escritores, nem disputas acirradas entre eles. Tais diferenças expressaram-se indiretamente nos meios predominantes de difusão da crítica literária nos casos estudados. No Brasil, a grande imprensa estruturou o espaço da crítica, prevalecendo, sobretudo depois do modernismo, o formato não acadêmico da "crítica de rodapé", até que a "crítica universitária" se estabelecesse. Na Argentina, foram as revistas literárias que cumpriram essa função,[57] mediando posições e interesses divergentes de

---

[57] Embora no caso brasileiro algumas revistas, além de *Clima*, tenham sido importantes para o desenvolvimento da crítica brasileira — como foi o caso da *Revista Brasileira*, dirigida por Franklin Távora e depois por José Veríssimo, da *Revista do Brasil*, dirigida por Otávio Tarquínio de Sousa entre o final da década de 1930 e meados da seguinte e do *Boletim de Ariel*, por Agripino Grieco —, na Argentina, as revistas foram mais atuantes no processo de estruturação do campo literário desse país durante todo o século XX, de *Nosotros* até *Punto de Vista*. Essa diferença se explica, possivelmente, pela maior autonomização do campo literário argentino, que favoreceu o desenvolvimento de publicações especializadas, em relação ao brasileiro, apesar de que neste último caso a acumulação literária anterior e mais nutrida abriu as portas dos jornais ao debate literário fortemente atrelado à política. As coletâneas de críticas publicadas pelos principais representantes do gênero no Brasil usualmente inscreviam nos títulos sua especificidade, como foram os casos do *Jornal de crítica*, de Álvaro Lins e o *Diário crítico*, de Sérgio Milliet.

Terrenos da crítica

críticos e escritores. Uma exceção seria o suplemento cultural do jornal *La Nación*, dirigido por longo tempo (entre 1931 e 1955) pelo escritor Eduardo Mallea.

Em termos da ecologia da disciplina, São Paulo e Rio de Janeiro dividiram a crítica brasileira no século XX, sendo São Paulo sede principal da inovação literária durante o modernismo e de renovação inicial da crítica pelo impacto da criação da Universidade de São Paulo. O Rio de Janeiro era o centro tradicional da crítica, mas a debilidade da vida universitária nessa cidade dificultou a sua renovação. Buenos Aires centralizou a vida intelectual, artística e universitária argentina. No âmbito específico da crítica literária, entretanto, sua renovação nas décadas de 1950 e 60 iniciada em Buenos Aires se deslocou circunstancialmente para as universidades do interior.

Tais aspectos ajudam a entender a evolução da crítica literária nos dois casos. Na Argentina, as renovações ocorridas durante o século XX tiveram sempre como eixo a universidade. Nesta a estilística se impôs como um programa forte de pesquisa conduzido pelo espanhol Amado Alonso e por seu grupo nas décadas de 1930 e 1940. A geração universitária de *Centro* e *Contorno* enfrentou, portanto, uma tradição acadêmica pré-existente. No caso brasileiro, as mudanças relacionaram-se com o deslocamento da imprensa pela universidade, processo transcorrido com maior êxito em São Paulo do que no Rio de Janeiro.

A comparação das trajetórias de Adolfo Prieto e de Antonio Candido revela aspectos curiosos. O crítico brasileiro começou sua carreira acadêmica nas ciências sociais, estudando (1939-1941) e lecionando sociologia na USP (1942-1958). A incorporação dos instrumentos analíticos dessa disciplina em sua obra de crítica deu-se, portanto, de maneira convencional, por meio de um treinamento universitário. Adolfo Prieto, diferentemente, formou-se e lecionou em cursos de letras, aproximando-se da sociologia como autodidata. De certa forma, percorreram caminhos invertidos; Antonio Candido transitando da sociologia para a crítica, Adolfo Prieto da crítica para a sociologia. Além disso, diferentemente do brasileiro, em nenhum momento de sua carreira Prieto

220   Sociologia no espelho

escreveu para os jornais, afirmando-se exclusivamente como crítico acadêmico.

Vimos que o desenvolvimento da crítica literária brasileira, desde as primeiras décadas do século XX, caracterizou-se pela oposição entre a "crítica de rodapé", predominante até a metade do século, aproximadamente, e a "crítica universitária" progressivamente legitimada (Süssekind, 1993). Antonio Candido transitou (e realizou a passagem) nesses dois principais suportes institucionais da crítica brasileira do século XX, o jornal, até meados dos anos de 1960, e a universidade, construindo por meio deles uma identidade bifronte. Se a primeira dessas fases foi condicionada pela herança social e cultural familiar, sobretudo, a segunda explica-se por sua experiência universitária, que inscreveu nele disposições típicas do trabalho acadêmico. Deve-se notar que as incorporou nas ciências sociais e não nas letras. A montagem de seu grupo nos anos de 1960 espelhou-se nos projetos anteriores de Donald Pierson e Florestan Fernandes em sociologia.

Diferentemente, Adolfo Prieto não dispunha de quase nenhum cacife cultural herdado de sua família e isso condicionou suas escolhas. A opção decidida pela carreira acadêmica, desde que concluiu a graduação, foi uma forma de superar essa desvantagem. Contudo, o projeto acadêmico que pode realizar até o final dos anos 1960 enfrentou dois fortes oponentes: os próprios escritores (seu livro sobre Borges é emblemático dessa disputa) e a tradição já estabelecida da crítica acadêmica. Antonio Candido se deparou com uma situação diferente. Se não havia até os anos de 1960 uma tradição acadêmica forte na crítica literária brasileira, ele teve que impor seu projeto acadêmico em relação à crítica tradicional dos jornais.

Outro ponto de comparação refere-se às perspectivas analíticas que adotaram. Se Antonio Candido preservou de sua visada sociológica a "autonomia relativa" da obra, nesta última concentrando seu interesse (que se alarga ao entorno em função da demanda de interpretação do texto enfocado), a de Adolfo Prieto enfatizou os condicionantes externos (sociais e políticos) da produção literária. Se a primeira perspectiva respeita a *doxa* do mun-

Terrenos da crítica   221

do literário, a segunda estabelece uma distância em relação a esse universo, levando à sua dessacralização. Isto se percebe, também, no ataque desferido a Jorge Luis Borges e na proposta (pelo grupo de *Contorno*) de um contra cânone centrado na figura de Roberto Arlt, um escritor desprovido de capital social (movimento expressivo da politização e polarização da vida intelectual argentina no contexto pós-peronista). Ao contrário, a interpretação geral realizada por Antonio Candido sobre a história literária brasileira manteve a figura de Machado de Assis no topo do cânone vigente desde José Veríssimo.

De acordo com nosso ponto de vista, essas diferenças relacionam-se com as várias dimensões mobilizadas nesta parte da tese — origem social dos críticos, padrões de relacionamento entre críticos e escritores, vínculos entre campo intelectual e político —, mas a posição de Antonio Candido só é compreensível se notarmos sua necessidade de distanciar-se do universo disciplinar de origem, a sociologia, durante sua transferência institucional para a crítica literária. No caso de Prieto, que nada devia à sociologia, esta lhe possibilitou alcançar uma dicção inédita no interior de uma tradição disciplinar que privilegiava a análise interna das obras.

Finalmente, se a comparação desses itinerários revela a existência de um grau desigual de reconhecimento intelectual obtido por cada um deles, tal diferença deve ser entendida em função da estrutura dos campos intelectuais nos quais estavam inscritos (mais especificamente, da força detida pela crítica literária em relação à literatura, favorável no Brasil, desfavorável na Argentina), e das posições que os autores ocuparam no interior de cada sistema acadêmico: Adolfo Prieto na periferia, Antonio Candido no centro.

Considerações finais
QUATRO ASES

O argumento desenvolvido ao longo deste livro baseou-se fundamentalmente numa comparação entre os processos de institucionalização da sociologia no Brasil e na Argentina, em suas fases de fundação. Em relação às abordagens centradas em casos nacionais isolados, segundo nosso ponto de vista, tal estratégia teria as vantagens de revelar a contingência de processos habitualmente naturalizados, de identificar problemas de outra forma não aventados e de formular hipóteses para explicar tanto semelhanças como diferenças constatadas. Nessa direção, quatro dimensões fundamentais foram articuladas: as tradições intelectuais, as organizações acadêmicas, as conjunturas políticas, as trajetórias e as obras dos agentes selecionados.

Nosso ponto de partida foi a investigação dos possíveis condicionantes do desenvolvimento precoce e exitoso da sociologia nas duas experiências referidas (em contraste com o que ocorreu em outros países da América Latina), concretizado nas décadas de 1950 e 1960 em torno das lideranças de Florestan Fernandes e Gino Germani e dos programas de pesquisa que dirigiram. O escopo do trabalho ampliou-se, contudo, em direções não previstas inicialmente. A primeira realizou um exame da evolução das tradições intelectuais, em relação às quais os sociólogos se afirmaram como um novo grupo de produtores intelectuais. A segunda incluiu uma análise do desenvolvimento da crítica literária nos dois países, centrada na apropriação dos instrumentos sociológicos por um setor da mesma, no interior dos quais se destacaram as figuras de Antonio Candido no Brasil e Adolfo Prieto na Argentina.

O primeiro capítulo do livro centrou-se na comparação entre as atitudes encampadas pelos sociólogos em relação aos ensaístas,

Considerações finais: Quatro ases   223

entendidas como estratégias de legitimação daqueles novos produtores intelectuais em relação aos anteriormente estabelecidos. A reconstrução comparada da emergência do ensaísmo nas duas tradições revelou algumas diferenças importantes. A primeira delas referida às hierarquias dos gêneros estabelecidas em cada caso. Assim, se no Brasil as formas mais estritamente literárias, como a poesia e o romance, tiveram precedência e proeminência em relação ao ensaio durante todo o século XIX, o contrário ocorreu na Argentina. Nossa hipótese relacionou essas evoluções das tradições intelectuais às histórias sociais e políticas, especificamente, aos processos de independência e de construção dos estados nacionais. Consideradas isoladamente, raramente se problematizam essas características mais gerais, e por isso mesmo, elas tendem a permanecer naturalizadas no interior de cada tradição. Se as formas mais estritamente literárias se impuseram remotamente no Brasil do século XIX, isso se explica pelo caráter menos conflituoso de seu processo de independência que preservou a unidade da antiga colônia portuguesa e garantiu, desde então, nichos restritos, mas suficientes ao desenvolvimento da atividade literária, que teve seu centro, justamente, na sede do Império. O ensaísmo ganharia força com o movimento de desagregação dessa ordem política, iniciado ao redor de 1870 e diretamente relacionado com o luta pela abolição da escravidão e com o advento do movimento republicano. Na Argentina, o caráter revolucionário de sua independência promoveu a politização da vida literária, favorecendo o cultivo privilegiado do ensaio político em detrimento das formas literárias estritas, que apenas no final do século XIX encontrariam condições propícias ao seu arranque. Este último se relacionou com a estabilização política do país e, especificamente, com a construção de um poderoso sistema educacional que propiciou tanto a ampliação do corpo de produtores especializados como de seu público leitor.

Deve-se notar, ainda, pelo confronto das duas experiências literárias, que elas se constituíram, se bem que condicionadas por fatores comuns, sobretudo pelos processos de independência de ambos os países, sem que a rivalidade política ou especificamente cultural entre os mesmos desempenhasse uma função relevante, sendo esta uma diferença muito expressiva em relação aos casos europeus (inglês, francês e alemão), cujas literaturas se formaram umas em oposição às outras. A construção das identidades literárias nos dois casos examinados se deu, portanto, "regida pela dialética entre local e universal" ou, em outros termos, pelas relações assimétricas estabelecidas entre nossas literaturas periféricas e as centrais. Outro parâmetro geral a ser levado em conta diz respeito ao grau de centralização dos sistemas intelectuais em questão. No caso brasileiro, é possível correlacionar sua maior descentralização com a preservação da unidade territorial herdada da colônia portuguesa após a independência. Na virada dos séculos XIX e XX, as cidades do Rio de Janeiro e São Paulo tornaram-se seus centros principais, mas não se podem negligenciar outros, como Belo Horizonte, Recife, Salvador e Porto Alegre. A fragmentação da América Espanhola resultante das guerras de independência implicou, ao menos para o caso argentino, a constituição de um sistema fortemente centralizado em Buenos Aires.

As diferenças apontadas relacionam-se às especificidades dos sistemas intelectuais constituídos em cada caso entre o final do século XIX e as primeiras décadas do XX e que podem ser apreendidas por meio de uma breve digressão analítica. Tomando a noção de "campo" como parâmetro,[1] Brasil e Argentina representariam variantes distintas, em função dos modos específicos de constituição das literaturas nacionais. No caso brasileiro, deve-se notar sua acumulação literária anterior e persistente desde a colônia e o cultivo de gêneros como a poesia (fortalecida no século XVIII) e o romance (no XIX). Impulsionada desde o Império como elemento constitutivo da identidade nacional, a vida literária teve como las-

---

[1] Certamente, um uso ao pé da letra desse conceito inviabiliza sua aplicação direta aos casos latino-americanos, uma vez que sua construção teve como referência a experiência francesa. Acreditamos, entretanto, que os ganhos interpretativos derivados de sua utilização justificam uma certa flexibilização do mesmo, que se faz necessária para abarcar os contextos das literaturas periféricas. Em tal direção, a rigor, deveríamos falar antes de campos em constituição e não de campos já plenamente formados e autonomizados.

Considerações finais: Quatro ases 225

tros principais no Brasil independente o processo de urbanização — especialmente no Rio de Janeiro durante o século XIX e em São Paulo, no XX — e as iniciativas do Estado, que propiciou meio de vida aos escritores em sua estrutura burocrática e política, compensando a fragilidade de um mercado cultural incipiente. Entretanto, o Estado brasileiro não construiu um aparato educacional suficiente à formação abrangente de grupos letrados, dos quais poderiam emergir um corpo de produtores especializados e um público leitor amplo; isso ocorreu apenas de maneira incipiente e destinada quase exclusivamente aos grupos dominantes (a nacionalização de um sistema educacional público em todos os níveis só ocorreu muito tempo depois, a partir de meados da década de 1960). A debilidade do sistema educacional, o estribo estatal à atividade literária e a precariedade do mercado cultural foram os principais entraves à autonomização do campo literário brasileiro, muito rarefeito, portanto, cuja constituição teria como principal recurso a acumulação remota de sua tradição.

A Argentina não contou com uma acumulação literária equivalente. Apenas a partir da independência, em 1810, iniciou-se tal movimento, dificultado, no entanto, pela instabilidade política que deu o tom à vida intelectual no país durante quase todo o século XIX. Nesse contexto, o ensaio político prevaleceu sobre a poesia e o romance, timidamente desenvolvidos. A constituição do campo literário argentino se deu, tipicamente, então, pelas mãos do Estado modernizador, que apostou na imigração e na educação massiva como fatores de transformação do país. Tanto um sistema de educação básico, como superior, foi constituído antes do final do século XIX. Em consequência, houve um notável impulso à vida intelectual e à sua profissionalização, fortalecida, também, pelo dinamismo cultural da cidade de Buenos Aires. Com pouca tradição acumulada, o campo literário argentino teve como contrapeso a combinação imigração/educação massiva que permitiu a constituição acelerada de um mercado privado de bens culturais, consumidos por uma população urbana alfabetizada já no início do século XX.

Nos dois casos, emergiram na década de 1920 vanguardas atinadas com a renovação estética, embora na Argentina isso tenha ocorrido de maneira mais conflituosa, em função da ameaça concreta que sentia sua elite letrada, acuada pelo imigrante educado — a oposição entre os grupos de Boedo (imigrantes) e Florida (*criollos*) é expressiva desse contexto. Essa circunstância condicionou o componente conservador e xenófobo da vanguarda argentina (a de Florida) e poderíamos supor que a brasileira seria, em contraponto, progressista. Devemos notar, entretanto, que as orientações assumidas pela vanguarda brasileira se deram na ausência de um oponente equivalente, numa situação social mais protegida, típica de uma sociedade e de um sistema político fechados, como era o da Republica Velha. Em contrapartida, a mobilidade social propiciada pela edificação do sistema educacional argentino e pela democratização política do começo do século XX, implicou um choque inevitável, também na esfera cultural, entre os imigrantes (e seus descendentes) e as antigas elites *criollas* estabelecidas.

A comparação permitiu, também, compreender as diferenças entre os ensaístas mais consagrados nos dois países, entre as décadas de 1930 e 1940, contra os quais os sociólogos se afirmaram, reivindicando a legitimidade da sociologia como uma forma de conhecimento ajustada às novas condições das sociedades em modernização. Se houve nos dois casos ataques movidos pelos sociólogos contra os ensaístas, no Brasil eles foram mais diretos e contundentes, apesar da continuidade verificada no plano das obras, entre temas, problemas e interpretações. Tal continuidade exigiu, na verdade, um esforço maior de diferenciação dos sociólogos em relação aos ensaístas, explicitado em inúmeras resenhas e declarações. Na Argentina, o embate foi mais discreto e indireto, manifestado apenas em raras ocasiões, uma vez que as diferenças eram muito mais marcadas.

O caráter mais sociológico dos ensaios brasileiros produzidos por Gilberto Freyre, Sérgio Buarque de Holanda e Caio Prado Jr., em relação aos que escreveram na mesma época os argentinos Raúl Scalabrini Ortiz, Eduardo Mallea e Ezequiel Martínez Estrada, predominantemente literários (diferença resultante da evolução distinta das duas tradições intelectuais), revela a dificuldade

Considerações finais: Quatro ases 227

de se entender o ensaio como uma forma geral e recorrente nos países latino-americanos em meados do século XX, unificado pela reivindicação das diversas identidades nacionais, e a consequente necessidade de compreendê-los como formas historicamente variadas, condicionadas por configurações sociais e culturais específicas, tal como o exame comparado dos casos em questão o sugere.

Vimos, também, que a voltagem das disputas dependeu do grau de institucionalização da disciplina no sistema universitário. Ou seja, que quanto mais institucionalizada, mais se empenharam os sociólogos na reivindicação por uma identidade intelectual diferenciada. A esse respeito, o caso paulista foi típico. No Rio de Janeiro, diferentemente, a maior valorização da tradição ensaística pelos sociólogos associou-se à existência de uma universidade que não promoveu no mesmo grau a profissionalização desses novos produtores intelectuais. Em Buenos Aires, apesar da institucionalização consistente, as diferenças mais nítidas entre os gêneros e a politização do campo intelectual atenuaram o confronto direto dos sociólogos em relação aos ensaístas.

Inscrito num contexto mais geral, a implantação da sociologia na America Latina, durante o século XX, derivou da associação entre dois vetores típicos de institucionalização: as iniciativas nacionais (criação de universidades modernas, cursos de graduação, pós-graduação, editoras, etc.) e as transnacionais (organismos como UNESCO, FLACSO, CEPAL, etc.). As experiências concretas podem, então, ser compreendidas segundo o predomínio de um ou outro desses vetores. Segundo esse parâmetro, no Brasil, na Argentina e no México prevaleceram as iniciativas nacionais, em contraste com o que ocorreu, principalmente, no Chile, país em que as iniciativas transnacionais tiveram um papel preponderante.

A avaliação dos graus de institucionalização depende, entretanto, de uma análise mais detalhada, que situe a inserção da disciplina na evolução das organizações acadêmicas e nas configurações disciplinares estabelecidas em cada caso. Retomemos, então, as conclusões alcançadas no segundo capítulo deste trabalho, que se moveu, sobretudo, pela tentativa de esclarecer as trajetórias de Florestan Fernandes e de Gino Germani, sociólogos que se constituíram como líderes de "escolas" e dirigiram programas de pesquisa ambiciosos e bem-sucedidos, entre as décadas de 1950 e 60, o que só ocorreu nos dois países estudados. Nossa hipótese central associou a emergência dessas duas lideranças (e de seus discípulos) ao estabelecimento anterior de organizações acadêmicas modernas, que foram impulsionadas pelas demandas dos grupos sociais emergentes formados, principalmente, por descendentes de imigrantes. Não por acaso, foi nas cidades de São Paulo e de Buenos Aires, profundamente afetadas pela imigração massiva, que aquelas organizações prosperaram. Se essa condição geral aproximou os dois casos, vimos que eles foram, não obstante, bastante diferentes.

A constituição anterior e abrangente, na Argentina, de um sistema universitário no final do século XIX, se não homogêneo, relativamente unificado por seus propósitos de modernização social e cultural, inclusivo, embora resultante de políticas imaginadas pelas elites dirigentes, que então se imiscuíam tanto na política como na vida intelectual, impulsionou fortemente, como vimos, a rápida formação dum campo intelectual dinâmico, que teve na profissionalização da atividade acadêmica um de seus pilares mais importantes. Isso ocorreu de maneira pronunciada na FFyL da UBA, criada nesse momento, no interior da qual se fortaleceu de imediato uma cultura acadêmica, que valorizava o ofício do professor universitário e a rotina do estudo sistemático. Vimos que a sociologia foi introduzida no interior nos cursos de filosofia e letras (e também nas faculdades de direito) e que essa contingência implicou um ritmo lento de institucionalização, derivado também da inexistência de especialistas na matéria, que se dedicaram por muitas décadas apenas à revisão dos clássicos estrangeiros e que tomavam como modelo as disciplinas que haviam logrado um desenvolvimento mais efetivo, como a filosofia, a crítica literária e a história. Deparando-se com esse cenário, renovado pela criação do Instituto de Sociologia em 1940, o imigrante italiano Gino Germani moveu-se com dificuldade até que o contexto pós-peronista possibilitou a criação do curso de graduação em sociologia, que o teve como mentor e artífice. A dificuldade de entender sua obra e o programa que dirigiu a partir de então reside justamente em tal

Considerações finais: Quatro ases   229

estrutura de possibilidades. Ele não teve, em contraste com Florestan, mestres, e foi obrigado a transpor a extrema politização da universidade argentina para forjar e defender com unhas e dentes sua "sociologia científica". Foi, de certo modo, um autodidata. Evidentemente, não teria se tornado um "chefe de escola" fora da universidade, mas ele foi, como outros personagens muito destacados da vida cultural e científica argentina, alguém que se fez a partir das condições mais amplas que caracterizavam o tecido intelectual e artístico da cidade de Buenos Aires e, também, da densidade e diversidade de seu mercado de bens culturais, instâncias que permitiram a ele ascender socialmente e ganhar legitimidade intelectual em meio às tensões políticas que marcaram o país desde os anos de 1930 e, sobretudo, depois da ascensão de Perón ao poder, em 1946. A politização infundiu-se em sua obra, toda ela associada aos "temas quentes" da conjuntura política, e lhe permitiu praticamente monopolizar poderes acadêmicos e recursos institucionais no âmbito de sua disciplina, depois de 1955. A radicalização da política que levaria ao golpe de 1966 e à ascensão de Ongania ao poder o afastou progressivamente da universidade e bloqueou finalmente a continuidade de seu projeto acadêmico.

Embora haja controvérsia sobre a origem da sociologia brasileira, sua inserção institucional no ensino superior em cursos de graduação em ciências sociais ocorreu na década de 1930 com a criação da ELSP (1933), da FFCL-USP (1934) e da UDF (1935). As duas últimas eram universidades, mas devemos notar que faziam parte de um sistema educacional acanhado, restritivo, e que não estavam integradas nacionalmente, o que só viria a se consumar na década de 1960, pelas mãos da ditadura militar. Os três cursos foram importantes, mas o que logrou maior legitimação foi o da USP. Lembremos algumas de suas características principais. Embora recrutasse poucos alunos por ano, oriundos de grupos sociais antes excluídos do ensino superior, como filhos de imigrantes e mulheres, a formação oferecida esteve a cargo de uma missão estrangeira oficial, de franceses, principalmente, que formataram o curso nos moldes da tradição durkheimiana. Se levarmos em conta que na ELSP militaram professores norte-americanos, cons-

230   Sociologia no espelho

tatamos a excepcionalidade dessa experiência e dos resultados extremamente frutíferos que dela derivaram. O alunato treinado pelos professores estrangeiros (o que também ocorreu no Rio de Janeiro, embora não com a mesma eficácia) adquiriu disposições científicas e absorveu diretamente a bibliografia especializada europeia e norte-americana. Recebeu, portanto, formação sistemática, que constituiria um traço geracional. Nesse microcosmo, Florestan Fernandes tornou-se sociólogo por inteiro através da experiência compartilhada com seus colegas, apesar de sua origem desfavorável que, de certa forma, converteu-se num trunfo para ele à medida que se destacava como o representante mais promissor de sua geração. Situado numa universidade relativamente blindada das ingerências políticas, voltou-se inicialmente a "temas frios", como o folclore e a etnologia, que lhe permitiram granjear a reputação de pesquisador competente e a reivindicar a sociologia como ciência. Foi conduzido à posição de catedrático por indicação de Roger Bastide, a quem substituiu confirmando sua condição de herdeiro dileto do sociólogo francês. Desde então, empenhou-se na constituição e na liderança de um grupo de pesquisadores e dirigiu programas de pesquisa centrados na questão racial e no problema do desenvolvimento, "temas quentes" sintonizados com o contexto do pós-guerra e com acirramento político que levaria ao golpe de 1964. Em seguida a este evento, assumiu uma postura militante, em oposição ao governo militar, em função da qual seria aposentado compulsoriamente em 1969. Apesar desse desfecho amargo, a comparação de sua carreira com a de Germani evidencia o caráter contínuo e estável em sua progressão, viabilizado numa instituição acadêmica incomum que lhe proporcionou mestres, companheiros de geração e discípulos.

Devemos atentar, ainda, para as configurações disciplinares, estabelecidas em cada caso, no interior das quais a sociologia evoluiu institucionalmente. Na Argentina, inscreveu-se de forma subordinada em outros cursos para depois se tornar independente. O ponto central, em termos comparativos, é que não formou parte, como no Brasil, de um conjunto delimitado de disciplinas — sociologia, antropologia e ciência política —, o que até hoje dife-

Considerações finais: Quatro ases 231

rencia seu ensino nos dois países. Naquele caso, os sociólogos estiveram mais próximos dos historiadores e dos economistas, do que dos antropólogos e dos cientistas políticos. Apesar de tais diferenças, nos dois casos, uma relação foi recorrente. Entre as décadas de 1950 e 1960, setores da crítica universitária se apropriaram dos instrumentos sociológicos para interrogar os fatos literários, gerando programas de pesquisa extremamente inovadores, de acordo com nossa interpretação no capítulo 3 deste livro. Os terrenos nos quais os críticos se moveram nos dois países, foram, não obstante, muito distintos. Em primeiro lugar, em função de diferenças decisivas oriundas da origem social de tais produtores culturais. No Brasil do começo do século XX, os críticos eram recrutados nos mesmos meios sociais que os escritores, em geral oriundos de famílias tradicionais em declínio, embora não exclusivamente, formados em sua maioria nos cursos de direito, medicina e engenharia. Na Argentina, se até o final do século XIX esse padrão era similar, a criação de um sistema educacional abrangente e inclusivo, especialmente a criação da FFyL da UBA, o alteraria rapidamente. Os efeitos da imigração massiva sobre a estrutura social de ambos os países foram diferentes, entre outros fatores, porque na Argentina havia esse caminho pavimentado de ascensão para os imigrantes e seus descendentes e isso repercutiu diretamente no domínio das profissões intelectuais. De fato, a maioria dos críticos literários descendia de imigrantes e havia cursado letras na FFyL da UBA. O polo dominante dos escritores, entretanto, continuou sendo ocupado por representantes das famílias *criollas*, o que explica a persistente disputa entre críticos e escritores na maior parte do século XX. As origens sociais de Antonio Candido e de Adolfo Prieto se encaixam quase perfeitamente nessa morfologia.

Em segundo lugar, ligado ao que acabamos de dizer, a constituição de uma crítica universitária na Argentina foi anterior e isso condicionou algumas especificidades em relação ao caso brasileiro, a principal delas relacionada aos seus meios principais de expressão: o livro e a revista. Não foi nos jornais, apesar da importância que detinham no mercado cultural argentino, que os críticos ga-

232   Sociologia no espelho

nharam legitimidade prioritariamente, como aconteceu no Brasil de meados do século XX, país em que esse era o seu cenário por definição: a "crítica de rodapé". Esta seria deslocada apenas ao redor dos anos de 1950, quando a nova geração de críticos universitários viria a se impor. Vimos que Antonio Candido e Adolfo Prieto se projetaram por meio de revistas culturais formadas por jovens universitários, mas que o primeiro transitou do jornal à universidade, encarnando, assim, as duas modalidades típicas de se fazer crítica literária no Brasil do século XX, enquanto Adolfo Prieto esteve sempre ligado à universidade, sem escrever nunca para os jornais. De todo modo, apesar da consagração de Antonio Candido ter sido muito maior, ambos produziram obras renovadoras em função da perspectiva sociológica adotada, dirigiram grupos de pesquisadores, e definiram, em boa medida, a orientação assumida pelos críticos literários mais importantes das gerações seguintes nos dois países.

Por fim, os personagens analisados neste livro — os sociólogos Florestan Fernandes e Gino Germani e os críticos literários Antonio Candido e Adolfo Prieto —, lideraram, ao mesmo tempo, entre as décadas de 1950 e 1960, no Brasil e na Argentina, processos de modernização disciplinar no interior das ciências humanas. A esse respeito, as suas trajetórias são expressivas das mudanças ocorridas nos sistemas de produção cultural e acadêmica dos dois países, desde meados do século XX, que permitiram a profissionalização mais efetiva da atividade intelectual, sobretudo, em função da constituição de organizações acadêmicas modernas. Os quatro personagens destacaram-se no interior das gerações pioneiras envolvidas na implantação de novas disciplinas (como a sociologia) ou da renovação de disciplinas já estabelecidas, embora em moldes tradicionais (como a crítica). Foram, sobretudo, "intelectuais acadêmicos" (Coser, 1968).

Notemos ainda uma coincidência de aparência "tão natural" a ponto de ser muitas vezes negligenciada. Os quatro protagonistas da renovação das duas disciplinas em questão foram homens, o que indica a persistência de assimetrias de gênero que os favoreceram nas disputas com as mulheres. Apesar da presença impor-

Considerações finais: Quatro ases 233

tante destas nesses novos meios intelectuais, os homens se impuseram como as principais lideranças. Enfatizamos, também, o fato de que Florestan Fernandes, Adolfo Prieto e Antonio Candido se casaram jovens (Germani se casou pela segunda vez aos 43 anos e foi essa relação que condicionou a estabilização de sua vida profissional) e que os quatro estribaram suas carreiras acadêmicas em matrimônios duradouros, enquanto a maioria das mulheres destacadas nos mesmos contextos profissionais permaneceu solteira, indicando que para elas o casamento e a profissão eram dificilmente conciliáveis.

As carreiras de Gino Germani e Florestan Fernandes se aproximam por terem tido pontos de partida sociais desfavoráveis, o que também ocorreu com Adolfo Prieto. Isso explica a necessidade que tiveram de contar com apoios decisivos de seus professores nos momentos iniciais da carreira. Entre os três Germani e Prieto enfrentaram obstáculos adicionais, dada a politização extrema da universidade argentina. Antonio Candido, de origem social favorável, enfrentou impasses ligados às dinâmicas da vida acadêmica e à sua indefinição profissional entre a sociologia e a crítica literária. Enfim, por sua condição de *outsiders*, os três primeiros se moveram verticalmente (o último o fez horizontalmente) na hierarquia social, por meio de suas profissões acadêmicas. Como ases de um baralho, ocuparam ao longo de suas trajetórias as mais baixas e as mais altas posições do jogo.

AGRADECIMENTOS

"O que não é percebido nem compreendido, a não ser para aterrorizar ou demonstrar indignação, é a intensa fusão intelectual e afetiva que, em graus e modos distintos conforme as épocas, congrega os integrantes do grupo na participação num modo de organização do trabalho do pensamento inteiramente antinômico com a visão literária (e muito parisiense) da 'criação' como ato singular do pesquisador isolado (visão que conduz tantos pesquisadores mal formados, intelectualmente desarmados, a preferir os sofrimentos, as dúvidas e, amiúde, os fracassos e a esterilidade do trabalho solitário ao que percebem como a alienação despersonalizante de um empreendimento coletivo)."

Pierre Bourdieu, *Esboço de auto-análise*

Este livro tornou-se possível no contexto do intercâmbio extremamente frutífero entre a equipe de pesquisadores capitaneada por Sergio Miceli e nucleada no Programa de Pós-Graduação em Sociologia da USP e o grupo *Prismas*, reunido no Centro de História Intelectual da Universidade Nacional de Quilmes (Argentina), liderado por Carlos Altamirano. Os resultados mais concretos dessa associação foram os dois volumes da obra coletiva *História de los intelectuales en América Latina*[1] e o livro *Retratos latino-americanos*,[2] sobre a memorialística, a ser publicado proximamente. Além disso, acreditamos que as amizades e as diversas relações

---

[1] A obra foi coordenada por Carlos Altamirano. O primeiro volume, "La ciudad letrada: de la conquista al modernismo" (2008), foi organizado por Jorge Myers; o segundo, "Los avatares de la ciudad letrada en el siglo XX" (2010), por Carlos Altamirano.

[2] Obra organizada por Jorge Myers e Sergio Miceli.

Agradecimentos 235

de trabalho travadas entre os integrantes dos dois grupos têm sido fundamentais para todos nós nos últimos anos.

Em um dos seminários de preparação coletiva da primeira obra referida, em novembro de 2006, nos conhecemos e poucos meses depois nos ocorreu a possibilidade de fazer uma pesquisa conjunta, que se iniciou com o estágio pós-doutoral realizado por Luiz Carlos Jackson na Universidade Nacional de Quilmes (financiado pela Capes), entre agosto de 2008 e julho de 2009. A decisão de realizar um pós-doutorado na Argentina não foi usual, uma vez que os destinos internacionais mais comuns para pesquisadores brasileiros e argentinos costumam ser os Estados Unidos ou a Europa.

Nossa expectativa envolvia a realização de um trabalho em parceria, agora finalizado, voltado à comparação entre os processos iniciais de institucionalização das ciências sociais no Brasil e na Argentina. Desde o ano de 2009, essa pesquisa foi incorporada ao projeto temático financiado pela Fapesp, "Formação do campo intelectual e da indústria cultural no Brasil contemporâneo", coordenado por Sergio Miceli, com a participação de Maria Arminda do Nascimento Arruda, Lilia Schwarcz, Marcelo Ridenti, Heloisa Pontes, Heloísa Buarque, Alexandre Bergamo, Esther Hamburger e Fernando Pinheiro. As atividades do "temático", sobretudo seus seminários regulares, foram muito proveitosas para nós. Como mencionado acima, a interlocução com os participantes do grupo *Prismas* — principalmente Carlos Altamirano, Jorge Myers, Adrian Gorelik, Elias Palti, Anahí Ballent, Flavia Fiorucci — foi, também, muito importante para o amadurecimento de nossas ideias.

Em 2011, Alejandro Blanco foi beneficiado por uma bolsa concedida pelo Programa de Bolsas para Professores Visitantes Internacionais da Universidade de São Paulo, que lhe permitiu vir ao Brasil em duas oportunidades (um mês em 2012, um mês em 2013), o que foi essencial para a redação conjunta do texto.

Nossa parceria envolveu, também, a organização (com Fernando Pinheiro e Gustavo Sorá) de dossiês para as revistas *Prismas* (2009, nº 13) e *Tempo Social* (2009, vol. 21, nº 2; 2011, vol.

23, nº 2), dos quais participaram Davi Arrigucci Jr., Angela Alonso, Sergio Miceli, André Botelho, Heloisa Pontes, Marcelo Ridenti, Maria Arminda do Nascimento Arruda, Fabio Cardoso Keinert, Dimitri Pinheiro Silva, Beatriz Sarlo, Carlos Altamirano, Adrián Gorelik, Hugo Vezzetti, Mariano Plotkin, Jimena Caravaca, Fernando Devoto, Adolfo Prieto, Rodrigo Ramassote, Flavio Moura e Guilherme Simões.

Gostaríamos de mencionar, afetuosamente, colegas e amigos que de diversas maneiras nos apoiaram nesta empreitada: Sergio Miceli, Carlos Altamirano, Jorge Myers, Heloisa Pontes, Maria Arminda, Gustavo Sorá, Fernando Pinheiro, Roy Hora, Mariano Plotkin, Diego Pereyra, José Zanca, Fernanda Beigel, Maria Célia Paoli, Irene Cardoso, André Botelho, Antonio Brasil, Luís Carlos de Oliveira, Arturo Grunstein, Evania Guilhon, Rafael Mott, Lidiane Rodrigues e Vassili Rivron.

Agradecemos, por fim, as entrevistas generosamente concedidas por Antonio Candido e Adolfo Prieto e oferecemos este livro a nossos familiares e amigos.

Luiz Carlos Jackson e Alejandro Blanco
Agosto de 2014

BIBLIOGRAFIA

ALMEIDA, Maria Hermínia Tavares de (1989). "Dilemas da institucionalização das ciências sociais no Rio de Janeiro". *In*: MICELI, Sergio (org.). *História das ciências sociais no Brasil*. São Paulo: Vértice/Idesp/Finep, vol. 1.

ALONSO, Angela (2002). *Ideias em movimento*. São Paulo: Paz e Terra.

ALTAMIRANO, Carlos (2001). *Peronismo y cultura de izquierda*. Buenos Aires: Temas Grupo Editorial.

_____ (2004). "Entre el naturalismo y la psicología: el comienzo de la 'ciencia social' en la Argentina". *In*: PLOTKIN, Mariano; NEIBURG, Federico (orgs.). *Intelectuales y expertos: la constitución del conocimiento social en la Argentina*. Buenos Aires: Paidós.

ALTAMIRANO, Carlos; SARLO, Beatriz (1983). *Ensayos argentinos*. Buenos Aires: CEAL.

ANDERSON IMBERT, Enrique (1988). *Historia de la literatura*. Cidade do México: Fondo de Cultura Económica.

ARANTES, Paulo E. (1992). "Providências de um crítico literário na periferia do capitalismo". *In*: D'INCAO, Maria Angela; SCARABÔTOLO, Eloísa Faria (orgs.). *Dentro do texto, dentro da vida*. São Paulo: Companhia das Letras.

ARAÚJO, Ricardo Benzaquen de (1994). *Guerra e paz: Casa-grande & senzala e a obra de Gilberto Freyre nos anos 30*. Rio de Janeiro: Editora 34.

ARBOUSSE-BASTIDE, Paul (1934-35). "Condições e organização do ensino de sociologia na Faculdade de Filosofia, Ciências e Letras", *Anuário da FFCL-USP*.

ARRUDA, Maria Arminda do Nascimento (1995). "A sociologia no Brasil: Florestan Fernandes e a 'escola paulista'". *In*: MICELI, Sergio (org.). *História das ciências sociais no Brasil*. São Paulo: Sumaré/Idesp/Fapesp, vol. 2.

Bibliografia

_____ (2001a). *Metrópole e cultura*. São Paulo: EDUSC.

_____ (2001b). "A modernidade possível: cientistas e ciências sociais em Minas Gerais". *In*: MICELI, Sergio (org.). *História das ciências sociais no Brasil*. São Paulo: Sumaré, vol. 1.

_____ (2009a). "Sociedad y cultura modernas en el Brasil: la sociología de Florestan Fernandes", *Prismas*, vol. 13, n° 2.

_____ (2009b). "Florestan Fernandes. Vocação centífica e compromisso de vida". *In*: BOTELHO, André; SCHWARCZ, Lilia. *Um enigma chamado Brasil*. São Paulo: Companhia das Letras.

_____ (2011). "Modernismo e regionalismo no Brasil: entre a inovação e tradição", *Tempo Social*, vol. 23, n° 2.

ASSIS, Machado de (2011). "Notícia da atual literatura brasileira: Instinto de nacionalidade". *In*: *O jornal e o livro*. São Paulo: Companhia das Letras.

AVARO, Nora; CAPDEVILA, Analía (2004). *Denuncialistas: literatura y polémica en los '50*. Buenos Aires: Santiago Arcos.

AVELLANEDA, Andrés (1980). "El naturalismo y E. Cambaceres". *In*: *Historia de la literatura argentina*. Buenos Aires: CEAL, vol. 2.

BARRENECHEA, Ana María (1995-1996). "Amado Alonso en el Instituto de Filología de la Argentina", *Cauce: Revista de Filología y Didáctica*, 18/19.

BARRENECHEA, Ana María; LOIS, Élida (1989). "El exilio y la investigación linguística en la Argentina", *Cuadernos Hispanoamericanos*, 473/474.

BASTIDE, Roger; FERNANDES, Florestan (1955). *Brancos e negros em São Paulo*. São Paulo: Editora Nacional.

BASTIDE, Roger (1947). "Prefácio", *Revista do Arquivo Municipal*, vol. 113, mar./abr., pp. 154-5.

_____ (1952a). "Carta a Florestan Fernandes", 26/1/1952. Manuscrito.

_____ (1952b). "Carta a Florestan Fernandes", 4/3/1952. Manuscrito.

_____ (1959). *Sociologia do folclore brasileiro*. São Paulo: Editora Anhembi.

_____ (1971). *Arte e sociedade*. São Paulo: Companhia Editora Nacional.

BASTOS, Élide Rugai (1998). "Gilberto Freyre: *Casa-grande & senzala*". *In*: MOTA, Lourenço Dantas (org.). *Um banquete no trópico*. São Paulo: Editora SENAC.

BEALS, Ralph (1950). "The Social Sciences in South America", *Social Sciences Research Council Items*, vol. 4, nº 1, pp. 19-22.

BEIGEL, Fernanda (2009). "La Flacso chilena y la regionalización de las ciencias sociales en América Latina (1957-1973)", *Revista Mexicana de Sociologia*, vol. 71, nº 2, pp. 319-49.

BELL, Daniel (1984). *Las ciencias sociales desde la Segunda Guerra Mundial.* Madrid: Alianza.

BEN-DAVID, Joseph (1971). *The Scientific Role in Society: A Comparative Study.* Nova Jersey: Prentice-Hall.

BERNASCONI, Alicia; TRUZZI, Oswaldo (2000). "Las ciudades y los inmigrantes: Buenos Aires y Sao Paulo (1880-1930)". *In: Brasil-Argentina: a visão do outro.* Buenos Aires: Fundación Centro de Estudios Brasileiros, Funag.

BERNSTEIN, R.J. (1982). *La reestructuración de la teoría social y política.* México: Fondo de Cultura Económica.

BLANCO, Alejandro (2004). "Max Weber na sociología argentina (1930-1950)", *Dados*, nº 4, pp. 669-701.

_____ (2005). "La Asociación Latinoamericana de Sociología: una historia de sus primeros congresos", *Sociologías*, Universidade Federal do Rio Grande do Sul, Programa de Pós-Graduação em Sociologia, ano 7, nº 14, pp. 22-49.

_____ (2006). *Razón y modernidad: Gino Germani y la sociología en la Argentina.* Buenos Aires: Siglo XXI.

_____ (2007). "Ciências sociais no Cone Sul e a gênese de uma elite intelectual (1940-1965)", *Tempo Social*, vol. 19, nº 1, Universidade de São Paulo, Departamento de Sociologia, pp. 89-114.

_____ (2009). "Karl Mannheim en la formación de la sociología moderna en América latina", *Estudios Sociológicos de El Colegio de México*, vol. 27, nº 80, maio-ago., 2009, pp. 393-431.

_____ (2010). "Ciencias sociales en el Cono Sur y la génesis de una nueva élite intelectual (1940-1965)". *In:* ALTAMIRANO, Carlos (org.). *Historia de los intelectuales en América Latina.* Buenos Aires: Katz Editores, vol. 2, pp. 606-29.

_____ (2013). "José Luis Romero y Gino Germani: la inmigración masiva y el proyecto de una comprensión histórico-sociológico de la Argentina moderna". *In:* BURUCÚA, José Emilio; DEVOTO, Fernando; GORELIK, Adrián (orgs.). *José Luis, vida historia, ciudad y cultura.* Buenos Aires: UNSaM, pp. 273-91.

Bibliografia

BOLLE, Adélia Bezerra de Menezes (1979). *A obra crítica de Álvaro Lins e sua função histórica*. Petrópolis: Vozes.

BORELLO, Rodolfo (1960). "Reseña sobre *Proyección del rosismo en la literatura argentina*". *Revista de Literatura Argentina e Iberoamericana*, n° 2.

_____ (1967). "Adolfo Prieto: literatura y sociedad en la Argentina". *Cuadernos Hispanoamericanos*, 214.

_____ (1968). "La crítica moderna". *In*: *Capítulo: la historia de la literatura argentina*. Buenos Aires: CEAL.

_____ (1993). "Radiografía de la pampa y las generaciones de 1925 y de 1950. Interpretaciones y discípulos". *In*: POLLMAN, Leo (org.). *Radiografía de la pampa (edicíon crítica)*. Buenos Aires: Colección Archivos/FCE.

BOSI, Alfredo (2002). *Literatura e resistência*. São Paulo: Companhia das Letras.

_____ (2009). "Entrevista", *Informe*, vol. 54.

BOTELHO, André (2002). *Aprendizado do Brasil: a nação em busca de seus portadores sociais*. Campinas: Ed. Unicamp.

_____ (2007). "Sequências de uma sociologia política brasileira", *Dados*, vol. 50, n° 1.

_____ (2009). "Pasado futuro de los ensayos de interpretación del Brasil", *Prismas*, vol. 13.

BOURDIEU, Pierre. (1996). *As regras da arte: gênese e estrutura do campo literário*. São Paulo: Companhia das Letras.

_____ (2005). *Esboço de auto-análise*. Tradução e introdução de Sergio Miceli. São Paulo: Companhia das Letras.

BRANDÃO, Gildo Marçal (2007). *Linhagens do pensamento político brasileiro*. São Paulo: Aderaldo & Rothschild.

BRASIL JR., Antonio (2012). "*As ciências sociais no Brasil*: estudo realizado para a CAPES por Costa Pinto e Edison Carneiro". Inédito.

BRUNNER, José Joaquín (1985). *Los orígenes de la sociología profesional en Chile*. Santiago: FLACSO.

BUCHBINDER, Pablo (1997). *Historia de la Facultad de Filosofía y Letras, Universidad de Buenos Aires*. Buenos Aires: EUDEBA.

_____ (2005). *Historia de las universidades argentinas*. Buenos Aires: Sudamericana.

BULMER, Martin (1984). *The Chicago School of Sociology*. Chicago: University of Chicago Press.

CANDIDO, Antonio (1949). "Resenha de *Organização social dos Tupinambá*", *Revista do Museu Paulista* (nova série), n° 3.

_____ (1952). "Euclides da Cunha sociólogo". São Paulo: OESP.

_____ (1955). "L'État actuel et les problèmes les plus importants des études sur les sociétés rurales du Brésil". São Paulo: *Anais do XXXI Congresso Internacional de Americanistas*.

_____ (1957). "A Sociologia no Brasil". *In: Enciclopédia Delta Larousse*, vol. 4. São Paulo.

_____ (1959/2007). *Formação da literatura brasileira*. Belo Horizonte/ Rio de Janeiro: Itatiaia.

_____ (1964/1987a). *Os parceiros do Rio Bonito*. São Paulo: Duas Cidades.

_____ (1965/1987b). *Literatura e sociedade*. São Paulo: Difel.

_____ (1974). *Memorial*. São Paulo: FFLCH/USP.

_____ (1988a). *O método crítico de Silvio Romero*. São Paulo: Edusp.

_____ (1988b/1995). "Radicalismos". *In: Vários escritos*. São Paulo: Duas Cidades.

_____ (1993). *O discurso e a cidade*. São Paulo: Duas Cidades.

_____ (2002) [Vinícius Dantas, (org.)]. *Textos de intervenção*. São Paulo: Editora 34/Duas Cidades.

_____ (2006). "O significado de *Raízes do Brasil*". *In*: HOLANDA, Sérgio Buarque de (2006 [1936]). *Raízes do Brasil*. São Paulo: Companhia das Letras.

CARDOSO, Fernando H.; e outros (1982). *Medina Echavarría y la sociología latinoamericana*. Madri: Ediciones Cultura Hispánica, Instituto de Cooperación Iberoamericana.

CARDOSO, Irene (1982). *A universidade da comunhão paulista*. São Paulo: Cortez.

CARONE, Edgard (1991). *Memória da Fazenda Bela Aliança*. Belo Horizonte: Oficina de Livros.

CARVALHO, José Murilo de (1996). *A construção da ordem*. Rio de Janeiro: Editora Relume Dumará.

CASANOVA, Pascale (2002). *A República Mundial das Letras*. São Paulo: Estação Liberdade.

CASTAÑEDA, Fernando (1990). "La constitución de la sociología en México". *In*: BOLIO, Francisco José Paoli (org.). *Desarrollo y organización de las ciencias sociales en México*. Cidade do México: UNAM.

Bibliografia

CAVALCANTI, Maria Laura Viveiros de Castro (1998). "Apresentação". *In*: NOGUEIRA, Oracy. *Preconceito de marca: as relações raciais em Itapetininga*. São Paulo: Edusp.

CAVALCANTI, Themistocles B. (1956). "Round Table on the University Teaching of the Social Sciences in South América", *International Social Science Bulletin*, vol. 7, n° 2, pp. 3-4.

CIACHI, André (2007). "Gioconda Mussolini: uma travessia bibliográfica", *Revista de Antropologia*, vol. 50, n° 1.

CLARK, Terry Nichols (1972). *Prophets and Patrons: The French University and the Emergence of the Social Sciences*. Cambridge, Massachusetts: Harvard University Press.

CORRÊA, Mariza (1987). *História da antropologia no Brasil (1930-1960)*. Campinas: Editora da Unicamp.

_____ (1995). "A antropologia no Brasil (1960-1980)". *In*: MICELI, Sergio (org.). *História das ciências sociais no Brasil*, vol. 2. São Paulo: Sumaré/Idesp/Fapesp.

CORREAS, Carlos (2007). *La operación Masotta: cuando la muerte también fracasa*. Buenos Aires: Interzona.

COSER, Lewis (1968). *Hombres de ideas: el punto de vista de un sociólogo*. México: Fondo de Cultura Económica.

COUTINHO, Afrânio (org.) (1986). *A literatura no Brasil*. Rio de Janeiro/ Niterói: José Olympio/Universidade Federal Fluminense.

_____ (2008). *Conceito de literatura brasileira*. Rio de Janeiro: Vozes.

CREVENNA, Theo (1950). *Materiales para el estudio de la clase media en la América Latina*. Washington: Unión Panamericana, 6 vols.

_____ (1951). "The Social Sciences in the Organization of American States", *International Social Science Bulletin*, vol. 4, n° 3, pp. 5-7.

CUNHA, Euclides da (1982). *Os sertões*. São Paulo: Cultrix.

CUNHA, Luiz Antônio (1988). *A universidade reformada*. Rio de Janeiro: Editora Francisco Alves.

_____ (2007a). *A universidade temporã*. São Paulo: Editora UNESP.

_____ (2007b). *A universidade crítica*. São Paulo: Editora UNESP.

DÁMASO MARTÍNEZ, Carlos (1980). "Nacimiento de la novela: José Mármol". *In*: *Historia de la literatura argentina*. Buenos Aires: CEAL.

DANTAS, Vinícius (2002). *Bibliografia de Antonio Candido*. São Paulo: Editora 34/Duas Cidades.

DE FRANZ, Marie-Anne (1969). "Implanting the Social Sciences: A Review of Unesco's Endeavours", *International Social Science Journal*, vol. 28, n° 4, UNESCO, pp. 12-18.

DEGIOVANNI, Fernando (2007). *Los textos de la patria: nacionalismo, políticas culturales y canon en Argentina*. Rosario: Beatriz Viterbo Editora.

DELGADO, Josefina (1980). "Panorama de la novela". *In: Historia de la literatura argentina*. Buenos Aires: CEAL.

DEAN, Warren (1971). *A industrializacão de São Paulo (1880-1945)*. São Paulo: Edusp.

DEVOTO, Fernando; FAUSTO, Boris (2004). *Argentina/Brasil 1850-2000: un ensayo de historia comparada*. Buenos Aires: Sudamericana.

DEVOTO, Fernando (org.) (1993). *La historiografía argentina en el siglo veinte*. Buenos Aires: CEAL.

DEVOTO, Fernando (2006). *Nacionalismo, fascismo y tradicionalismo en la Argentina moderna: una historia*. Buenos Aires: Siglo XXI.

_____ (2007). *Historia de los italianos en la Argentina*. Buenos Aires: Biblos.

D'INCAO, Maria Angela (org.) (1989). *História e ideal: ensaios sobre Caio Prado Júnior*. São Paulo: Brasiliense/Unesp.

DI TELLA, Torcuato S.; GERMANI, Gino; GRACIARENA, Jorge (orgs.) (1965). *Argentina, sociedad de masas*. Buenos Aires: EUDEBA.

DURKHEIM, Émile (2003 [1912]). *As formas elementares da vida religiosa*. São Paulo: Martins Fontes.

ELIAS, Norbert (1994). *O processo civilizador*. Rio de Janeiro: Zahar.

ESTRIN, Laura (1999). "Entre la historia y la literatura, una extensión: la *Historia de la literatura argentina* de Ricardo Rojas". *In*: ROSA, Nicolás (org.). *Políticas de la crítica: historia de la crítica literaria en la Argentina*. Buenos Aires: Biblos.

FALCOFF, Mark (1975). "Intellectual Currents". *In*: FALCOFF, Mark; DOLKART, Ronald H. (orgs.). *Prologue to Perón: Argentina in Depression and War, 1930-1943*. Berkeley/Los Angeles/Londres: University of California Press.

FRANCO, Maria Sylvia de Carvalho (1963). "O estudo sociológico de comunidades". *In*: (1983) *Homens livres na ordem escravocrata*. São Paulo: Kairós.

FAUSTO, Boris (1995). *História do Brasil*. São Paulo: Edusp.

Bibliografia   245

FERNANDES, Florestan (1947). "As trocinhas do Bom Retiro", *Revista do Arquivo Municipal*, vol. 113.

_____ (1948). "A análise sociológica das classes sociais", *Sociologia*, vol. 10, n° 2.

_____ (1949). "Resenha de *Raízes do Brasil*", *Revista do Arquivo Municipal*, vol. 122.

_____ (1952). "Resenha de *A moda no século XIX: ensaio de sociologia estética*", *Anhembi*, vol. 25.

_____ (1958/1980). *A etnologia e a sociologia no Brasil.* São Paulo: Anhembi.

_____ (1959). *Fundamentos empíricos da explicação sociológica.* São Paulo: Ed. Nacional.

_____ (1963). *A sociologia numa era de revolução social.* São Paulo: Nacional.

_____ (1965). *A integração do negro na sociedade de classes.* São Paulo: Dominus.

_____ (1968/1981). *Sociedade de classes e subdesenvolvimento.* Rio de Janeiro: Zahar.

_____ (1968). *Sociedade de classes e subdesenvolvimento.* Rio de janeiro: Zahar.

_____ (1975). *A revolução burguesa no Brasil.* Rio de Janeiro: Zahar.

_____ (1995). "Florestan Fernandes: esboço de uma trajetória", *BIB*, n° 40.

_____ (2004). *Folclore e mudança social na cidade de São Paulo.* São Paulo: Martins Fontes.

FORJAZ, Maria Cecília Spina (1997). "A emergência da ciência política no Brasil: aspectos institucionais", *Revista Brasileira de Ciências Sociais*, n° 35.

FRANCO, Maria Sylvia de Carvalho (1988). *Memorial.* São Paulo: Faculdade de Filosofia Letras e Ciências Humanas da Universidade de São Paulo.

FRANÇOZO, Mariana (2005). "O Museu Paulista e a história da antropologia no Brasil entre 1946 e 1956", *Revista de Antropologia*, vol. 48, n° 2.

FREYRE, Gilberto (1933/1992). *Casa-grande & senzala.* Rio de Janeiro: Record.

_____ (1936/2004). *Sobrados e mucambos.* São Paulo: Global.

FURTADO, Celso (1985). *La fantasía organizada.* Buenos Aires: Eudeba.

GARCIA, Afranio (2004). "A dependencia da política: Fernando Henrique Cardoso e a sociología no Brasil", *Tempo Social*, vol. 16, n° 1.

_____ (2006). "Circulación internacional y formación de una 'escuela de pensamiento' latinoamericana (1945-2000)", *Prismas*, vol. 10.

GARCIA, Sylvia Gemignani (2001). "Folclore e sociologia em Florestan Fernandes", *Tempo Social*, vol. 13, n° 2.

_____ (2002). *Destino ímpar*. São Paulo: Editora 34.

GARCÍA BOURZA, Jorge; VERÓN, Eliseo (1967). "Epílogo de una crónica: la situación de la sociología en Argentina", *Revista Latinoamericana de Sociología*, vol. 3, n° 1.

GERMANI, Ana (2004). *Del antifascismo a la sociología*. Buenos Aire: Taurus.

GERMANI, Gino (1946a). *Teoría e investigación en la sociología empírica*. Inédito.

_____ (1946b). "Sociología y planificación", *Boletín de la Biblioteca del Congreso*, Benos Aires, n° 57, pp. 20-37.

_____ (1952). "Algunas repercusiones de los cambios económicos en la Argentina (1940-1950)", *Ciencias Sociales*, II, pp. 147-58. Washington: Unión Panamericana.

_____ (1955). *Estructura social de la Argentina: análisis estadístico*. Buenos Aires: Raigal.

_____ (1956a). "Informe preliminar del Instituto de Sociología sobre las encuestas entre estudiantes universitarios", *Centro*, vol. 12.

_____ (1956b). *La sociología científica: apuntes para su fundamentación*. Cidade do México: Instituto de Investigaciones Sociales, Universidad Nacional México.

_____ (1956c). "Solicitud de financiamento para viajar aos Estados Unidos", Buenos Aires, 24 de fevereiro de 1956, arquivo pessoal.

_____ (1962). *Política y sociedad en una época de transición*. Buenos Aires: Paidós.

_____ (1963). "La movilidad social en la Argentina". *In*: MARTIN LIPSET, Seymour; BENDIX, Reinhard. *Movilidad social en la sociedad industrial*. Buenos Aires: EUDEBA, pp. 317-65.

_____ (1964). *La sociología en la América Latina: problemas y perspectivas*. Buenos Aires: EUDEBA.

_____ (1965). "Los italianos en la sociedad argentina", *Análisis*, vol. 236.

_____ (1968). "La sociología en la Argentina", *Revista Latinoamericana de Sociología*, vol. 4, n° 3.

_____ (1978). *Authoritarianism, Fascism and National Populism*. New Brunswick and London: Transaction Publishers.

GERMANI, Gino; GRACIARENA, Jorge; HALPERIN DONGHI, Tulio (orgs.) (1965). *Argentina, sociedad de masas*. Buenos Aires, HEUDEBA.

GERMANI, Gino; SAUTU, Ruth (1965). "Regularidad y origen social de los estudiantes universitarios". *In*: *Investigaciones y trabajos del Instituto de Sociología*. Buenos Aires: Instituto de Sociología, Facultad de Filosofía y Letras, Universidad de Buenos Aires, pp. 9-26.

GILLIN, John (1953). "La situación de las ciencias sociales en seis países sudamericanos", *Ciencias Sociales*, vol. 4, n° 19, pp. 12-20.

GIUSTI, Roberto (1959). "La crítica y el ensayo". *In*: ARRIETA, Rafael (org.). *Historia de la literatura argentina*. Buenos Aires: Peuser, vol. 4.

_____ (1968). "Panorama de la literatura argentina contemporánea". *In*: BORELLO, Rodolfo A. (org.). *La crítica moderna*. Buenos Aires: CEAL.

GORELIK, Adrián (2005). "Mapas de identidad. La imaginación territorial en el ensayo de interpretación nacional: de Ezequiel Martínez Estrada a Bernardo Canal Feijóo", *Prismas*, vol. 5.

GOULDNER, Alvin (1969). "El antimnotauro: el mito de uma ideologia libre de valores". *In*: HOROWITZ, Irving (org.). *La nueva sociología*. Buenos Aires: Amorrortu.

GRAMUGLIO, María Teresa (1986). "Sur en la década del treinta. Una revista política". Buenos Aires: *Punto de Vista*, vol. 28, n° 4.

_____ (2001). "Posiciones, transformaciones y debates en la literatura". *In*: CATTARUZA, Alejandro (org.). *Crisis económica, avance del estado e incertidumbre política* [vol. 7 de *Nueva historia argentina*]. Buenos Aires: Sudamericana.

HALL, Michael (1969). *The Origins of Mass Immigration in Brazil, 1871-1914*. Nova York: Columbia University.

_____ (2004). "Imigrantes na cidade de São Paulo". *In*: PORTA, Paula (org.). *História da cidade de São Paulo*. São Paulo: Paz e Terra, vol. 3, pp. 121-51.

HALPERIN DONGHI, Tulio (1986). "Un cuarto de siglo de historiografía argentina (1960-1985)", *Desarrollo Económico*, vol. 25, n° 100, pp. 487-520.

HALPERIN DONGHI, Tulio; DI TELLA, Torcuato (orgs.) (1969). *Los fragmentos del poder*. Buenos Aires: Álvarez Editor.

248   Sociologia no espelho

HEILBRON, Johan (2006). *Naissance de la sociologie*. Marselha: Agone.

HENRÍQUEZ UREÑA, Pedro (1949). *Las corrientes literarias en la América Hispánica*. Cidade do México: Fondo de Cultura Económica.

HERRMANN, Lucila (1945). *Evolução da estrutura social de Guaratinguetá num período de 300 anos*. São Paulo: FFCL/USP. Tese de doutorado.

HIRSCHMAN, Albert (1980). "Auge y caída de la teoría económica del desarrollo", *El trimestre económico*, vol. 47, n° 4, n° 188.

HODARA, Joseph (1987). *Prebish y la CEPAL: Sustancia, trayectoria y contexto institucional*. México: El Colegio de México.

HOLANDA, Sérgio Buarque de (1936/1975). *Raízes do Brasil*. Rio de Janeiro: José Olympio.

HUTCHINSON, Bertram (1965). "Movilidad y trabajo". *In*: KAHL, Joseph (org.). *La industrialización en América Latina*. México: Fondo de Cultura Económica, pp. 307-36.

IANNI, Octavio (1958). "Resenha de *Sociologia: introdução ao estudo de seus princípios*", *Anhembi*, vol. 92.

_____ (1961). "Estudo de comunidade e conhecimento científico". *Revista de Antropologia*, vol. 9, n° 1 e 2.

IMAZ, Jose Luiz de (1977). *Promediando los cuarenta*. Buenos Aires: Sudamericana.

JACKSON, Luiz Carlos (2002). *A tradição esquecida: Os parceiros do Rio Bonito e a sociologia de Antonio Candido*. Belo Horizonte: Editora UFMG.

_____ (2003). *Representações do mundo rural brasileiro: dos precursores à sociologia paulista*. Tese de doutorado. São Paulo: FFLCH-USP.

_____ (2004). "A sociologia paulista nas revistas especializadas", *Tempo Social*, vol. 16, n° 1.

_____ (2006). "Sociologia como ponto de vista", *Tempo Social*, vol. 18, n° 1.

JITRIK, Noé (1980). "El ciclo de la bolsa". *In*: *Historia de la literatura argentina*. Buenos Aires: CEAL.

KEINERT, Fábio Cardoso (2011). *Cientistas sociais entre ciência e política (Brasil, 1968-1985)*. Tese de doutorado. São Paulo: FFLCH-USP.

KEINERT, Fábio Cardoso; SILVA, Dimitri Pinheiro (2010). "A gênese da ciência política brasileira", *Tempo Social*, vol. 22, n° 1.

KING, John (1989). *Sur: estudio de la revista argentina y de su papel en el desarrollo de una cultura, 1931-1970*. Cidade do México: Fondo de Cultura Económica.

Bibliografia

KLIX, Miranda (1928/1969). *Cuentistas argentinos de hoy (1921-1928)*. *In*: PRIETO, Adolfo. *Estudios de la literatura argentina*. Buenos Aires, Galerna.

KRATOCHWILL, Germán (1969). *El estado de las ciencias sociales en la Argentina*. Documento de Trabajo nº 67. Buenos Aires: Centro de Investigaciones Sociales, Instituto Torcuato Di Tella.

LAFETÁ, João Luiz (2000). *1930: A crítica e o modernismo*. São Paulo: Editora 34/Duas Cidades.

LAFLEUR, Héctor; PROVENZANO, Sergio; ALONSO, Fernando (2006). *Las revistas literárias argentinas (1893-1967)*. Buenos Aires: El 8vo Loco Ediciones.

LENGYEL, Peter (1986). *International Social Science: The Unesco Experience*. New Brunswick: Transaction Books.

LEPENIES, Wolf (1996). *As três culturas*. São Paulo: Edusp.

LIDA, Clara; MATESANZ, José Antonio (1990). *El Colegio de México: una hazaña cultural (1940-1962)*. México: El Colegio de México.

LIMA, Nísia Trindade (1999). *Um sertão chamado Brasil*. Rio de Janeiro: Revan/IUPERJ.

LIMONGI, Fernando (1987). "Revista Sociologia: a ELSP e o desenvolvimento da sociologia em São Paulo", *Caderno IDESP*, nº 1. Série "História das Ciências Sociais".

_____ (1989a). "Mentores e clientelas da Universidade de São Paulo". *In*: MICELI, Sergio (org.). *História das ciências sociais no Brasil*, vol. 1. São Paulo: Vértice/Idesp/Finep.

_____ (1989b). "A Escola Livre de Sociologia e Política". In: MICELI, Sergio (org.). *História das ciências sociais no Brasil*, vol. 1. São Paulo: Vértice/Idesp/Finep.

LOWERIE, Samuel (1938). *Imigração e crescimento da população no Estado de São Paulo*. São Paulo: Escola Livre de Sociologia e Política. Coleção Estudos Paulistas, nº 2.

MAIO, Marcos Chor (1997a). *A história do projeto UNESCO: estudos raciais e ciências sociais no Brasil*. Tese de doutorado. Rio de Janeiro: IUPERJ.

_____ (1997b). "Uma polêmica esquecida: Costa Pinto, Guerreiro Ramos e o tema das relações raciais", *Dados*, vol. 40, nº 1.

_____ (2000). "O projeto UNESCO e a agenda das ciências sociais no Brasil dos anos 40 e 50", *Revista Brasileira de Ciências Sociais*, vol. 41, nº 14.

_____ (2000). "Uma polêmica esquecida: Costa Pinto, Guerreiro Ramos e o tema das relações raciais", *Dados*, vol. 40, n°1.

MALLEA, Eduardo (1937). *Historia de una pasión argentina*. Buenos Aires: Sur.

MANNHEIM, Karl (1972). *Liberdade, poder e planificação democrática*. São Paulo: Mestre Jou.

MANGONE, Carlos; WARLEY, Jorge A. (1984). *Universidad y peronismo (1946-1955)*. Buenos Aires: CEAL.

MARTINEZ, Paulo Henrique (2008). *A dinâmica de um pensamento crítico*. São Paulo: Edusp.

MARTINS, Wilson (1986). "A critica modernista". *In*: COUTINHO, Afrânio. *A literatura no Brasil*. Rio de Janeiro: José Olympio/EDUFF, vol. 5.

MARTÍNEZ ESTRADA, Ezequiel (1993). *Radiografía de la pampa* [edición crítica bajo la coordinación de Leo Pollman]. Buenos Aires: FCE.

MEDINA ECHAVARRÍA, José (1941). *Sociología: teoría y técnica*. Cidade do México: Fondo de Cultura Económica.

MICELI, Sergio (1989a). "Por uma sociologia das ciências sociais". *In*: MICELI, Sergio (org.). *História das ciências sociais no Brasil*, vol. 1. São Paulo: Vértice/Idesp/Finep.

_____ (1989b). "Condicionantes do desenvolvimento das Ciências Sociais". *In*: MICELI, Sergio (org.). *História das ciências sociais no Brasil*, vol. 1. São Paulo: Vértice/Idesp/Finep.

_____ (1995). "O cenário institucional das ciências sociais no Brasil". *In*: MICELI, Sergio (org.). *História das ciências sociais no Brasil*. São Paulo: Sumaré/Idesp/Fapesp, vol. 2.

_____ (2001). *Intelectuais à brasileira*. São Paulo: Companhia das Letras.

_____ (2004). "La vanguardia argentina en la década de 1920: notas sociológicas para un análisis comparado con el Brasil modernista", *Prismas*, vol. 8.

_____ (2007a). "Jorge Luis Borges: história social de um escritor nato", *Novos Estudos*, 77.

_____ (2007b). "Les inventeurs latino-américins de la sociologie". *In*: ESSE, C. (org.). *Rapports ambivalents entre sciences sociales européennes et américaines*. Milão: Edizioni Arcipelago.

_____ (2009). "Mário de Andrade: a invenção do moderno intelectual brasileiro". *In*: BOTELHO, André; SCHWARCZ, Lilia Moritz (orgs.). *Um enigma chamado Brasil*. São Paulo: Companhia das Letras.

Bibliografia

MICELI, Sergio (org.) (2009). *História das ciências sociais no Brasil*. São Paulo: Vértice/Idesp/Finep.

_____ (2012). *Vanguardas em retrocesso*. São Paulo: Companhia das Letras.

MICELI, Sergio; PONTES, Heloisa (orgs.) (2014). *Cultura e sociedade: Brasil e Argentina*. São Paulo, Edusp.

MIGUEZ, Eduardo (1993). "El paradigma de la historiografía económico-social de la renovación de los años '60 vistos desde los años '90". *In*: DEVOTO, Fernando (org.). *La historiografía argentina en el siglo veinte*. Buenos Aires: CEAL.

MONEGAL, Emir Rodríguez (1956). *El juicio de los parricidas*. Buenos Aires: Deucalión.

MONTEIRO, Duglas Teixeira. (1977). "Juazeiro Canudos e Contestado". *In*: FAUSTO, Boris. *História geral da civilização brasileira. O Brasil republicano: sociedade e instituições (1889-1930)*. Rio de Janeiro/São Paulo: Difel.

MONTEIRO, Pedro Meira; EUGENIO, João Kennedy (orgs.) (2008). *Sérgio Buarque de Holanda: perspectivas*. Campinas/Rio de Janeiro: Ed. Unicamp/Ed. UERJ.

MOORE, Barrington. (1975). *As origens sociais da ditadura e da democracia*. Lisboa: Cosmos.

MORCILLO LAIZ, Álvaro (2008). "Historia de un fracaso: individuos, organizaciones y la sociología weberiana en México (1937-1957)", *Sociológica*, vol. 67, pp. 149-92.

MURMIS, Miguel (2006). "Sociologia, ciência política e antropologia: institucionalização, profissionalização e internacionalização na Argentina". *In*: TRINDADE, Helgio (org.). *As ciências sociais na América Latina em perspectiva comparada*. Porto Alegre: Editora UFRGS/ANPOCS.

MUSSOLINI, Gioconda (1949). "Resenha sobre *Cunha*", *Revista do Museu Paulista* (nova série), vol. 3.

_____ (1955). "Persistência e mudança em sociedades de 'folk' no Brasil". *In*: *Anais do XXXI Congresso Internacional dos Americanistas*, 1955.

MYERS, Jorge (1998). "La revolución en las ideas: la generación romántica de 1837 en la cultura y en la política argentinas". *In*: GOLDMAN, Noemí (org.). *Revolución, república, confederación (1806-1852)*. Buenos Aires: Sudamericana.

NEIBURG, Federico (1997). *Os intelectuais e a invenção do peronismo*. São Paulo: Edusp.

NOÉ, Alberto (2005). *Utopía y desencanto: Creación e institucionalización de la carrera de sociología en la Universidad de Buenos Aires, 1955-1966*. Buenos Aires: Miño y Dávila.

NOGUEIRA, Oracy (1954). "Estudos de comunidades no Brasil sob perspectiva nacional", *Sociologia*, vol. 16, n° 2.

_____ (1955). "Os estudos de comunidade no Brasil", *Revista de Antropologia*, vol. 12, n° 2.

NUNES FERREIRA, Gabriela (1999). *Centralização e descentralização no Império*. São Paulo: Editora 34.

ONEGA, Gladys (1982). *La inmigración en la literatura argentina (1880-1910)*. Buenos Aires: CEAL.

OLIVEIRA, Lúcia Lippi (1995). "As ciências sociais no Rio de Janeiro". *In*: MICELI, Sergio (org.). *História das ciências sociais no Brasil*, vol. 2. São Paulo: Sumaré/Idesp/Fapesp.

_____ (1995b). *A sociologia do guerreiro*. Rio de Janeiro: Editora UFRJ.

ORTIZ, Renato (1990). "Impressões sobre as ciências sociais no Brasil", *Novos Estudos CEBRAP*, vol. 27.

ORTIZ SCALABRINI, Raúl (1931/2005). *El hombre que está solo y espera*. Buenos Aires: Biblos.

PAOLI, Maria Célia; SADER, Eder; TELLES, Vera (1984). "Pensando a classe operária: os trabalhadores sujeitos ao imaginário acadêmico", *Revista Brasileira de História*, vol. 6.

PÉCAUT, Daniel (1990). *Intelectuais e a política no Brasil: entre o povo e a nação*. São Paulo: Ática.

PEIXOTO, Fernanda (1989). "Franceses e norte-americanos nas ciências sociais brasileiras (1930-1960)". *In*: MICELI, Sergio (org.). *História das ciências sociais no Brasil*, vol. 1. São Paulo: Vértice/Idesp/Finep, pp. 477-532.

_____ (2000). *Diálogos brasileiros: uma análise da obra de Roger Bastide*. São Paulo: Edusp/Fapesp.

PEIXOTO, Fernanda Arêas; SIMÕES, Júlio Assis (2003). "A *Revista de Antropologia* e as ciências sociais em São Paulo: notas sobre uma cena e alguns debates". *Revista de Antropologia*, vol. 46, n° 2.

PEREIRA, Mônica (1987). "*Anhembi*: criação e perfil de uma revista de cultura", *Textos Idesp*, vol. 2. Série "História das Ciências Sociais".

PEROSIO, Graciela; RIVAROLA, Nannina (1981). "Ricardo Rojas: primer profesor de literatura argentina". In: ZAPETTI, Suzane (org.). *Historia de la literatura argentina*. Buenos Aires: CEAL.

Bibliografia   253

PIERSON, Donald (1945/1970). *Teoria e pesquisa em sociologia*. São Paulo: Melhoramentos.

_____ (1951). *Cruz das Almas: a brazilian village*. Washington: U.S. G.P.O.

PINHEIRO, Fernando (2007). "A invenção da ordem: intelectuais católicos no Brasil", *Tempo Social*, vol. 19, nº 1.

PONTES, Heloisa (1998). *Destinos mistos*. São Paulo: Companhia das Letras.

_____ (2001). "Retratos do Brasil: editores, editoras e Coleções Brasilianas nas décadas de 30, 40 e 50". *In*: MICELI, Sergio (org.). *História das ciências sociais no Brasil*. São Paulo: Editora Sumaré.

_____ (2006). "A paixão pelas formas: Gilda de Mello e Souza". *Novos Estudos CEBRAP*, 74.

_____ (2011). *Intérpretes da metrópole*. São Paulo: Edusp/Fapesp.

POVIÑA, Alfredo (1941). *Historia de la sociología en Latinoamérica*. México: Fondo de Cultura Económica.

PRADO JR., Caio (1942/1994). *Formação do Brasil contemporâneo*. São Paulo: Brasiliense.

_____ (1948). "Métodos sociológicos", *Fundamentos*, vol. 4.

PRIETO, Adolfo (1952). "Nota sobre Sábato", *Centro*, vol. 4.

_____ (1953a). "En la cima del Monte Ararat: bosquejo dramático", *Centro*, vol. 5.

_____ (1953b). "Hacia una biografía de Sarmiento", *Centro*, vol. 6.

_____ (1953c). "A propósito de *Los idolos*", *Contorno*, vol. 1.

_____ (1953d). "Borges, el ensayo crítico", *Centro*, vol. 7.

_____ (1953e). *El sentimiento de la muerte a través de la literatura española (siglos XIV y XV)*. Buenos Aires: FfyL/UBA. Tese de doutorado.

_____ (1954). *Borges y la nueva generación*. Buenos Aires: Letras Universitarias.

_____ (1956a). *Sociología del público argentino*. Buenos Aires: Leviatán.

_____ (1956b). "Peronismo y neutralidad", *Contorno*, vol. 7 e 8.

_____ (org.) (1959). *Proyección del rosismo en la literatura argentina*. Rosario: Facultad de Filosofía y Letras, Instituto de Letras, Universidad Nacional del Litoral.

_____ (1962). *La literatura autobiográfica argentina*. Rosario: Facultad de Filosofía y Letras, Instituto de Letras, Universidad Nacional del Litoral.

_____ (1963). *Encuesta: la crítica literaria en la Argentina*. Rosario: Facultad de Filosofía y Letras, Instituto de Letras, Universidad Nacional del Litoral.

_____ (1964). *Antología de Boedo y Florida*. Córdoba: Universidad Nacional de Córdoba.

_____ (1968a). *El periódico Martín Fierro*. Buenos Aires: Galerna.

_____ (1968b). *Literatura y subdesarrollo*. Rosario: Editorial Biblioteca.

_____ (1968c). *Diccionario básico de literatura argentina*. Buenos Aires: CEAL.

_____ (1968d). "La prosa romántica: memorias, biografías, historia". In: *Capítulo: la historia de la literatura argentina*, vol. 12. Buenos Aires: CEAL.

_____ (1969). *Estudios de literatura argentina*. Buenos Aires: Galerna.

_____ (1980). "La generación del ochenta. La imaginación". In: *Historia de la literatura argentina*. Buenos Aires: CEAL.

_____ (1982). "Literatura/crítica/enseñanza de la literatura: reportaje a Adolfo Prieto", *Punto de Vista*, n° 16.

_____ (1985). "Encuentros con Ángel Rama, Montevideo, 1967", *Texto Crítico*, n° 31/32, jan-ago, ano X, pp. 33-6.

_____ (1988). *El discurso criollista en la formación de la Argentina moderna*. Buenos Aires: Sudamericana.

PRIETO, Adolfo (org.) (1959). *Proyección del rosismo en la literatura argentina*. Rosario: Facultad de Filosofía y Letras, Instituto de Letras, Universidad Nacional del Litoral.

PULICI, Carolina (2008). *Entre sociólogos*. São Paulo: Edusp.

QUEIROZ, Maria Isaura Pereira de (1958). *Sociologia e folclore: a dança de São Gonçalo num povoado baiano*. Salvador: Aguiar & Souza/Livraria Progresso Editora. Programa de Pesquisas Sociais da Fundação para o Desenvolvimento da Ciência, n° 1.

_____ (1983). "Nostalgia do outro e do alhures: a obra sociológica de Roger Bastide". In: QUEIROZ, Maria Isaura Pereira de (org.). *Roger Bastide*. São Paulo: Ática. Coleção Grandes Cientistas Sociais, n° 37.

_____ (1999). "Reminiscências". In: AGUIAR, Flávio (org.). *Antonio Candido: pensamento e militância*. São Paulo: Humanitas.

RAMA, Ángel (1963). "La renovada crítica literaria aplicada a la cultura argentina", *Marcha*, n° 1.167.

_____ [1974] (2001). "Dez problemas para o romancista latino-americano". *In*: AGUIAR, Flávio; VASCONCELOS, Sandra Guardini T. (orgs.). *Ángel Rama: literatura e cultura na América Latina*. São Paulo: Edusp.

RAMASSOTE, Rodrigo Martins (2006). *A formação dos desconfiados: Antonio Candido e a crítica literária acadêmica (1961-1978)*. Dissertação de mestrado. Campinas: Instituto de Filosofia e Ciências Humanas da Unicamp.

_____ (2008). "A sociologia clandestina de Antonio Candido", *Tempo Social*, vol. 20, n° 1.

_____ (2011). "Inquietudes da crítica literária militante de Antonio Candido", Tempo Social, vol. 23. n° 2.

_____ (2013). *A vida das formas literárias: critica literária e ciências sociais no pensamento de Antonio Candido*. Campinas: Instituto de Filosofia e Ciências Humanas da Universidade Estadual de Campinas. Tese de Doutorado.

RAMOS, Alberto Guerreiro (1954). "O problema do negro na sociologia brasileira", *Cadernos do Nosso Tempo*, n° 2.

_____ (1996). *A redução sociológica*. Rio de Janeiro: Editora UFRJ.

RAVINA, Aurora (1999). "Profesar el plural: Nosotros, 1907-1934/1936/1943". In: BLACHA, Noemí Girbal; QUATROCCHI-WOISSON, Diana (orgs.) (1999). *Cuando opinar es actuar: revistas argentinas del siglo XX*. Buenos Aires: Academia Nacional de la Historia.

REAL DE AZÚA, Carlos (1968). "Prosa del mirar y del vivir", *Capítulo Oriental: la historia de la literatura uruguaya*, n° 9.

REST, Jaime (1963). "Reseña sobre *La literatura autobiográfica argentina*". *Revista de la Universidad de Buenos Aires*, vol. 8, n° 2.

_____ (1982). *El cuarto en el recoveco*. Buenos Aires: Centro Editor de América Latina.

REYNA, José Luis (1979). "La investigación sociológica en México". *In*: ARGUEDAS, Ledda (org.). *Sociología y ciencia política en México: un balance de veinticinco años*. Cidade do México: Universidad Nacional Autónoma de México.

RICUPERO, Bernardo (2000). *Caio Prado Jr. e a nacionalização do marxismo no Brasil*. São Paulo: Editora 34/Fapesp.

_____ (2004). *Romantismo e a ideia de nação no Brasil*. São Paulo: Martins Fontes.

RIDENTI, Marcelo (2000). *Em busca do povo brasileiro: artistas da revolução, do CPC à era da TV*. Rio de Janeiro: Record.

_____ (2010). *Brasilidade revolucionária: um século de cultura e política*. São Paulo: UNESP.

RINGER, Fritz (2000). *O declínio dos mandarins alemães*. São Paulo: Edusp.

RIVERA, Jorge (1980). "El auge de la industria cultural", *Historia de la literatura argentina*. Buenos Aires: CEAL, pp. 577-600, vol. 4.

RIVRON, Vassili (2005). *Enracinement de la littérature et anoblissement de la musique populaire*. Tese de doutorado. Paris: École des Hautes Études en Sciences Sociales.

RODRIGUES, Lidiane Soares (2012). *A produção social do marxismo universitário: mestres, discípulos e "Um Seminário" em São Paulo (1958-1978)*. Tese de doutorado. São Paulo: FFLCH-USP.

ROGGIANO, Alfredo (1964). "Reseña sobre *La literatura autobiográfica argentina*". *Hispanic American Historical Review*, nº 4.

ROJAS, Ricardo [1909] (1971). *La restauración nacionalista*. Buenos Aires: A. Peña Lillo.

ROMÃO, Wagner de Melo (2003). *A experiência do CESIT: sociologia e política acadêmica nos anos 1960*. Dissertação de mestrado. São Paulo: USP.

ROMERO, José Luis (1996). *Las ideas políticas en Argentina*. Cidade do México: Fondo de Cultura Económica.

ROMERO, José Luis; GERMANI, G.; HALPERIN DONGHI, Tulio (1958). "Proyecto de investigación: el impacto de la inmigración masiva sobre la sociedad y la cultura argentina (2ª revisión)", *Publicación Interna*, nº 18, Universidad de Buenos Aires, Facultad de Filosofía y Letras, Departamento de Sociología.

ROMERO, Luis Alberto (1994). *Breve historia contemporánea de la Argentina*. Cidade do México: Fondo de Cultura Económica.

ROSS, Dorothy (1991). *The Origins of American Social Science*. Cambridge: Cambridge University Press.

RUANO DE LA HAZA, José (org.) (2000). *Estudios sobre literatura argentina, in memorian Rodolfo A. Borello*. Ottawa: Dovehouse Editions Canada. Série Ottawa Hispanic Studies, nº 25.

SAÍTTA, Sylvia (2004). "Modos de pensar lo social: ensayo y sociedad en la Argentina (1930-1965)". *In*: PLOTKIN, Mariano; NEIBURG, Federico (orgs.). *Intelectuales y expertos: la constitución del conocimiento social en la Argentina*. Buenos Aires: Paidós.

SALLUM JR., Brasílio (2012). "As Raízes do Brasil e a democracia", *Sinais Sociais*, vol. 7, nº 19.

Bibliografia

SANTOS, Wanderley Guilherme dos (1978). *Ordem burguesa e liberalismo político*. São Paulo: Duas Cidades.

SARLO, Beatriz (1988). *Una modernidad periférica*. Buenos Aires: Nueva Visión.

_____ (1997). "Vanguardia y criollismo: la aventura de *Martín Fierro*". *In*: ALTAMIRANO, Carlos; SARLO, Beatriz (1997). *Ensayos argentinos*. Buenos Aires: Ariel.

_____ (2001). *La batalla de las ideas, 1943-1973*. Buenos Aires: Ariel.

SCHWARCZ, Lilia (1998). *As barbas do imperador*. São Paulo: Companhia das Letras.

_____ (1989). "O nascimento dos museus brasileiros". *In*: MICELI, Sergio (org.). *História das ciências sociais no Brasil*, vol. 1. São Paulo: Vértice/Idesp/Finep.

SCHWARTZ, Jorge (2002). *Las vanguardias latinoamericanas: textos programáticos y críticos*. Buenos Aires: Fondo de Cultura Económica.

SCHWARTZMAN, Simon (1979). *Formação da comunidade científica no Brasil*. São Paulo/Rio de Janeiro: Companhia Editora Nacional.

SCHWARZ, Roberto (2000). *Um mestre na periferia do capitalismo*. São Paulo: Duas Cidades/Editora 34.

SCHWARZTEIN, Dora; YANKELEVICH, Pablo (1989). "Historia oral y fuentes escritas en la historia de una institución: la Universidad de Buenos Aires, 1955-1966". *Documento CEDES*, nº 21.

SEBRELI, Juan José (1964). *Buenos Aires, vida cotidiana y alienación*. Buenos Aires: Siglo XX.

_____ (1987). *Las señales de la memoria*. Buenos Aires: Sudamericana.

SIGAL, León (1993). "Itinerario de un autodidacto". *In*: Leo Pollmann (org.). *E. Martínez Estrada, Radiografía de la pampa*. Buenos Aires: Fondo de Cultura Económica, pp. 349-83. Edição crítica.

SIGAL, Silvia (1991). *Intelectuales y poder en la década del sesenta*. Buenos Aires: Puntosur.

SILVA, Dimitri Pinheiro da (2008). *Da política à ciência política, da ciência política à política: a trajetória acadêmica de Paula Beiguelman (1949-1969)*. Dissertação de mestrado. São Paulo: FFLCH-USP.

SIMÕES GOMES JÚNIOR, Guilherme (2011). "Crítica, combate e deriva do campo literário em Alceu Amoroso Lima", *Tempo Social*, vol. 23, nº 2.

SORÁ, Gustavo (2001). "Una batalla por lo universal: sociología y literatura en la edición y recepción de *Casa-grande & senzala*", *Prismas*, nº 5.

_____ (2010). *Brasilianas: José Olympio e a gênese do mercado editorial brasileiro*. São Paulo: Edusp.

SPIVACOV, Boris (ed.) (1967/68). *Capítulo: história de la literatura argentina*. Buenos Aires: Centro Editor de América Latina

SÜSSEKIND, Flora (1993). *Papéis colados*. Rio de Janeiro: Editora da UFRJ.

TEDESCO, Juan Carlos (1982). *Educación y sociedad en la Argentina (1880-1900)*. Buenos Aires: CEAL.

TERÁN, Oscar (1987). *Positivismo y nación en la Argentina*. Buenos Aires: Puntosur.

_____ (1991). *Nuestros años sesenta*. Buenos Aires: Puntosur.

_____ (1993). *"El payador* de Lugones o 'la mente que mueve las moles'"*, Punto de Vista*, vol. 47.

_____ (2008). *Vida intelectual en el Buenos Aires fin-de-siglo (1880-1910): derivas de la cultura "científica"*. México: Fondo de Cultura Económica.

TIRYAKIAN, Edward A. (1979). "The Significance of Schools in the Development of Sociology". *In*: SNIZEK, William E.; FUHRMAN, Ellsworth R.; MILLER, Michael K. (1979). *Contemporary Issues in Theory and Research: A Metasociological Perspective*. Londres: Greenwood Press.

TOLEDO, Caio Navarro de (1997). *ISEB: fábrica de ideologias*. Campinas: Ed. da Unicamp.

TRINDADE, Hélgio (org.) (2007). *As ciências sociais na América Latina em perspectiva comparada*. Porto Alegre: Editora UFRGS/ANPOCS.

VALVERDE, Estela (1989). *David Viñas: en busca de una síntesis de la historia argentina*. Buenos Aires: Plus Ultra.

VIANNA, Luiz Werneck (1994). "Introdução". *In*: VIANNA, Luiz Werneck; CARVALHO, Maria Alice Rezende; MELO, Manuel Palacios Cunha. "Cientistas sociais e vida pública: o estudante de graduação em ciências sociais", *Dados*, vol. 37, nº 3.

_____ (1997). "A institucionalização das ciências sociais e a reforma social: do pensamento social a agenda americana de pesquisa". *In*: VIANNA, Luiz Werneck. *A revolução passiva: Iberismo e americanismo no Brasil*. Rio de Janeiro: Revan.

VIANNA, Oliveira (1987). *Populações meridionais do Brasil*. Rio de Janeiro/Belo Horizonte: Editora Itatiaia/UFF.

VILLAS BÔAS, Gláucia (2000). "De Berlim a Brusque, de São Paulo a Nashville: a sociologia de Emílio Willems entre fronteiras", *Tempo Social*, vol. 12, nº 2.

Bibliografia   259

_____ (2006). *Mudança provocada: passado e futuro do pensamento sociológico brasileiro*. Rio de Janeiro: Editora da FGV.

VIÑAS, David (1964). *Literatura nacional y realidad política: de Sarmiento a Cortázar*. Buenos Aires: Siglo XX.

VIÑAS, Ismael (1953). "La traición de los hombres honestos", *Contorno*, nº 1, nov., Buenos Aires, pp. 2-3.

VISACOVSKY, Sergio; GUBER, Rosana; GUREVICH, Estela (1997). "Modernidad y tradición en el origen de la carrera de Ciencias Antropológicas de la Universidad de Buenos Aires", *Redes*, vol. 4, nº 10.

WAGLEY, Charles (1953). *Amazon Town: a study of man in the tropics*. New York: Macmillan.

_____ (1954). "Estudos de comunidades no Brasil sob perspectiva nacional", *Sociologia*, vol. 16, nº 2.

WAÏZORT, Leopoldo (2011). "O mal entendido da democracia: Sergio Buarque de Holanda, raízes do Brasil, 1936", *Revista Brasileira de Ciências Sociais*, vol. 26, nº 76.

WALLERSTEIN, Immanuel (org.) (1996). *Abrir las ciencias sociales*. México: Siglo XXI.

WEGNER, Robert (2000). *A conquista do Oeste: a fronteira na obra de Sérgio Buarque de Holanda*. Belo Horizonte: Editora da UFMG.

WEINHARDT, Marilene (1987). *O Suplemento Literário d'O Estado de S. Paulo (1956-1967)*. Brasília: Instituto Nacional do Livro.

WILLEMS, Emílio (1940). *Assimilação e populações marginais no Brasil: Estudo sociológico dos imigrantes germânicos e seus descendentes*. São Paulo: Companhia Editora Nacional.

_____ (1944). *O problema rural brasileiro do ponto de vista antropológico*. São Paulo: Secretaria de Agricultura, Indústria e Comércio do Estado de São Paulo.

_____ (1947). *Cunha: tradição e mudança em uma cultura rural do Brasil*. São Paulo: Secretaria da Agricultura.

WILLEMS, Emílio; MUSSOLINI, Gioconda (1952). *Buzio's island*. Nova York: J. J. Augustin.

ZANETTI, Susana (2008). "El modernismo y el intelectual como artista: Rubén Darío". *In*: ALTAMIRANO, Carlos (org.). *Historia de los intelectuales en América Latina*. Buenos Aires: Katz Editores, vol. 1.

ZIMMERMANN, Eduardo (1995). *Los liberales reformistas: la cuestión social en la Argentina, 1890-1916*. Buenos Aires: Sudamericana/Universidad de San Andrés.

SOBRE OS AUTORES

Luiz Carlos Jackson nasceu em São Paulo, em 1964, e é professor do Departamento de Sociologia da Faculdade de Filosofia, Letras e Ciências Humanas da Universidade de São Paulo, na qual obteve os títulos de mestre, doutor e livre-docente em sociologia. É autor do livro *A tradição esquecida: Os parceiros do Rio Bonito e a sociologia de Antonio Candido* (Editora da UFMG, 2002) e de numerosos artigos em revistas especializadas, centrados na história das ciências sociais no Brasil e na América Latina.

Alejandro Blanco nasceu em Córdoba, Argentina, em 1966. Formou-se em sociologia pela Universidade de Buenos Aires, e obteve os títulos de mestre em Sociologia da Cultura pela Universidade Nacional do General San Martín e de doutor em História pela Universidade de Buenos Aires. Atualmente é professor da Universidade Nacional de Quilmes, membro do Centro de História Intelectual desta universidade e pesquisador do Conselho Nacional de Investigações Científicas e Técnicas (CONICET). É autor dos livros *Razón y modernidad: Gino Germani y la sociología en la Argentina* (Siglo XXI, 2006), e *Gino Germani: la renovación intelectual de la sociología* (Editorial de la Universidad Nacional de Quilmes, 2006), além de numerosos artigos sobre sociologia dos intelectuais em revistas científicas.

OBRAS COEDITADAS
PELO PROGRAMA DE PÓS-GRADUAÇÃO
EM SOCIOLOGIA DA FFLCH-USP

Antônio Flávio Pierucci e Reginaldo Prandi, *A realidade social das religiões no Brasil* (Hucitec, 1996)

Brasilio Sallum Jr., *Labirintos: dos generais à Nova República* (Hucitec, 1996)

Reginaldo Prandi, *Herdeiras do axé* (Hucitec, 1996)

Irene Cardoso e Paulo Silveira (orgs.), *Utopia e mal-estar na cultura* (Hucitec, 1997)

Antonio Sérgio Alfredo Guimarães, *Um sonho de classe* (Hucitec, 1998)

Antônio Flávio Pierucci, *Ciladas da diferença* (Editora 34, 1999)

Mário A. Eufrasio, *Estrutura urbana e ecologia humana: a escola sociológica de Chicago (1915-1940)* (Editora 34, 1999)

Leopoldo Waizbort, *As aventuras de Georg Simmel* (Editora 34, 2000)

Irene Cardoso, *Para uma crítica do presente* (Editora 34, 2001)

Vera da Silva Telles, *Pobreza e cidadania* (Editora 34, 2001)

Paulo Menezes, *À meia-luz: cinema e sexualidade nos anos 70* (Editora 34, 2001)

Sylvia Gemignani Garcia, *Destino ímpar: sobre a formação de Florestan Fernandes* (Editora 34, 2002)

Antônio Flávio Pierucci, *O desencantamento do mundo: todos os passos do conceito em Max Weber* (Editora 34, 2003)

Nadya Araujo Guimarães, *Caminhos cruzados: estratégias de empresas e trajetórias de trabalhadores* (Editora 34, 2004)

Leonardo Mello e Silva, *Trabalho em grupo e sociabilidade privada* (Editora 34, 2004)

Antonio Sérgio Alfredo Guimarães, *Preconceito e discriminação* (Editora 34, 2004)

Vera da Silva Telles e Robert Cabanes (orgs.), *Nas tramas da cidade* (Humanitas, 2006)

Glauco Arbix, *Inovar ou inovar: a indústria brasileira entre o passado e o futuro* (Papagaio, 2007)

Zil Miranda, *O voo da Embraer: a competitividade brasileira na indústria de alta tecnologia* (Papagaio, 2007)

Alexandre Braga Massella, Fernando Pinheiro Filho, Maria Helena Oliva Augusto e Raquel Weiss, *Durkheim: 150 anos* (Argvmentvm, 2008)

Eva Alterman Blay, *Assassinato de mulheres e Direitos Humanos* (Editora 34, 2008)

Nadya Araujo Guimarães, *Desemprego, uma construção social: São Paulo, Paris e Tóquio* (Argvmentvm, 2009)

Vera da Silva Telles, *A cidade nas fronteiras do legal e ilegal* (Argvmentvm, 2010)

Heloisa Helena T. de Souza Martins e Patricia Alejandra Collado (orgs.), *Trabalho e sindicalismo no Brasil e na Argentina* (Hucitec, 2012)

Christian Azaïs, Gabriel Kessler e Vera da Silva Telles (orgs.), *Ilegalismos, cidade e política* (Fino Traço, 2012)

Ruy Braga, *A política do precariado* (Boitempo, 2012)

OBRAS APOIADAS
PELO PROGRAMA DE PÓS-GRADUAÇÃO
EM SOCIOLOGIA DA FFLCH-USP

Ruy Braga e Michael Burawoy, *Por uma sociologia pública* (Alameda, 2009)

Fraya Frehse, *Ó da rua! O transeunte e o advento da modernidade em São Paulo* (Edusp, 2011)

ESTE LIVRO FOI COMPOSTO EM SABON,
PELA BRACHER & MALTA, COM CTP DA
NEW PRINT E IMPRESSÃO DA GRAPHIUM
EM PAPEL PÓLEN SOFT 80 G/M² DA CIA.
SUZANO DE PAPEL E CELULOSE PARA A
EDITORA 34, EM OUTUBRO DE 2014.